PHÉNOMÉNOLOGIE, PSYCHOLOGIE, PSYCHIATRIE

DU MÊME AUTEUR

Rêve et existence, traduction par Françoise DASTUR, postface d'Elisabetta BASSO, 2013, 120 pages.

BIBLIOTHÈQUE DES TEXTES PHILOSOPHIQUES
NOUVELLE SÉRIE
Fondateur : Henri GOUHIER Directeur : Emmanuel CATTIN

LUDWIG BINSWANGER

PHÉNOMÉNOLOGIE, PSYCHOLOGIE, PSYCHIATRIE

Choix de textes introduits, traduits et annotés
par
Camille ABETTAN

PARIS
LIBRAIRIE PHILOSOPHIQUE J. VRIN
6, Place de la Sorbonne, V[e]

2019

Toutes les traductions des articles de ce volume ont été réalisées avec l'accord du Dr. Markus Binswanger et des héritiers de Ludwig Binswanger. Les articles suivants ont été traduits et publiés avec l'autorisation des divers éditeurs :

Imprimé en France

ISSN 0249-7972

ISBN 978-2-7116-2705-9

www.vrin.fr

INTRODUCTION

> La tradition, même entendue comme transmission d'un *depositum*, reste tradition morte, si elle n'est pas l'interprétation continuelle de ce dépôt : un « héritage » n'est pas un paquet clos qu'on se passe de main en main sans l'ouvrir, mais bien un trésor où l'on puise à pleines mains et que l'on renouvelle dans l'opération même de l'épuiser. Toute tradition vit par la grâce de l'interprétation ; c'est à ce prix qu'elle dure, c'est-à-dire demeure vivante[1].

Le nom de Ludwig Binswanger est étroitement associé à la *Daseins-analyse*, et plus généralement à la phénoménologie psychiatrique, à tel point que celles-ci sont parfois considérées comme l'œuvre du psychiatre suisse. À tort, et à raison. À tort d'abord, parce qu'il est réducteur de reconduire la phénoménologie psychiatrique au seul Binswanger. En effet, le rapprochement, au début du XXe siècle, de la phénoménologie et de la psychiatrie ne fut pas le fait d'un seul homme. On ne saurait, de ce point de vue, passer sous silence les noms d'Eugène Minkowski, d'Erwin Straus, de Karl Jaspers ou encore de Medard Boss. Mais également (au moins en partie) à raison, parce que c'est bien Ludwig Binswanger qui constitue la figure emblématique du rapprochement entre deux disciplines, la phénoménologie et la psychiatrie, largement étrangères l'une à l'autre et dont la réunion ne va pas de soi.

Ludwig Binswanger est issu d'une famille de psychiatres. Son grand-père, qui s'appelait également Ludwig Binswanger, avait fondé à Kreuzlingen, au milieu du XIXe siècle, une clinique privée, la clinique

1. P. Ricœur, « Structure et herméneutique » (1963), dans *Le Conflit des interprétations*, Paris, Seuil, 1969, rééd. coll. « Points Essais », 2013, p. 53.

Bellevue. Binswanger fit ses études de médecine en Suisse et paracheva sa formation psychiatrique au Burghölzli, l'hôpital psychiatrique de l'Université de Zurich, dirigé par Eugen Bleuler et qui constituait à l'époque un haut lieu de la recherche universitaire en psychiatrie. Il réalisa sa thèse d'exercice sous la direction de Carl Gustav Jung en 1906, et c'est dans ce contexte qu'il se familiarisa avec la psychanalyse freudienne. Mais il revint dès 1908 dans la clinique familiale, dont il prit la direction deux ans plus tard et qu'il dirigea jusqu'au milieu du XXe siècle.

Ces quelques éléments biographiques, rapidement rappelés, permettent néanmoins de mesurer le caractère inattendu de l'entreprise binswangérienne. On peut en effet s'étonner que l'un des projets scientifiques les plus audacieux du siècle dernier en psychiatrie, à savoir l'élaboration d'un nouveau cadre scientifique pour la psychiatrie, ait été le fait d'un psychiatre non universitaire ayant passé la plus grande partie de sa vie professionnelle dans une clinique privée. Car le but de Binswanger est bien de rénover de fond en comble les fondements conceptuels de la psychiatrie, qui lui paraît alors faite de l'union plus ou moins heureuse de concepts et de méthodes très hétérogènes, afin d'en faire une véritable science. Ce projet de transformer la psychiatrie en une science rigoureuse va connaître plusieurs inflexions. Le principal souci de Binswanger, au début des années 1920, est d'analyser scientifiquement l'expérience réellement vécue par les patients psychiatriques, tout en restant au plus près de cette expérience, c'est-à-dire sans l'objectiver, et sans en rigidifier le caractère mobile. Et au départ, c'est sur la psychanalyse de Freud que Binswanger entend s'appuyer. Mais la découverte de Husserl, et en particulier la lecture de ses *Recherches logiques*, lui permet d'entrevoir une nouvelle voie pour la psychiatrie, notamment grâce à la redéfinition de la conscience en termes d'intentionnalité et de sens. Et c'est parce que la phénoménologie de Husserl lui paraît être la plus à même de concilier à la fois la rigueur d'une démarche scientifique, et la proximité avec l'expérience telle qu'elle est réellement vécue, qu'il tente de la mettre à profit pour repenser la psychiatrie. Le rapprochement de la phénoménologie et de la psychiatrie s'opère donc dans une visée méthodologique marquée par une double exigence : la nécessité de donner à la psychiatrie un véritable fondement épistémologique, et la conviction que le cadre du naturalisme ne saurait, à lui seul, suffire pour ce faire, dans la mesure où il ne respecte pas la spécificité du psychisme. En effet, ce à quoi la psychiatrie a affaire, c'est au psychisme de l'homme, et celui-ci ne saurait être réduit à ce qu'en disent les sciences naturelles ou toute théorie construite sur un modèle naturaliste.

Binswanger lit le maître-ouvrage de Heidegger, *Sein und Zeit*, peu de temps après sa parution en 1927, ce qui suscite chez lui une nouvelle évolution et constitue le point de départ de la *Daseinsanalyse* proprement dite. À ses yeux, l'intérêt de l'analytique existentiale heideggérienne est de ne pas réduire l'homme à un jeu de fonctions vitales (comme ce serait le cas chez Freud, d'après la lecture qu'il en fait), et de proposer des analyses moins abstraites que celles que l'on trouve chez le Husserl des *Recherches logiques* et des *Ideen I*, qui restent malgré tout très éloignées du champ psychiatrique. L'homme n'y est plus seulement envisagé comme une conscience, mais comme un existant (*Dasein*) considéré comme configurateur d'un monde à chaque fois propre. Il s'agit alors d'étudier les relations qu'il entretient avec ce monde et la façon dont ces relations se structurent. Puis, autour de 1960, on verra resurgir dans les textes du psychiatre suisse un vocabulaire de nouveau fortement husserlien, de nombreux commentateurs parlant alors d'un « tournant phénoménologique » ou d'un « retour à Husserl ».

Le projet scientifique de Binswanger ainsi esquissé à grands traits, venons-en à l'histoire de sa réception en France, et plus particulièrement à la question de sa traduction. Le premier grand texte disponible en français fut *Le Rêve et l'existence*, un texte de 1930 traduit par Jacqueline Verdeaux en 1954 et qui parut à l'époque avec une préface de Michel Foucault. La même traductrice fit paraître en 1957 une version française du *Cas Suzanne Urban* (publié en allemand en 1952). Mais ce n'est que dans les années 1970 qu'ont été traduits un certain nombre d'articles, regroupés dans deux recueils, *Analyse existentielle, psychiatrie clinique et psychanalyse freudienne. Discours, parcours et Freud* (Gallimard, 1970), et *Introduction à l'analyse existentielle* (Minuit, 1971). Il fallut ensuite attendre les années 1990 pour que soient traduits les deux ouvrages marqués par le « retour à Husserl », *Mélancolie et manie* (P.U.F., 1987), et *Délire* (Millon, 1993). Enfin, autour des années 2000, grâce au travail de différents traducteurs, parurent en français d'autres livres tels que *Le problème de l'espace en psychopathologie* (Presses Universitaires du Mirail, 1998), *Sur la fuite des idées* (Millon, 2000), ou encore *Trois formes manquées de la présence humaine* (Le Cercle herméneutique, 2002).

On peut alors tenter de dégager les grandes lignes de force qui ont présidé à la réception française de Binswanger, et en vertu desquelles s'opéra la sélection des textes à traduire. Il semble y en avoir deux. Il s'agissait, premièrement, et à une époque où la psychanalyse occupait dans le champ de l'étude du psychisme une position quasi hégémonique, de privilégier les textes qui permettaient de mieux préciser la nature des rapports existant entre Binswanger et Freud, et partant, entre la *Daseinsanalyse* et la psychanalyse freudienne. Le titre du recueil paru en 1970 chez Gallimard est à cet égard tout à fait révélateur. On peut, deuxièmement, faire l'hypothèse qu'il s'agissait, dans les années 1970, de promouvoir une psychiatrie phénoménologique encore peu connue, dans un contexte où la mode était aux perspectives critiques de l'antipsychiatrie et à la remise en cause des modèles psychiatriques existants. Car force est de constater que les articles figurant dans les deux recueils de 1970 et 1971, en grande partie et pour beaucoup d'entre eux, insistent sur les limites du naturalisme en psychiatrie, socle théorique sur lequel repose la psychiatrie clinique, et sur la nécessité de promouvoir une démarche alternative qui trouve dans les mots d'ordre de la phénoménologie (*i.e.* le retour aux choses mêmes, l'absence de préjugés) un expédient plein de promesses. Il s'agissait alors de se focaliser en premier lieu sur les perspectives ouvertes par la psychiatrie phénoménologique, et sur ses appels à prendre en compte l'homme dans sa totalité, en s'appuyant sur leur puissance de subversion pour changer la psychiatrie.

Or on assiste à l'heure actuelle à une mutation du cadre de réception de la phénoménologie psychiatrique. Tout d'abord, la question du rapport de Binswanger à Freud et à la psychanalyse semble susciter moins d'intérêt qu'auparavant. D'autre part, le lecteur contemporain se révèle moins enclin que celui d'hier à voir dans les appels de la phénoménologie psychiatrique à conquérir une intelligence plus profonde de l'homme une panacée capable à elle seule de changer la psychiatrie, et cela pour deux raisons. Premièrement, beaucoup d'entreprises, très différentes les unes des autres, se sont revendiquées de la psychiatrie phénoménologique et des travaux de Binswanger (de l'approche centrée sur la personne de Carl Rogers à la sophrologie d'Alfonso Caycedo), faisant naître un certain flou autour de ceux-ci et éveillant une méfiance bien légitime à leur égard. Deuxièmement, il faut bien avouer que la psychiatrie phénoménologique n'a pas totalement satisfait les espoirs peut-être trop ambitieux dont la créditaient certains esprits portés par leur enthousiasme et qui en attendaient un recommencement radical de la psychiatrie.

La réception actuelle ne se satisfait donc plus seulement d'un programme, et l'enjeu est aujourd'hui de clarifier ce que la psychiatrie phénoménologique propose vraiment, ce qui ne coïncide pas toujours avec les propositions qu'une lecture un peu rapide pouvait naguère lui attribuer. Et cette clarification passe par un retour aux textes. Le problème, c'est que les questions qui se posent aujourd'hui et qui sont capitales pour pouvoir préciser le statut du discours de la phénoménologie psychiatrique ou encore sa position par rapport à la psychiatrie d'une part, et à la phénoménologie d'autre part, semblent ne pas trouver de réponses satisfaisantes dans les textes disponibles jusqu'ici en français, ce qui s'explique par le fait que ce ne sont pas ces interrogations qui, il y a 45 ans, ont présidé aux choix des articles qu'il fallait traduire en priorité et qui aboutirent aux deux recueils de 1970 et 1971. Ce sont ces questions qui ont guidé le choix des textes que nous présentons dans ce volume. Ce sont elles qui permettent de dessiner un chemin de lecture au sein de cet ensemble de textes par ailleurs si divers en termes de thèmes abordés et qui se rattachent à des périodes très différentes de l'itinéraire de Binswanger.

Bien comprendre ce qu'est la *Daseinsanalyse*, et plus généralement la phénoménologie psychiatrique, implique d'abord d'éclairer ses sources et d'expliciter pourquoi et comment elle est née. Car, on s'en doute, l'entreprise de Binswanger n'est pas issue d'une *tabula rasa*. Or, à cet égard, deux écueils doivent être évités. Le premier consiste à *opposer* purement et simplement la phénoménologie psychiatrique à la psychiatrie « scientifique » naturaliste. En effet, l'œuvre de Binswanger a parfois été utilisée comme un instrument de résistance opposé à une psychiatrie plus « dure » élaborée sur le modèle des sciences de la nature. La mise en lumière des insuffisances du naturalisme en psychiatrie constitue incontestablement un axe majeur du travail du psychiatre de Kreuzlingen. Mais ce qui est plus contestable, c'est de présenter le rapport entre phénoménologie psychiatrique et psychiatrie naturaliste comme un rapport d'exclusion. Ainsi, quand on revient aux textes précoces, écrits autours des années 1920 (et, à cet égard, le texte « Quelles tâches les progrès de la nouvelle psychologie engendrent-ils pour la psychiatrie » ici traduit est emblématique), on s'aperçoit que Binswanger non seulement avait une connaissance poussée et précise de l'actualité de la recherche naturaliste en psychiatrie, mais que son propre questionnement s'élabore non pas contre, mais en dialogue serré avec ces recherches. Et si, *in fine*, il s'agit de montrer pourquoi le point de vue naturaliste n'est pas totalement satisfaisant, cette critique s'édifie non pas sur une mise à distance ou une exclusion de la recherche issue des sciences naturelles, mais sur son assimilation préalable. Il apparaît ainsi que Binswanger ne conçoit pas ses propres recherches comme un facteur de division, mais plutôt comme la forme aboutie d'un dialogue.

Le deuxième écueil à éviter consiste à envisager la phénoménologie psychiatrique comme l'*application* pure et simple des œuvres de Husserl et de Heidegger à la psychiatrie. Selon cette lecture, Binswanger aurait lu Husserl, puis Heidegger, et, impressionné par ce qu'il y trouvait, aurait tenté d'intégrer les acquis de ces phénoménologies dans la psychiatrie. Or cette interprétation apparaît aujourd'hui un peu trop unilatérale. En effet, la lecture des textes précoces révèle que le psychiatre suisse avait une connaissance extensive d'auteurs tels que Dilthey, Rickert ou encore Natorp, dont la *Psychologie générale* l'avait vivement impressionné, comme il le rappelle dans le résumé de son itinéraire intellectuel qui inaugure ses « Remerciements adressés à Edmund Husserl ». Et si Binswanger se montre si réceptif aux textes de Husserl (puis, ensuite, de Heidegger), c'est parce que ce qu'ils proposent lui paraît constituer des solutions particulièrement séduisantes à des questions qu'il se posait déjà lui-même, et qui, en vérité, occupaient bon nombre de chercheurs de l'époque. Le texte « Comprendre et expliquer en psychologie » illustre bien la démarche binswangérienne : il ne s'agit pas d'adopter des thèses husserliennes *in abstracto*. Il s'agit de s'interroger sur ce que signifie comprendre en psychologie, et cette interrogation passe par l'élaboration d'un problème, qui se nourrit des contributions variées des différents auteurs travaillant sur le sujet. Et s'il s'agit, sur certains points, de se rallier à Husserl, c'est parce que celui-ci répond de façon plus satisfaisante que ses contemporains à des questions posées indépendamment de lui. Envisagé de cette façon, c'est-à-dire dans le cadre d'une dialectique de la question et de la réponse, le rapport de Binswanger avec les grands noms de la phénoménologie devient plus complexe que ce que suggère la lecture de l'application simple.

Enfin, une juste compréhension de la genèse de l'œuvre de Binswanger implique de prendre en compte le fait que Binswanger ne fut pas le seul psychiatre à vouloir rapprocher la psychiatrie de la phénoménologie. Loin de représenter un mouvement unitaire, ce que l'on serait tenté aujourd'hui de nommer « la » phénoménologie psychiatrique correspond au départ à une pluralité d'entreprises n'accordant pas toutes la même place à la phénoménologie, et n'ayant pas toutes la même façon d'articuler celle-ci à la psychiatrie. Dans ce contexte, il apparaît primordial de pouvoir différencier précisément la position de Binswanger de celle de Karl Jaspers, autre figure emblématique de la direction de recherche phénoménologique en psychiatrie et dont pourtant le lien effectif avec la phénoménologie ne va pas sans poser problème. Le texte sur « Karl Jaspers et la psychiatrie » apparaît comme très profitable pour ce faire, car Binswanger y explique pourquoi, selon lui, la façon dont Jaspers comprend la phénoménologie est vraiment minimale, ce qui le conduit à relativiser fortement le poids de la *Psychopathologie générale* de Jaspers pour la direction de recherche phénoménologique en psychiatrie. Sans nous exprimer sur le bien-fondé de ce jugement, ces remarques s'avèrent malgré tout très stimulantes aujourd'hui, dans la mesure où la littérature psychiatrique internationale contemporaine tend parfois à faire de Jaspers *la* référence de la psychiatrie phénoménologique, sans apercevoir le caractère polémique que revêt une telle affirmation.

Le rapport de Binswanger avec l'œuvre de Heidegger n'est pas non plus sans poser problème. Comme le rappelle le texte sur « Martin Heidegger et la psychiatrie », la lecture de *Sein und Zeit* fut pour lui un événement marquant, qui imprima une marque durable sur ses propres recherches, ce dont témoigne le terme même de *Daseinsanalyse* dans lequel l'influence heideggérienne transparaît immédiatement. Mais dans le même temps, l'usage que Binswanger fait des concepts heideggériens a souvent fait l'objet de vives critiques. Il tend en effet à privilégier une lecture anthropologique de l'analytique existentiale, et Heidegger lui-même, dans les *Séminaires de Zollikon*, ne manque pas de critiquer ce qui lui apparaît comme une compréhension profondément erronée de sa propre pensée et reproche à Binswanger d'avoir totalement coupé l'analytique existentiale de la problématique ontologique dans laquelle elle s'inscrit. En résumé, pour les uns, la *Daseinsanalyse* de Binswanger serait une analyse de la présence (*Dasein*) ancrée dans l'analytique existentiale heideggérienne, tandis que pour les autres elle n'aurait rien à voir avec la pensée de Heidegger en raison d'un usage totalement perverti de ses concepts. De surcroît, la question du rapport entre Binswanger et Heidegger a longtemps été dominée par le débat autour de l'opposition entre souci (*Sorge*) et amour. Dans ses *Grundformen und Erkentnis menschlichen Daseins* de 1942, Binswanger reprochait en effet à Heidegger de n'avoir pris en compte que le seul souci, alors que c'est l'amour qui constitue, selon lui, la forme fondamentale sur le fondement de laquelle doit s'édifier toute compréhension véritable de l'être de l'homme, objection balayée par Heidegger dans les *Séminaires de Zollikon* au motif qu'elle illustre bien la mécompréhension de sa pensée par Binswanger, dans la mesure où c'est sur le souci que se fonde l'amour, aussi bien que la haine[1]. Or ces débats ont longtemps occulté d'autres questions, moins dichotomiques. Il importe peut-être moins d'être pour ou contre l'amour de Binswanger ou le souci de Heidegger que de se demander et de mieux comprendre pourquoi et comment Binswanger s'est réapproprié les concepts de Heidegger, ou de tenter d'identifier les questions qui ont présidé à leur reprise et qui n'étaient

1. Voir M. Heidegger, *Séminaires de Zurich*, trad. fr. C. Gros, Paris, Gallimard, 2010, p. 316.

pas les mêmes que celles qui avaient conduit Heidegger à les élaborer. Il est vrai que Binswanger fait une lecture clairement anthropologique de l'analytique existentiale, ce qui est bien visible dans le texte « Anthropologie, psychologie, psychopathologie ». Mais il ne faudrait pas pour autant en conclure que le psychiatre suisse serait totalement passé à côté de *Sein und Zeit*. Car il identifie parfaitement les critiques que Heidegger adresse à la phénoménologie husserlienne, les reprend à son propre compte et s'appuie sur elle pour justifier la prise de distance vis-à-vis de Husserl et le rapprochement vis-à-vis de Heidegger. Ainsi Binswanger insiste-t-il, dans « Anthropologie, psychologie, psychopathologie » sur les limites de toute théorie qui traiterait d'un « sujet dépourvu de monde » et met l'accent sur l'avancée que représente la notion d'être-au-monde, montrant de la sorte qu'il a parfaitement vu le reproche de démondanéisation adressé par Heidegger à Husserl. Et dans le texte suivant, « Sur la relation entre la phénoménologie de Husserl et la connaissance psychologique », il critique le fait que chez Husserl, « la connaissance, dans le sens le plus large du mot, n'est possible que comme connaissance de l'objet », ce qui ne permet pas de rendre compte des phénomènes tels que ceux ressortissant à la sphère affective, et en premier lieu l'angoisse, qui lui paraît mieux appréhendable au moyen des concepts heideggériens. En dénonçant le fait que, chez Husserl[1], « être [...] signifie toujours être un objet » et que tout est toujours envisagé comme le résultat d'une production de la conscience intentionnelle, Binswanger marque la nécessité de pouvoir rendre compte d'expériences qui n'impliquent aucune activité d'objectivation, direction largement exploitée par la phénoménologie post-heideggérienne.

S'il est important de pouvoir repérer les points de convergence existant entre Heidegger et Binswanger, il faut également savoir reconnaître leurs points de divergence. Cela est d'autant plus difficile que, bien souvent, Binswanger rend hommage aux concepts issus de *Sein und Zeit* et en reprend les termes, mais tout en en modifiant l'accent. C'est, par exemple, le cas avec le concept de monde. Le psychiatre suisse insiste très souvent sur l'importance des notions heideggériennes d'être-au-monde, ou de projet de monde (*Weltentwurf*), qu'il reprend abondamment. Dès lors, et comme le rappelle le texte « Sur la forme de vie maniaque », la tâche que se donne la *Daseinsanalyse* n'est pas de se « mettre à la place » du malade, ce

1. Il faut toujours se souvenir que les reproches que Binswanger adresse à Husserl sont faits sur la base des seuls textes publiés à l'époque. Aujourd'hui, au vu des nombreux manuscrits inédits publiés depuis et de notions telles que celle de synthèse passive, ces critiques nous apparaissent moins définitives. Aussi convient-il de recontextualiser la lecture binswangérienne afin de lui rendre pleine justice.

qui représente, pour Binswanger, « une affaire subjective très vague », mais bien « de décrire le *monde* dans lequel vit [le] malade ». Et si décrire l'être-au-monde du malade est considéré comme une nécessité, c'est parce que, écrit Binswanger dans le même texte, « le soi et le monde ne se laissent pas séparer, mais ne sont que des concepts limites polaires au sein d'*un* être-au-monde ». Dès lors, pour Binswanger, il ne s'agit plus, comme le fait la psychiatrie clinique, de s'intéresser à des maladies, considérées comme objets d'investigation autonomes et individualisables, mais à des formes d'être-au-monde qu'il s'agit de comprendre et de décrire. Cette façon de procéder s'illustre encore dans le « cas Mary » décrit dans « Symptôme et temps », où Binswanger montre que le symptôme, sur lequel se focalise la psychiatrie clinique, s'enracine dans une modification déterminée de l'être-au-monde (ici, dans une modification de la temporalité) dont il s'agit alors de préciser la structure. Mais si, à première vue, on peut avoir l'impression d'un « transfert » pur et simple de concepts heideggériens en contexte psychiatrique, une lecture attentive fait apparaître des différences notables dans la façon de concevoir les liens entre l'existant et le monde. Car si, chez Heidegger, il s'agit de mettre l'accent sur un monde considéré comme toujours-déjà-là, et à partir de là de mettre en lumière la part de passivité inhérente à l'apparaître du monde, Binswanger reste très attaché à une conception du monde comme résultat d'une donation « active » de sens par une subjectivité qui conserve une partie de son rôle constituant.

On voit donc que Binswanger ne saurait être « rangé » simplement ni du côté de Husserl ni du côté de Heidegger. Avec Heidegger, il adopte une position critique vis-à-vis des excès de l'idéalisme transcendantal husserlien, mais avec Husserl, il tend à faire du pôle subjectif l'origine du sens. S'il emprunte tour à tour à tel ou tel auteur, c'est pour construire une position propre qu'il convient alors de ressaisir en tant que telle.

Mais l'itinéraire de Binswanger ne s'arrête pas à la *Daseinsanalyse* proprement dite : on l'a dit, la période « heideggérienne » fut suivie par une ultime période marquée par un retour à un vocabulaire clairement husserlien, bien visible dans les deux derniers ouvrages du psychiatre suisse, *Mélancolie et manie* (1960), et *Délire* (1965). Mais force est de constater que cette résurgence d'un vocabulaire husserlien n'est que peu justifiée par Binswanger dans les deux livres sus-cités, de sorte que cette évolution a pu parfois paraître difficilement compréhensible. Elle n'a d'ailleurs pas manqué de susciter la surprise, voire la perplexité, de nombreux commentateurs. Deux éléments doivent être pris en compte pour pénétrer plus avant l'intelligence de ce « tournant husserlien ». Il apparaît premièrement que Binswanger ne revient pas tant à Husserl qu'à un Husserl réinterprété par le philosophe hongrois Wilhelm Szilasi[1], ce qui conduit à la volonté d'éclairer le rapport de Binswanger à Szilasi (« La philosophie de Wilhelm Szialsi et la recherche psychiatrique »). D'autre part, il est clair que l'on ne peut en rester à la simple constatation d'une résurgence du vocabulaire husserlien dans les deux derniers livres du psychiatre suisse : il faut tenter de ressaisir les raisons qui commandent cette évolution, ce qui, sur la base des textes jusqu'alors disponibles en français, se révèle difficile. Les quatre derniers textes du recueil, contemporains des années 1960, constituent à cet égard des documents de choix à partir desquels chaque lecteur pourra faire des hypothèses pour essayer de mieux comprendre la nécessité de cet ultime recours à Husserl.

Une mention particulière doit être faite concernant le texte sur « La psychothérapie comme métier ». Nous nous sommes jusqu'ici focalisés sur le projet scientifique et théorique de Binswanger, dont nous avons rappelé les traits les plus saillants. Il nous faut maintenant dire un mot du rapport de la phénoménologie psychiatrique avec le champ pratique. Le lien qui la relie au versant thérapeutique de la psychiatrie a souvent fait l'objet d'un vif débat convoquant des positions qui se situent entre deux pôles : pour certains, il ne fait pas de doute que la phénoménologie psychiatrique comporte une dimension pratique et qu'elle aboutit à une « psychothérapie existentielle », tandis que pour d'autres, elle constitue une entreprise théorique dont le lien avec le domaine thérapeutique n'est pas assuré. De fait, de nombreux commentateurs lui prêtent une visée explicitement thérapeutique là où la position de Binswanger est bien souvent beaucoup plus nuancée. Mais l'importance de cette question contraste avec le nombre plutôt restreint de textes binswangériens consacrés à la question de la thérapie. Un certain nombre d'entre eux avaient été traduits dans les deux recueils des années 1970 : « *Daseinsanalyse* et psychothérapie » (1954) dans *Analyse existentielle et psychanalyse freudienne*, « Fonction vitale et histoire intérieure de la vie » (1924), « De la psychothérapie » (1935) et « *Daseinsanalyse* et psychothérapie (II) » (1958) dans *Introduction à l'analyse existentielle*. Mais il existait un dernier texte sur le sujet, « La psychothérapie comme métier » (1927), dont Henri Maldiney et Roland Kuhn rappelait déjà l'existence avant de souligner son indisponibilité en français dans leur préface au recueil de

1. Voir F. Dastur, « Préface », dans W. Szilasi, *Introduction à la phénoménologie d'Edmond Husserl*, trad. fr. F. Dastur et A. Fournier, Argenteuil, Le Cercle Herméneutique, 2011.

1971[1]. C'est dans ce contexte que nous avons tenu à le faire figurer dans le présent ouvrage.

Outre ces aspects relatifs à une meilleure connaissance du corpus binswangérien, ce volume présente deux autres intérêts, plus inattendus. Tout d'abord, deux des textes de ce recueil s'avèrent utiles pour éclairer certains écrits du philosophe français Henri Maldiney. Celui-ci a entretenu tout au long de son itinéraire intellectuel un dialogue constant avec l'œuvre de Binswanger, dont il cite souvent les textes. On trouvera ici deux articles (« Événement et vécu », et « Sur une phrase de Hofmannsthal ») auxquels Maldiney se réfèrent à plusieurs reprises (en particulier dans plusieurs textes repris dans *Penser l'homme et la folie*) mais qui étaient jusqu'alors inaccessibles au public francophone. Il nous semble important que les lecteurs de Maldiney puissent disposer de ces deux textes, car le philosophe lyonnais y recourt volontiers pour étayer son propos et fait appel à eux pour consolider ses propres vues en montrant que celles-ci ne sont pas isolées mais sont corroborées par d'autres auteurs, tel Binswanger. Le problème était que, jusqu'à maintenant, les lecteurs non germanophones ne pouvaient pas se reporter aux textes du psychiatre suisse pour comparer l'original avec la lecture qu'en donne Maldiney. Car, on s'en doute, la reprise par ce dernier des textes de Binswanger s'accompagne d'une réappropriation et d'une interprétation. Une telle opération est évidemment tout à fait légitime, dans la mesure où c'est le propre de la lecture d'innover et d'ouvrir de nouvelles possibilités de sens. Cependant, pouvoir comparer l'original et sa reprise est une exigence tout aussi légitime des commentateurs. Les deux textes sus-cités ici traduits peuvent ainsi se révéler utiles pour pouvoir mener à bien cette tâche de commentaire du texte maldinéen.

D'autre part, les textes de Binswanger ici traduits abordent de nombreuses questions épistémologiques relatives à la psychologie et à la psychiatrie qui demeurent tout à fait actuelles. Prenons deux exemples. Le premier concerne la méthode des « événements de vie » (*life-events*). Dans les années 1970, certains auteurs (Holmes et Rahe, Paykel...), mus par la volonté de rendre plus objective la psychologie, ont proposé d'étudier les corrélations existant entre la survenue d'« événements de vie » plus ou moins heureux et la survenue de certains troubles psychopathologiques. En montrant que la survenue des troubles était corrélée à la survenue de ces « événements de vie », on progressait ainsi dans la connaissance de leur étiologie. Cette façon d'approcher l'origine des troubles en se

1. H. Maldiney et R. Kuhn, « Préface », *Introduction à l'analyse existentielle*, Paris, Minuit, 1971, p. 10.

rapportant à la survenue quantifiée d'«événements de vie» est toujours d'actualité. Or aborder ainsi l'événement dans son pouvoir causal et sa capacité à expliquer (au moins en partie) les troubles soulève d'importantes questions qu'il convient, encore aujourd'hui, d'examiner : que doit-on considérer comme « un » événement ? Quels sont les liens existant entre l'événement et le sujet qui en fait l'expérience ? Ce sont précisément ces questions que Binswanger aborde dans « Événement et vécu ».

Le deuxième exemple est celui des problèmes de diagnostic en psychologie et en psychiatrie. Les années 1970 furent marquées par une véritable « crise » du diagnostic psychiatrique : plusieurs études montrèrent en effet à l'époque que, confrontés au même patient, différents psychiatres ne posaient pas tous le même diagnostic. Cette incapacité à s'accorder de façon relativement univoque et consensuelle sema le trouble et contribua à jeter le doute sur la «réalité» des troubles psychiatriques. En réponse à cela, et afin de promouvoir une plus grande concordance des diagnostics au sein de la profession, furent élaborées des classifications qui faisaient reposer les diagnostics sur des critères publiquement observables, en tentant d'éliminer toute référence à des éléments « privés », inaccessibles à l'observateur et qui étaient considérés comme étant à l'origine des variations de diagnostic observées entre les cliniciens. Mais les classifications ainsi développées, en se focalisant de façon exclusive sur ce qui était publiquement observable, ont soumis les informations utilisables pour établir les diagnostics à une filtration drastique, processus qui à son tour entraîne d'autres problèmes[1]. Dans ce contexte, il convient de se réinterroger aujourd'hui sur le rôle que peuvent jouer des éléments pré-objectifs, non intentionnels, dans le diagnostic psychiatrique. Or, à cet égard, le texte «Quelles tâches les progrès de la nouvelle psychologie engendrent-ils pour la psychiatrie ?» aborde ce que Binswanger nomme le «diagnostic par sentiment» (*Gefühlsdiagnose*), faisant intervenir des perceptions non thématiques mais pourtant bien réelles. Il constitue, à notre sens, un document tout à fait utile à la réflexion épistémologique contemporaine sur le diagnostic psychiatrique.

En ce qui concerne notre traduction, notre souci principal était de rendre ces textes le plus fidèlement possible. Nous n'avons pas jugé utile de justifier notre traduction par des notes explicatives ni par un glossaire. Nous avons cependant, dans quelques cas, indiqué le terme allemand correspondant entre parenthèses afin de signaler une décision de notre part

1. Sur toutes ces questions, on se reportera utilement au très bon livre de S. Demazeux, *Qu'est-ce que le DSM ? Genèse et transformations de la bible américaine de la psychiatrie*, Paris, Ithaque, 2013.

ou une difficulté, et dans le but de fournir au lecteur la possibilité de faire son propre choix. Les mentions entre crochets sont de nous, elles visent le plus souvent à indiquer la référence exacte d'une citation faite par Binswanger sans mention de son origine. On trouvera en fin de volume une page indiquant l'origine des textes ici traduits, précisant leur édition originale ainsi que leurs rééditions éventuelles.

Précisons pour conclure l'état d'esprit qui guida la présente traduction. L'ensemble des textes que nous proposons ici contribue à conquérir une position plus informée par rapport à Binswanger et à son entreprise scientifique. Ils constituent des documents incontournables pour parvenir à cerner rigoureusement le projet de la psychiatrie phénoménologique, mais aussi ses limites, permettant ainsi de dépasser une attitude insatisfaisante consistant à se référer vaguement à Binswanger comme à l'instigateur d'une psychiatrie « humaniste ». Mais surtout, ils constituent de nouvelles pierres posées dans le jardin des exégètes, qui contribueront peut-être à l'émergence de nouvelles pistes interprétatives à propos du corpus binswangérien. En ce sens, notre souhait serait d'avoir ainsi, en rendant disponibles de « nouveaux » textes, fourni de la matière au processus de renouvellement interprétatif grâce auquel une tradition demeure vivante.

Note du traducteur

Les notes du traducteur sont numérotées en continu, entre crochets, ainsi que tous les apports du traducteur.

LUDWIG BINSWANGER

PHÉNOMÉNOLOGIE, PSYCHOLOGIE, PSYCHIATRIE

QUELLES TÂCHES LES PROGRÈS DE LA NOUVELLE PSYCHOLOGIE ENGENDRENT-ILS POUR LA PSYCHIATRIE ?

En 1931, Kronfeld a écrit deux articles « sur les courants actuels de la recherche psychiatrique et psychologique allemande » que vous pouvez trouver rassemblés dans un volume sur l'essence de la connaissance psychiatrique (1920)[1]. Kronfeld y parle de la victoire des tendances hétérologues de la recherche en psychiatrie et du chaos autologue dans celle-ci, il souligne combien peu la psychiatrie est maîtresse dans sa propre maison, combien elle travaille avec des capitaux empruntés, et pour lui l'issue de ce chaos réside dans une mise au point systématiquement approfondie des états pathopsychologiques de sa systématique, ce à quoi devraient être employés tous les moyens de la psychologie. La psychologie se trouverait elle-même dans un état de fermentation et d'opacité, lequel conduirait une unification systématique de ses outils scientifiques à se heurter à des résistances fondamentales à propos des principes de sa recherche.

Depuis la première publication de ces articles, dont j'approuve sur le principe les idées, la psychiatrie et surtout la psychologie allemandes (au sens le plus large du terme) ont fait, en dépit de la guerre, des progrès étonnants, aussi bien en ce qui concerne leur matériel que leur exploration méthodologique, si bien que dans ce chaos quelques lignes déterminées se laissent déjà apercevoir, lesquelles certes ne décrivent pas un monde cohérent mais pointent clairement vers un but commun. C'est en particulier grâce à la connaissance méthodologique approfondie de ces deux domaines scientifiques que nous sommes aujourd'hui moins « naïfs », que

1. [A. Kronfeld, *Das Wesen der psychiatrischen Erkenntnis. Beiträge zur allgemeinen Psychiatrie*, Berlin, Springer, 1920.]

les problèmes ne doivent plus, comme le dit Kierkegaard, « se bousculer les uns les autres comme dans une course de masques »[1], nous savons maintenant dans une certaine mesure « où est notre foyer », où nous allons et où nous voulons conduire notre recherche. À partir de la fermentation et de l'opacité de la *psychologie* de l'époque, qui était encore fréquemment hétérologue, semble se développer une psychologie autologue ou autonome, et de même la psychiatrie fait des efforts toujours plus grands pour devenir maîtresse dans sa propre maison.

Si j'essaye de vous donner un aperçu de l'état actuel des relations entre ces deux sciences, et en particulier de vous montrer quelles tâches l'état actuel de la psychologie, qui la précède de façon résolue, engendre pour la psychiatrie, il ne peut naturellement pas s'agir d'une comparaison des *résultats* de recherche, qui pour certains d'entre eux ne sont pas négligeables, mais seulement d'une comparaison des *méthodes* de recherche, au sens des points de vue scientifiques les plus généraux ou des principes selon lesquels le matériel pré-scientifique est actuellement traité théoriquement. Et ici une limitation s'impose; notre tâche ne peut pas être de présenter séparément une méthode de recherche psychologique après l'autre – par exemple celle de la psychologie du développement[2], de la psychologie de la forme, de la psychologie des actes, de la science de la personne, etc. – et de décrire pour chacune d'entre elles les liens possibles vers la psychiatrie, ce qui ne serait ni conforme au but ni même possible dans le cadre d'une simple conférence. Nous partirons plutôt de la psychiatrie, nous analyserons les voies de sa recherche dans chacune de ses étapes, constaterons les limites de leurs domaines de compétence, indiquerons à chacune de ces étapes de la psychiatrie quelles tâches résultent des progrès de la psychologie, et essayerons de montrer où doit conduire la voie de la recherche psychiatrique, et si elle est disposée à puiser sérieusement ses moyens et ses armes dans la psychologie.

1. [Voir S. Kierkegaard, *Le concept de l'angoisse*, trad. fr. K. Ferlov et J.-J. Gateau, Paris, Gallimard, 1935, rééd. coll. « Tel », 1990, p. 165.]

2. La méthode de recherche de la psychologie du dévelopement (Wundt, Krueger) nous occupera moins, parce qu'il apparaît déjà très clairement à partir des travaux de Reiss, Schilder, Storch, von Domarus, etc. quelles sortes de tâches en découlent pour la psychiatrie, il en va de même pour la psychologie des actes et la phénoménologie, qui la met à contribution, parce que je vous en ai traité en détail ici à Zurich il n'y a pas longtemps (voir « De la phénoménologie », *Zeitschrift für die gesamte Neurologie und Psychiatrie*, vol. 82) [trad. fr. J. Verdeaux et R. Kuhn, in *Introduction à l'analyse existentielle*, Paris, Minuit, 1971, p. 79-118].

Notre propos s'organisera de la façon suivante :

I. Le corps comme objet de recherche psychiatrique et ses limites.
II. L'âme comme objet de recherche psychiatrique et ses limites.
a) l'âme comme fonction cérébrale, b) l'âme comme fonction de la science naturelle
III. L'homme ou la personne comme objet de recherche psychiatrique.

I. Le corps comme objet de recherche psychiatrique

Le temps n'est pas si loin où, sous l'égide de la triple constellation de Kraepelin, Alzheimer et Nissl, le but de la psychiatrie clinique semblait être atteint au moins en un domaine, celui de la paralysie progressive. Aujourd'hui cependant les *problèmes* de la paralysie flottent de nouveau dans l'air et, plus important que cela, le but de la psychiatrie clinique elle-même s'est déplacé. L'assignation claire des événements psychiques pathologiques à des modifications déterminées du *cortex* cérébral ne s'est pas seulement révélée être trop lointaine, mais s'est aussi avérée être un but trop étroit. Les épidémies d'encéphalite striée qui ont « révolutionné » la recherche sur le cerveau nous ont montré que même le striatum et ses structures de voisinage, qui ont longtemps représenté une « zone silencieuse » (Hoche), entretiennent des relations étroites et claires avec la vie psychique, la psychomotricité et l'affectivité; et d'autre part même la cavité grise du troisième ventricule, le centre de la « personnalité végétative », semble acquérir un rôle toujours plus grand; on établit même déjà une étroite relation entre celle-ci et les manifestations de l'hypnose (Schilder). L'idéal kraepelinien semble ainsi devoir être au moins étendu du cortex cérébral et des ganglions de la base à leurs structures de voisinage, et pouvoir être effectivement attendu de la recherche sur le cerveau de chercheurs particulièrement doués, tout comme C. et O. Vogt (dans le *Recueil en l'honneur de Ramón y Cajal*) attendent de la *patho-architectonique* de ces deux domaines les bases d'une classification « réellement scientifique » des psychoses. Cependant, la psychiatrie moderne ne se satisfait plus de cet élargissement de la recherche anatomo-pathologique spécialisée. Que les plexus choroïdes interviennent non seulement dans l'étiologie des psychoses, mais aussi des névroses, je n'ai pas besoin de le rappeler ici. Mais cela ne suffit pas ! L'intérêt du psychiatre ne s'arrête plus aux limites du cerveau, c'est maintenant l'*ensemble* de l'organisme qui devient *son* domaine de recherche. Nous cherchons pour les correspondances rendues de plus en plus manifestes entre le domaine physique et le caractère des « formules endocriniennes » unitaires, et nous apercevons l'étiologie des psychoses les plus répandues dans leur modification. L'ensemble de la « personnalité » doit déjà être réduite à une telle formule endocrinienne, et quelques états de choses psychiques semblent déjà pouvoir être mis en relation étroite avec des systèmes endocriniens déterminés, comme par exemple la dissociation affective avec le fonctionnement correct du système adrénergique, le comportement antisocial des eunuques ainsi que l'ensemble de leurs comportements avec la perturbation de la maturation des gonades, etc. En raison de l'interaction étroite des secrétions endocrines et du système nerveux périphérique et central sympathique-parasympathique ou végétatif, cette part de l'organisme acquiert une importance toujours plus grande pour la psychiatrie, et tout d'abord pour les névroses, qui ne représentent plus depuis déjà longtemps une question purement psychologique. En tout état de cause, nous savons aujourd'hui que notre santé psychique ne dépend pas seulement du fonctionnement normal de quelques glandes endocrines mais avant tout aussi de la corrélation de leurs fonctions, qui est très spécifique de chacune des phases de la vie.

Mais même si nous avons passé en revue le cortex cérébral, les parties archaïques du cerveau, les ganglions de la base et les centres du système nerveux végétatif, si nous avons examiné les points de recoupement entre l'ensemble du domaine physique et de la chimie de l'organisme, et l'intérêt psychiatrique, nous n'avons pas encore délimité le domaine de recherche de la psychiatrie, son but. Nous avons certes toujours reconnu les conditionnements de la vie psychique, et constaté les influences pouvant s'exercer sur celle-ci, dont dépend dans chaque cas particulier son existence et au déroulement normal desquels son propre développement normal semble être lié, mais nous n'avons nulle part découvert l'âme elle-même, nous le l'avons perçue nulle part. Elle est pourtant, comme personne ne le niera, le point de départ, la base, le véritable domaine de la médecine mentale.

II. L'ÂME COMME OBJET DE RECHERCHE PSYCHIATRIQUE

a) *L'âme comme fonction cérébrale*

Que la vie psychique représente une région ontologique singulière, autonome, qui ne peut devenir visible aux yeux de notre esprit que dans certains actes de perception, qui obéit à ses propres lois et qui ne peut être approchée d'un point de vue logique que par des concepts particuliers, une région qui représente une sphère phénoménale véritablement autonome, cela, la psychiatrie n'a pendant très longtemps pas pu le voir dans la mesure où son regard, aveuglé par le dogme matérialiste de la nature épiphénoménale du psychique, ne pouvait apercevoir dans la vie psychique qu'une fonction physiologique du système nerveux. À ce titre, elle a décrit, représenté et expliqué le psychisme de façon scientifique. La neurophysiologie et la neurophysiopathologie prirent la place de la neuroanatomie et de la pathologie anatomique, ce qui apparaît de la façon la plus cohérente dans le système psychiatrique de Wernicke. Mais même là où l'on voulait édifier des théories « psychologiques » et au moyen de ces théories expliquer le fonctionnement psychique, on ne sortait pas de la méthode neurologique, c'est-à-dire que l'on transposait les façons de faire utilisées dans l'exploration neurologique des troubles somatiques à l'exploration des processus psychiques, comme Pick l'a de nouveau récemment clairement illustré (*Die neurologische Forschungsrichtung in der Psychopathologie* [*La direction de recherche neurologique dans la psychopathologie*, Berlin, Karger, 1921]). Le représentant le plus éminent de cette direction en psychiatrie est aujourd'hui comme chacun sait Bleuler, qui de son *Versuch einer naturwissenschaftlichen Betrachtung der psychologischen Grundbegriffe* [Essai d'une considération scientifique des concepts psychologiques fondamentaux] (1894) jusqu'à sa *Naturgeschichte der Seele* [Histoire naturelle de l'âme] a recommandé et testé « la mise en œuvre cohérente de la conception neurologique ». Du point de vue des conséquences liées au fait de ne décrire le psychisme qu'avec des concepts et des points de vue purement naturalistes, neurophysiologiques et biologiques, d'éviter tout recours à la conscience pour son explication et de considérer l'homme dans la mesure du possible dans la continuité de l'ensemble du domaine animal, il n'est surpassé que par le béhaviorisme américain (Watson et ses élèves), qui se différencie de la méthode de Bleuler en cela qu'il ne travaille qu'avec des concepts qui proviennent de l'observation extérieure et qu'il renonce méthodiquement à une exploitation scientifique de l'introspection.

Si notre confiance dans la fécondité de la méthode « neurologique » dans le domaine psychique est devenue de plus en plus précaire, cela n'est pas lié à une seule, mais à plusieurs raisons. Nous n'évoquerons ici tout d'abord que la critique de la théorie des bases matérielles des manifestations de la conscience. Après que, du fait de l'autorité de von Monakow, la théorie de la localisation des processus psychiques dans le cerveau ait essuyé un puissant revers, après que l'on ait vu qu'il ne s'agissait en tout état de cause pas encore, avec les composantes localisées des fonctions cérébrales, de productions psychiques, après en outre que les bases anatomiques-physiologiques de la psychologie associative aient subi une critique foudroyante (von Kries, etc.), cette impulsion scientifique devait encore perdre l'attrait lié à l'idée que le salut de la psychiatrie théorique consistait en définitive dans l'explicabilité du fonctionnement psychique anormal par des troubles de la fonction cérébrale ou au moins dans sa confrontation permanente avec elle. Personne naturellement ne niera le rôle de cette direction de recherche comme *science auxiliaire* psychiatrique, personne ne dépréciera le « service d'éclaircissement » qu'elle a rendu à la psychiatrie et qu'elle rend toujours; mais c'est une chose de considérer une méthode seulement comme un « solution provisoire fructueuse pour la recherche » (Pick) et de l'utiliser uniquement avec la connaissance claire de son incapacité à fournir un éclaircissement à propos de l'essence des processus psychiques (O. Binswanger), c'en est une autre de la considérer comme la base théorique et le but de notre science comme cela semble être le cas chez Bleuler. Les difficultés qui sont liées à cette dernière conception vont être rapidement mises en lumière avec un exemple.

Selon Bleuler, une propriété primitive de l'organisme vivant sous-tend les relations psychiques très complexes ou les intentions dont les états de choses de la ressemblance, de l'identité, de la différence sont le corrélat logique, elles sont des « conséquences évidentes de la mémoire ». Certes il est aussi évident pour Bleuler que les relations de ressemblance, d'identité et de différence « ne se trouvent pas dans les choses, mais seulement dans le rapprochement des concepts des choses en une unité qui seule rend possible la "comparaison" » ; mais la psyché selon lui y contribue aussi peu que dans la formation d'autres concepts, « tout repose dans la propriété générale des engrammes », et ceux-ci sont le résultat neurophysiologique direct des propriétés des choses. Seules ces propriétés, par exemple la propriété de la fleur de coquelicot d'émettre des rayons « rouges », se trouvent selon Bleuler « dans les choses ». Selon notre conception, cette explication n'accomplit pas du tout ce qu'elle veut accomplir, elle ne fait que repousser l'état de choses à expliquer une étape plus loin, à savoir des choses à leurs propriétés et de celles-ci aux engrammes « causés » par les propriétés. L'identité de la couleur de la fleur rouge de coquelicot et de l'œillet rouge est selon Bleuler le résultat du rapprochement des deux dans le système nerveux central. En supposant qu'il y ait réellement quelque chose comme des engrammes, et en supposant que ceux-ci soient réellement rapprochés dans le système nerveux central selon les propriétés des choses, nous devrions demander qu'est-ce que reconnaît ce rapprochement, et qu'est-ce qui ou qui reconnaît que ce rapprochement signifie l'identité ? (Nous laissons de côté l'objection selon laquelle deux rouges identiques ne peuvent pas exister simultanément l'un à côté de l'autre dans la conscience mais doivent absolument ne faire qu'un). Tout comme Bleuler s'interroge et se décide à propos de la relation de la chose, nous devrions nous interroger et nous décider à propos de la relation des engrammes ; nous en venons à la conclusion : « il est évident que les relations d'identité, de ressemblance, de différence ne se trouvent pas dans les engrammes mais seulement dans le rapprochement des concepts des engrammes en une unité qui seule rend possible la comparaison ! ». Vous voyez qu'avec ces explications neurologiques rien d'autre n'est fait que d'autonomiser et ainsi de *chosifier* les propriétés et les engrammes qui leur correspondent, permettant ainsi d'accorder au système nerveux central la capacité de rapprocher en une unité *ces* choses sans aucune difficulté ou de façon tout à fait évidente. En supposant encore que nous devions demander une telle performance au système nerveux central, il y a ici un véritable miracle, à savoir l'évidence avec laquelle nous reconnaissons et nous jugeons le rapprochement de ces choses nommées engrammes dans notre cerveau comme monde de choses en général et comme structure de ce monde de choses.

La possibilité de toute cette explication nécessite donc d'abord une assomption ontologique-métaphysique selon laquelle les propriétés « se trouvent dans les choses », tandis que d'un point de vue purement épistémologique les concepts de chose et de propriété se situent au même niveau ; cela nécessite en outre un processus de pensée empirique-scientifique plus compliqué, à savoir la transformation de la couleur rouge en concept de rayons « rouges » (= qui provoquent du rouge), cela nécessite également une théorie psychophysique selon laquelle un engramme correspond toujours à une propriété déterminée, cela nécessite aussi une localisation invisiblement précise des engrammes et enfin aussi une explication miraculeuse, à savoir une explication du fait, évident pour Bleuler, que nous pouvons lire et interpréter les modifications dans le fonctionnement du cerveau de façon unilatérale comme des modifications dans le fonctionnement du monde, du monde extérieur (dont le cerveau représente en outre lui-même une partie) comme du monde intérieur. Si l'ensemble de ce mode d'explication entraîne de si grandes difficultés lorsqu'il est question de la connaissance de l'identité ou de la ressemblance d'états de faits aussi simples que la couleur rouge de deux fleurs, combien compliqué doit-il devenir lorsqu'il s'agit de l'identité ou de la ressemblance d'états de faits encore plus compliqués, comme par exemple lorsque Jaspers, à la lecture d'un poème tardif de Hölderlin, se souvient de certains tableaux de van Gogh, les deux partageant une ambiance comparable ou un style comparable. Ou un exemple plus simple. Nous percevons une mélodie comme étant la même, qu'elle soit jouée sur un piano ou sur un harmonica, qu'elle soit jouée un octave plus haut ou plus bas, en la majeur ou en mi mineur, et cependant il en va de la perception de contenus sensibles totalement différents, de tonalités totalement différentes. On y arrive grâce au fait (Ebbinghaus) que l'on attribue au système nerveux la capacité d'enregistrer et de conserver immédiatement les mêmes intervalles entre les tons, mais aussi les mêmes rapports ou les mêmes relations, ce qui devient improbable si l'on complique un peu plus notre exemple. Un compositeur s'était amusé à adapter la mélodie du *Lied* « Kommt ein Vogel geflogen » dans le style de composition de différents compositeurs anciens ou récents si bien que le mélomane reconnaissait immédiatement le compositeur imité. Ici ce n'est pas la simple forme de la mélodie, mais bien la forme stylistique musicale commune à l'original et à l'imitation qui rend possible la reconnaissance, qui sous-tend ce simple acte de reconnaissance en dépit de la différence non seulement des sons et de la série des sons, mais aussi de la véritable mélodie elle-même. On pense en outre à la reconnaissance de la ressemblance ou de l'identité de formes stylistiques culturelles plus complexes, qui comprennent aussi l'expression artistique, le style de vie, la façon de philosopher, comme l'a reconnu Dilthey de façon si excellente en ce qui concerne la Réforme et la renaissance, le romantisme, etc., et comme Jaspers, Cassirer, Spranger, etc. l'ont développé dans leurs types de conceptions du monde et leurs « formes de vie ». Si le cerveau peut accomplir tout cela sur la base d'une propriété primitive de l'organisme, alors pourquoi la double performance du cerveau d'un côté, de la pensée de l'autre? Indépendamment de cela, nous devons donner raison à Bumke lorsqu'il explique qu'il n'est pas possible de savoir « sur quels centres tous ces processus convergent et quelles lois doivent expliquer les variantes innombrables » avec lesquelles ce vécu de la ressemblance ayant trait à des relations ou à des formes si complexes s'accomplit en nous. Selon Bleuler tout devrait reposer ici dans la propriété générale des engrammes. Mais on met alors sur le dos de l'engramme ce que les sciences de la théorie de la connaissance, de la logique et de la psychologie ont accompli ensemble en un travail précis au cours d'un développement millénaire.

Cependant, sous l'influence des vues et des théories psychologiques modernes, la théorie des engrammes a dû consentir à d'importantes transformations. Je pense en premier lieu à la psychologie de la forme (Husserl, Stumpf, Meinong, von Ehrenfels, Witasek, Höfler, etc.) qui rejette l'édification et la compréhension du psychisme à partir d'une pluralité purement additionnelle de différents éléments, et qui cherche toujours plus à le concevoir et à l'explorer à partir de propriétés d'ensemble, de lois concrètes des formes ou de structures. À partir de l'idée qu'il s'agit, dans la perception et la reconnaissance d'une mélodie, pour en rester à cet exemple, de plus que d'une simple addition de quelques sensations de sons, et qu'on a plutôt affaire ici à une totalité qui n'est pas seulement « conditionnée par la stimulation sensorielle », mais possède plus de propriétés que la somme de ses parties, on a de plus en plus tenu compte de tels « ensembles de qualités », formes, complexions, contenus fondés ou vécus relationnels, jusqu'à ce que la connaissance des principes fondamentaux de la compréhension des formes, en particulier de la perception de la forme, en vienne à représenter, pour tout un groupe de chercheurs en psychologie (Wertheimer, Koffka, Köhler, etc.), la base d'une nouvelle direction de recherche psychologique qui est connue sous le nom de théorie de la forme et qui a pénétré en psychopathologie grâce aux travaux de Goldstein et Gelb sur l'agnosie optique. Certaines recherches se penchent maintenant sur la cohésion et la compatibilité aveugle, dépourvue de sens, non empirique, au sens d'une liaison existentielle quelconque, fortuite, comme l'enseigne la psychologie associationniste, des recherches qui s'intéressent à la nécessité objective interne du fonctionnement psychique, en un mot aux connexions structurelles et aux principes structuraux qui les commandent. Vous comprendrez que le psychologue des actes et le phénoménologue qui recherche les principes structuraux (non pas de l'organisme psychophysique, mais de la conscience) se sent plus attiré par cette direction de recherche que par celle de la psychologie associationniste, et que rien ne relie plus profondément les deux directions que leur lutte acharnée contre cette dernière.

L'effet rétroactif de la théorie de la forme sur la théorie des engrammes consiste en ce que l'engramme qui demeure dans le cerveau n'est plus appréhendé comme une impression fixe qui deviendrait de plus en plus floue au cours du temps, « comme un dessin tracé sur la chaussée », qu'il subit également des modifications selon les lois de la forme, en se libérant toujours plus de l'influence de l'ensemble des stimulations issues de la perception. L'intérêt de l'expérience n'est aujourd'hui plus aperçu dans la réapparition des résidus de perceptions passées, mais dans le fait que l'organisme utilise lors de la réaction aux stimulations certains processus ou certaines structures qui lui sont familiers. Cela signifie que ce qui compte dans l'expérience n'est pas la répétition fortuite et dénuée de sens des impressions, mais la stabilité des structures qui gouvernent l'ensemble du phénomène perceptif, pour lequel les lois de la forme sont déterminantes (Koffka, Wulf). Selz, dans ses excellentes recherches (1913) issues de l'École de Külpe, avait déjà montré le rôle déterminant que jouent de telles structures, schémas et complexes généraux, règles ou relations conscientes pour le cours ordonné de la pensée et l'actualisation de la connaissance.

De même Poppelreuter avait déjà montré avec toute la clarté requise, en 1915 dans son « Versuch einer Revision der psycho-physiologischen Lehre von der elementaren Assoziation » [Essai d'une révision de la théorie psycho-physiologique des associations élémentaires] (*Monatsschrift für Psychiatrie und Neurologie*, vol. 37) « que les bases immédiates de la reproduction ne peuvent pas être recherchées dans les sensations ou leur rémanence, mais dans l'idée que les lois de l'association sont les lois de l'appréhension ». Les sensations ne sont que le *matériel* sur la base duquel la psyché *produit* les représentations simultanées de ce qui arrive, au moyen d'un fonctionnement psychique particulier, à savoir l'appréhension psychique spécifique des sensations. Cette argumentation s'appuie en gros sur la théorie des formes (sous sa forme ancienne des qualités de forme de von Ehrenfels), qui a été conduite jusqu'à sa juste conséquence, à savoir « que des sensations isolées ne forment jamais un phénomène psychique ». À partir de toutes ces idées, Poppelreuter en arrive à la conclusion que le fonctionnement intellectuel diminué des psychoses avec déficience mentale « est certainement moins lié à la perturbation des processus fondamentaux de l'association et de la reproduction qu'à la perturbation des processus *déterminants* », c'est-à-dire des fonctions ou des actes qui forment ou appréhendent spécifiquement le matériel sensible. Les distinctions effectuées depuis longtemps par de nombreux philosophes et psychologues entre sensation ou manifestation et fonction, entre contenu et acte, dont j'ai éclairé l'origine et les conséquences dans mon *Introduction aux problèmes de psychologie générale*, sont ici reconnues comme nécessaires par un valeureux neurologue et psychiatre, en confrontant «la légalité hétérogène de la sensation et de l'appréhension» à ce que l'on peut appeler le schéma *unidimensionnnel* de la psychologie associationniste, qui élimine toute distinction[1]. La psychiatrie ne s'est pas encore préoccupée de ce problème complètement réorganisé par la psychologie et auquel se sont obstinément consacrées depuis des décennies la psychologie de l'acte et la psychologie de la forme, ainsi de larges cercles en restent aux anciennes conceptions, comme si tout était fait avec la recherche sur les associations.

Si grands que soient les progrès de ces nouvelles conceptions, et si utiles qu'elles se soient révélées dans différents domaines, seule la psychologie des actes semble représenter ici la méthode adéquate qui, par un renoncement méthodique aux catégories des sciences naturelles, se demande comment la conscience forme ou constitue ses objets au moyen de l'accomplissement d'actes psychiques ou d'intentions; car il s'agit de voir (*einsehen*), et cette vue intellectuelle (*Einsicht*) ne peut être mise en œuvre qu'au moyen d'une conception issue de la psychologie des actes, que, pour en rester à l'exemple de Bleuler, la *mémoire* au sens d'une fonction générale de la matière organisée (Hering) ou d'un principe mnémique au sens de Semons ne se situe pas dans la continuité, et n'est pas même comparable à la mémoire psychique, aux processus de la reproduction psychique. Hormis les véritables psychologues des actes, personne n'a, à ma connaissance, reconnu et exprimé cela plus clairement que E. Minkowski dans un travail ambitieux et valeureux, mais passé un peu inaperçu, dans les *Archiv für die gesamte Psychologie*, vol. 31, 1914[2]. La dérivation, toujours plus recherchée, des traces mnésiques organiques *à partir* des phénomènes psychiques mnésiques y est reconnue, par le biais d'une analyse des processus ou des actes psychiques unitaires de la reconnaissance, comme étant impossible. Minkowski établit en outre que le vécu purement psychique de la reconnaissance d'un engramme ou d'un contenu de sensation comme engramme ou contenu que l'on a déjà eu est à mettre sur le même plan que le vécu de la *nouveauté* que nous pouvons (et non devons) avoir lorsque nous éprouvons un contenu de sensation pour la première fois. L'un comme l'autre nécessitent des explications. Dans les deux cas, le contenu sensible, par exemple ce rouge, dépend entièrement du stimulus extérieur, c'est-à-dire qu'il apparaît indépendamment de nous;

1. Que et combien Poppelreuter se distingue de la direction suivie par Külpe et de la psychologie des actes, cela ne nous intéresse pas ici.

2. [E. Minkowski, «Betrachtungen im Anschluss an das Prinzip des psychophysischen Parallelismus» (Considérations relatives au principe du parallélisme psycho-physique), *Archiv für die gesamte Psychologie*, vol. 31, 1914, p. 132-243.]

en d'autres termes, l'effet de la stimulation est deux fois, lors de la première impression comme lors des impressions ultérieures, le même, à savoir la production de ce contenu sensible rouge déterminé. Ce qui diffère, c'est le *jugement* (ou nous pouvons dire l'appréhension) du contenu sensible, dans un cas comme étant nouveau, dans l'autre cas comme ayant déjà eu lieu. Ici, dans le domaine psychique, ce n'est pas, à la différence de la reproduction ou de la répétition organique, la même réaction, la même impression qui se reproduit en tant que telle deux fois, mais quelque chose de tout différent, à savoir une représentation à type de souvenir, « qui certes fait signe vers une sensation passée, mais qui n'est pas du tout une répétition de cette sensation ».

Vous avez ici devant vous un exemple qui démontre la nécessité et l'utilité d'une psychologie autonome, purement orientée sur les faits de *conscience*. L'amalgame et la comparaison constante avec les processus de l'organisme fut le plus grand obstacle à l'avènement d'une psychologie autonome, et comme souvent le simple renvoi, l'analogie pure étaient conçus sans réfléchir comme une identité, si bien que l'essence du psychisme fut manquée[1].

Ce n'est que si l'on reconnaît la théorie des traces mnésiques organiques comme ce qu'elle est, comme une théorie biologique-psychologique, que la voie sera libre pour une authentique *psychologie* de la reproduction et une dynamologie psychologique. Une telle psychologie peut encore être conciliable avec notre vision biologique. Je vous renvoie au principe des « mécanismes s'inscrivant les uns au-dessus des autres de façon systémique » de Poppelreuter dans le travail déjà évoqué, à la *Lehre von den psychischen Eigenschaften* [Théorie des propriétés psychiques] (*Zeitschrift für Psychologie*, vol. 85) de Baade et à la théorie toute différente de *Kraft und Erscheinung* [La force et la manifestation] (Bonn, 1922) de Willy Haas. Personnellement, je dois tout de même avouer que j'ai plus appris sur l'essence de la mémoire psychique des quelques remarques de Brentano sur les phénomènes du souvenir que de toute ma formation médicale-biologique, quand bien même cela ne serait rien de plus que le dépassement de la problématique purement biologique et un aperçu du problème *psychique* du souvenir et de son ancrage dans le problème de la

1. Pour celui qui a pris la mesure de l'incompatibilité de principe des théories mnésiques psychologique et biologique, les tentatives particulières de Semons n'entrent pas en considération, ni non plus la tentative d'expliquer la connaissance de la forme par l'intermédiaire des synthèses *engrammatiques*, sur laquelle Brun a attiré l'attention dans la discussion à propos de cet article.

continuité de la conscience, qui peut tout aussi bien aller vers l'avant ou vers l'arrière, le problème du courant unitaire de conscience.

Si la conception du psychisme comme pure fonction cérébrale, qui en neurologie est non seulement autorisée mais constitue même la seule conception méthodologiquement juste, s'est maintenue pendant si longtemps en psychiatrie, bien que la philosophie et la psychologie aient depuis longtemps sapé les bases de cette conception pour une science du psychisme jusqu'à provoquer son effondrement, cela s'explique, indépendamment de la vision du monde naturaliste-médicale de la plupart des psychiatres, par le maintien commode de la théorie associationniste et de son application désinvolte à l'ensemble du fonctionnement psychique. Généralement le psychiatre ne veut pas voir que, pour me servir des mots de Cassirer, « les lignes directrices selon lesquelles la multiplicité des impressions sensibles se divise et s'organise peu à peu ne sont pas données et prescrites en soi par la nature même de ces impressions, mais [que] c'est au contraire l'originalité du regard, la spécificité du point de vue spirituel qui déterminent la forme du monde en un cosmos à la fois physique et spirituel »[1]. Il y a cependant, moins certes dans les traités de psychiatrie que dans ceux de psychopathologie, un effacement de plus en plus prononcé du principe d'association, d'abord chez Jaspers, à qui nous devons l'arrivée d'un nouveau point de vue méthodologique et psychologique en psychiatrie, ensuite chez Gruhle qui, indépendamment des recherches spécialisées, tombe dans l'autre extrême et explique qu'une association ne peut jamais en soi être caractérisée comme anormale, au contraire de Bleuler qui reconduit presque la totalité de la psychopathologie aux troubles de l'association[2]. Il y a ici naturellement plus que de simples différences terminologiques. Le domaine où il est encore possible d'utiliser le principe d'association est de plus en plus limité et devient de plus en plus un domaine marginal dans la psychologie; et ce, d'autant plus qu'il n'y a rien de commun entre l'association simplement fortuite, aveugle, par simultanéité – par laquelle, comme s'exprime Wertheimer, les morceaux demeurent « collés » les uns aux autres de n'importe quelle façon, bien qu'ils ne soient l'un à côté de l'autre le plus souvent que de façon

1. [Voir E. Cassirer, « La forme du concept dans la pensée mythique » (1922), dans *Trois essais sur le symbolique*, trad. fr. J. Carro et J. Gaubert, Paris, Cerf, 1997, p. 66-67.]

2. Le concept d'association n'est, chez Bleuler, pas conçu, comme il apparaît clairement dans la discussion de cet article, à la manière de la psychologie associationniste courante, mais au sens d'une synthèse psychique, pensée toutefois de façon énergétique. Cela doit être gardé à l'esprit si l'on veut apprécier Bleuler à sa juste valeur, ce que lui-même rend difficile par sa représentation unilatéralement matérialiste et chosique, et par son langage souvent provocant.

superficielle –, entre cette association par simultanéité ou mémoire mécanique et l'association par ressemblance ou « mémoire » logique. Nous avons ainsi compris la différence fondamentale par rapport à l'association et à la pensée mécaniques, chosique-fortuite.

Dans le rêve, chez les patients atteints de fuite sévère des idées et d'incohérence, ou dans l'agitation schizophrénique, ce principe mécanique purement fortuit peut parfois être à lui seul déterminant, mais parfois seulement. En ce qui concerne le rêve, Freud nous a montré comment des facteurs d'association déterminés en vertu de leurs « contenus » peuvent être soupçonnés et décelés derrière des associations paraissant purement fortuites, Silberer a fait de même concernant les pensées hypnagogiques apparemment absurdes, et Varendonck à propos des pensées imaginaires préconscientes. En ce qui concerne les psychoses, le meilleur provient des écoles psychanalytique et zurichoise, à commencer par l'analyse de Jung de B. St. dans sa *Psychologie der Dementia praecox* [Psychologie de la démence précoce][1], bien que la seule chose qui compte ici soit la mise en lumière des connexions sensées objectives et que le fonctionnement psychologique subjectif, qui sous-tend ces connexions dans le psychisme des malades, ne soit pas pris en compte. Mais nous trouvons en premier lieu chez Bleuler lui-même des analyses très profondes, comme s'il n'avait « dû » les placer qu'à la suite de sa théorie, tout comme doit être rappelé l'apparent paradoxe de Naville selon lequel, si l'association seule existait, la psychologie associationniste n'existerait pas. Mais même si nous faisons appel aux concepts utilitaires de persévération et de constellation, aucune pensée sensée ou cours de la pensée ne se produit sans quelques tendances déterminantes (école de Külpe), schéma de pensée anticipatoire complexe (Selz), appréhensions de forme (psychologie de la forme) ou acte donateur de sens (Husserl) en général, et encore moins une science si grêle. Revenons de nouveau sur cela au moyen d'un exemple.

La théorie de la fuite des idées[2] et de l'agitation doit également être de nouveau remise sur le métier à la lumière des nouveaux points de vue. Gruhle a clairement reconnu la nécessité de parvenir à une « théorie des actes anormaux », et Mayer-Gross a rapidement attiré l'attention, dans les états terminaux démentiels schizophréniques, sur la pauvreté des actes intentionnels à part entière, la conviction déjà évoquée de Poppelreuter corroborant que la déficience intellectuelle ferait moins intervenir le

1. [Voir C.G. Jung, « La psychologie de la démence précoce », trad. fr. J. Rigal, dans *Psychogenèse des maladies mentales*, Paris, Albin Michel, 2001.]

2. Voir le texte de l'auteur paru par la suite, *Sur la fuite des idées*, Zurich, 1933 [trad. fr. M. Dupuis, Grenoble, Millon, 2000].

trouble de l'association et de la reproduction que les tendances qui le déterminent (car le concept de tendances déterminantes et celui d'acte intentionnel participent d'une seule et même ligne conceptuelle).

Lorsque nous entendons un schizophrène interné depuis longtemps dire : « le cirque n'est *pas* spirituel, *malgré* les petites primevères sur la voiture de la Croix-Rouge », nous ne devons plus nous contenter de parler d'une manière bizarre de s'exprimer, d'une salade de mot, d'un goût pour l'absurde, d'un relâchement des associations, mais nous devons tenter de pénétrer dans le tissu des actes qui, pour le malade, donne un sens à cette structure de jugement si compliquée ! Nous ne rendons pas justice au malade qui prononce cette phrase avec la plus grande conviction et se défend énergiquement si nous croyons qu'il juxtapose ici à l'aveugle ce qui surgit de façon mécanique-fortuite dans son esprit dérangé. Ou, pour employer un exemple transparent : un malade explique à celui qui l'interroge que la *différence entre un enfant et un nain* consiste dans le fait que *l'un pourrait être la police, et l'autre la police blanche*. Limitons-nous à l'« association » *enfant-police*. Ce qu'il y a de commun aux deux, il le voit dans le fait que tous les deux sont des *automates*. Pourquoi ? « L'automate attire l'enfant, et la police est l'automate qui fonctionne le mieux ; car si l'on jette des pierres (dans le poste de police), un policier finit par arriver. Le poste de police est un automate, dans la mesure où il est une machine de contrôle ».

La liaison logique entre la police et l'automate se révèle à travers l'exemple : mais au lieu de dire que la police a en elle « quelque chose d'ordre automatique », qu'elle possède la *propriété* de réagir de façon automatique, ou qu'elle réagit *comme* un automate, la police *est* un automate. Là où *nous* pourrions tout au plus reconnaître une simple analogie ou une ressemblance extérieure qui ne nous aurait pas frappés au premier abord, il y trouve, comme beaucoup de *primitifs*, une communauté d'essence. Les cercles d'objets chez lui ne sont pas seulement groupés et établis autrement que chez nous, mais chaque correspondance entre eux « signifie » quelque chose d'autre que chez nous. La question de la plus ou moins grande production des actes doit, comme Gruhle, etc. l'ont fait remarquer à plusieurs reprises, s'effacer au profit de celle de leur production *autre*. Venons-en à l'« enfant » ! L'enfant est un automate parce que l'automate attire l'enfant ; à la place d'une communauté d'effet il y a ici une communauté d'être ou, plus prudemment, une communauté d'essence ; exprimé dans le langage de la psychologie des actes : à la place d'actes établissant une relation d'effet, il y a des actes qui constituent une relation d'essence. Mais voilà ce que nous entendons ensuite. « L'enfant prend plaisir à l'automate », où c'est toujours un automate de gare (pour les bonbons, etc.) qui est visé, mais pas par exemple le fonctionnement automatique de la police. « Le concept d'enfant est le concept d'automaticité automatique », dit le malade lors d'une exploration effectuée quelques mois après la première occurrence de cette question à propos de la différence. L'enfant est un automate, c'est-à-dire justement qu'« il réagit automatiquement ». Nous voyons que l'état de choses selon lequel l'automate attire l'enfant est élargi en celui selon lequel l'enfant *réagit* automatiquement et la différence entre l'endurance passive et la réaction active disparaît derrière la communauté d'essence de l'automate et de l'enfant.

Lorsque nous admettons que dans cet enchaînement de pensées le phonème « automate » peut avoir été associé par persévération, cette explication reste néanmoins à la surface aussi longtemps que nous ne nous intéressons pas aux actes donateurs de sens ou à leur corrélat logique, la connexion de sens : « L'automate a l'attrait de l'automaticité » explique le malade plus loin, « l'enfant trouve ses pairs et peut s'en occuper. L'enfant est l'incarnation de l'automatisme parce qu'il a une activité spontanée ». D'un autre côté il dit aussi de la police qu'elle « a une action éducative sur l'enfant ».

« L'enfant peut être la police » contient premièrement, dans une expression fortement concise, resserrée, le fait qu'il peut réagir de lui-même automatiquement, à savoir :

a) comme, c'est-à-dire selon l'analogie de la police dans le poste de police lorsqu'on jette une pierre ;

b) comme, c'est-à-dire selon l'analogie d'un automate de gare ;

c) comme, c'est-à-dire non plus selon l'analogie, mais « en raison de la façon dont » il se comporte à l'égard de l'automate, à savoir de façon nerveuse au sens d'une réactivité automatique.

En second lieu, « l'enfant peut être la police » signifie également le fait que la police agit de façon éducative sur l'enfant, ce par quoi une connexion d'effet devient une connexion d'essence ou, puisque nous n'avons encore aucune idée précise de la relation du langage et de la pensée chez les schizophrènes, ce par quoi une connexion d'effet est *exprimée* dans la forme d'une connexion d'essence. Cette action éducative se tient en opposition manifeste à la réaction automatique et ainsi cette phrase du malade contient également des relations au fait que l'enfant peut se retrouver, en raison de son comportement automatique, en conflit avec la police et peut être ainsi éduqué par elle. En même temps, le concept de police contient également en lui celui d'automaticité. Nous avons certainement affaire ici à un nivellement logique des actes les plus signifiants pour les personnes saines, alors que les malades favorisent l'accomplissement d'actes qui ne jouent qu'un rôle mineur, voire aucun rôle, dans la pensée des personnes saines. Si l'on se contente d'expliquer l'ensemble de cet enchaînement de pensées par une persévération du phonème automate, qui peut en partie être à la base de cette phrase du malade, et en partie lui être ultérieurement liée, on n'a alors pas vu qu'une persévération si longue ne peut expliquer aucun enchaînement de pensée, quand bien même celui-ci serait insensé ou absurde. Comme si par exemple une mélodie qui me poursuit, ou tout aussi bien une persévération typique, « pouvait devenir le centre de mon activité » comme le remarque avec justesse et de façon critique Fröbes dans son grand traité de psychologie expérimentale. Et même si cela peut aider d'expliquer que la représentation de l'automate contracte dans cet enchaînement de pensée des liaisons associatives toujours nouvelles, une fois avec la police, une fois avec l'enfant, une fois avec l'automate de la gare, etc., il ne s'agit ici que d'un schéma construit de façon purement mécanique ; car il importe justement de montrer quelles sont ces liaisons dans chacun de ces cas, des connexions d'essence, des connexions d'effet, et comment ces unités dépendent l'une de l'autre, sont contradictoires l'une envers l'autre, etc. Pour tout cela, la psychologie associationniste manque des outils de connaissance les plus primitifs. Et ce n'est pas tout ! Déjà au moment où nous parlons de persévération d'une représentation donnée, nous avons dépassé l'état de fait phénoménologique. Ce que nous percevons avec l'enchaînement de pensées évoqué, c'est un enchevêtrement de phrases dans lesquelles le concept d'automate intervient dans des directions très différentes et dans des connexions très différentes, en partie langagière, en partie selon le simple sens. Expliquer que c'est toujours la même représentation de l'automate qui persévère est un viol des faits ; car comme nous l'avons vu, il s'agit justement de représentations très différentes, qui sont effectivement liées les unes aux autres mais ne *sont* pas du tout une seule et unique représentation. Si l'on veut parler ici de persévération, alors ce qui persévère, ce n'est pas un contenu de représentation phonématique ou intuitif, mais une connexion de sens bien plus compliquée qui présente elle-même une forme de sens remarquablement « interrompue » et qui se fonde sur des formes singulières et variées de sens et de pensées.

Aujourd'hui, là où la psychologie du cours normal de la pensée, celle de la pensée des peuples primitifs et de la pensée mythique au sens le plus large nous a devancé, nous devons au moins avoir le courage de poursuivre, comme cela s'est déjà produit en différents endroits. Je suis d'accord avec Bleuler lorsqu'il met en garde contre un transfert non critique des formes de pensée « archaïques » sur la pensée schizophrénique, et je ne pense pas non plus à la simple application de la thèse de la « loi de participation » qui selon Lévy-Brühl fournit la clé de tous les mystères; je pense cependant aux progrès que la philosophie, la logique et la psychologie ont fait faire au domaine de la pensée purement logique et à la théorie traditionnelle du concept. Cependant, la vieille logique de l'imagination est toujours plus mise en valeur aujourd'hui, et nous trouvons une logique de l'ensemble de la pensée mythique à l'œuvre pour souligner la donation de forme déterminée qui est inhérente à toutes ces formes de l'activité humaine de l'esprit. La nouvelle philosophie a depuis longtemps vu que « le renoncement à la forme logique et scientifique de la liaison et de l'interprétation n'est pas synonyme d'arbitraire absolu ou d'anarchie »[1], et que tout dépend du *point de vue* à partir duquel les éléments sensibles sont rapprochés de la sphère de l'analogie; car le concept, chaque concept, « n'est pas vraiment le *produit* de l'analogie entre les choses étant donné qu'il constitue plutôt la *condition préalable* à l'affirmation consciente d'une analogie entre elles »[2] (je suis toujours ici E. Cassirer: « La forme du concept dans la pensée mythique », Leipzig, 1922, et je renvoie également à son importante *Philosophie des formes symboliques*, vol. 1, *Le langage*, 1923)[3].

Dans notre exemple sus-cité c'est le plus souvent le point de vue, purement logique et totalement étranger à la réalité, de l'automaticité qui rassemble les éléments particuliers, sensibles comme intellectuels, en un domaine de ressemblance et même d'identité et les fait ainsi entrer en conflit avec les points de vue pratiques qui nous sont familiers. Vous voyez aussi que l'autisme, ou la pensée illogique au sens de Bleuler, apparaît déjà dans la *formation des concepts* et pas seulement dans l'enchaînement des pensées et l'utilisation des expériences! Pourquoi chez notre malade le point de vue de l'automaticité prédomine de façon si remarquable, cela se conçoit à partir de sa vision du monde mythique-religieuse, dans laquelle être et devenir, faire et souffrir, qui sous-tendent notre monde et nos concepts, se transmuent en pâles schèmes, juxtaposés à côté d'autres principes et points de vue « créateurs de monde ».

1. [E. Cassirer, « La forme du concept dans la pensée mythique », *op. cit.*, p. 51]

2. [*Ibid.*, p. 50.]

3. [E. Cassirer, *Philosophie des formes symboliques*, vol. 1, *Le Langage*, trad. fr. O. Hansen-Love et J. Lacoste, Paris, Minuit, 1972.]

Avec toutes ces considérations nous n'avons fait, je le répète, qu'effleurer le thème de la pensée et de la mémoire. Que la théorie des hallucinations (voir Jaspers, Specht, Schilder, les phénoménologues), des états affectifs et des vécus volitionnels anormaux soient complètement transformées par les nouvelles vues ne sera mentionné qu'en passant.

b) *L'âme comme fonction des sciences naturelles et ses limites*

Lorsque la méthode neurologique aborde et explore le psychisme comme une fonction cérébrale, les bases matérielles des processus de conscience dans le cerveau ou le système nerveux sont au premier plan; soit qu'on pense de prime abord à eux et que les modifications du psychisme leur soient ordonnées, soit que l'on prenne pour point de départ les processus psychiques et qu'on les reconduise à des modifications matérielles, soit enfin que l'on renonce à cette reconduction et que l'on ne traite de la vie psychique que « selon l'analogie » de l'exploration du système nerveux, mais en employant cependant toujours des catégories et des méthodes de pensée physiologiques. Faisons maintenant un pas de plus.

La psychologie associationniste n'est pas toujours une psychologie éminemment cérébrale comme chez Bleuler. Ses prétendues lois sont bien plus anciennes que nos connaissances de la structure et du fonctionnement du système nerveux. Si elles sont malgré tout combattues depuis toujours, la raison ne doit pas en être cherchée dans leur reconduction à des processus cérébraux matériels, mais elle doit se trouver dans la méthode même de pensée qui a conduit à son élaboration. Nous ne pouvons plus caractériser cette méthode de pensée comme étant physiologique ou neurologique, mais nous devons l'appeler naturaliste au sens le plus large du terme. Lorsque aujourd'hui nous parlons de l'âme comme fonction des sciences naturelles, le mot fonction signifie tout autre chose que dans l'expression fonction cérébrale. Il s'agissait là d'une fonction réelle, dont l'âme était considérée comme le produit, il ne peut s'agir ici que d'une fonction idéale, et même d'une fonction idéale scientifique qui certes produit quelque chose, mais rien de réel, une entité idéale ou irréelle, à savoir le système conceptuel des sciences de la nature. Lorsque aujourd'hui nous parlons de l'« âme comme fonction des sciences naturelles », cela signifie que nous considérons l'âme dans sa spécificité comme fonction intellectuelle naturaliste, ou plus justement comme fonction de la pensée des sciences de la nature; en d'autres termes, nous la considérons comme elle « se manifeste », après qu'elle ait été remodelée, ou traversée, par la pensée des sciences naturelles. Il ne s'agit alors plus de discuter de l'*objet* de recherche psychiatrique concret, mais de notre *méthode* de pensée, et nous nous demandons de nouveau à quoi cette méthode peut conduire la psychiatrie, quel est son sens et – relativement au but de la psychiatrie – ses limites.

En ce qui concerne la particularité du mode de pensée naturaliste, j'aimerais faire quelques brèves remarques, après en avoir déjà traité dans mon *Introduction* et l'exposé « De la phénoménologie »[1] ici à Zurich. Je rappelle seulement que selon un consensus général les objets des sciences de la nature ne sont jamais les vrais phénomènes, accessibles à l'intuition, mais, comme Stumpf l'a exprimé, « des porteurs de modifications nomologiques, dérivés des phénomènes et ordonnés suivant des relations spatio-temporelles »[2]. Autrement dit : les concepts fondamentaux des sciences naturelles ne sont pas à considérer comme « les reflets passifs d'un être donné par ailleurs, mais comme des symboles intellectuels créés de manière autonome »[3], comme cela s'exprime de la façon la plus claire dans les principes de la mécanique de Heinrich Hertz et la théorie des signes de von Helmhotz. Par exemple, la théorie atomique en physique, la théorie des sensations ou sensualisme dans la psychologie naturaliste[4] reposent sur de tels symboles intellectuels. Il s'agit ici des éléments, ainsi que des présupposés conceptuels, issus ou exigés par l'analyse conceptuelle naturaliste, *à partir* desquels le fonctionnement plus complexe s'élabore ou s'édifie conceptuellement, et *à partir* desquels l'explication de ce fonctionnement s'effectue. Ainsi, pour prendre un exemple, on ne doit pas parler dans la psychologie strictement naturaliste d'une détermination ou d'une volonté, « car la détermination psychologique, qui veut, n'est pas meilleure que l'atome physique, qui sent bon et qui éclaire » (Münsterberg). Ce qui est requis de l'âme dans les sciences de la nature, c'est justement la reconduction de tous les phénomènes psychiques à des éléments que l'on ne peut pas conceptuellement reconduire plus loin et à des explications élaborées à partir de tels éléments.

1. [Voir « De la phénoménologie », trad. fr. J. Verdeaux et R. Kuhn, dans *Introduction à l'analyse existentielle*, Paris, Minuit, 1971.]

2. [Voir C. Stumpf, « De la classification des sciences », trad. fr. D. Fisette dans C. Stumpf, *Renaissance de la philosophie. Quatre articles*, Paris, Vrin, 2006, p. 182.]

3. [E. Cassirer, *La Philosophie des formes symboliques*, vol. 1, *Le langage*, *op. cit.*, p. 15.]

4. Que « la sensation » ne soit qu'une abstraction de la pensée, Bleuler le voit aussi (voir *Naturgeschichte der Seele* [*Histoire naturelle de l'âme*], p. 113 : « La simple sensation ne contribue pas directement à la connaissance psychique. Le processus primaire pour notre conscience est la perception. Le concept de simple sensation est le fruit de l'abstraction que nous avons vu partout à l'œuvre ». On voit avec cet exemple combien il est difficile de catégoriser la psychologie de Bleuler ; en tout état de cause elle ne peut pas être simplement qualifiée de « sensualiste ».

La psychologie s'est elle-même attaquée à cette méthode au cours de son développement, et, concernant l'exemple évoqué tout à l'heure, le déballage de travaux expérimentaux (Ach, Lindorsky), de sagacité intellectuelle et de polémique personnelle qu'il faut déployer pour imposer en psychologie la reconnaissance de vécus de volonté plus originaires que pourtant nous percevons tous constamment dans la vie et dans la pensée apparaît pour ainsi dire grotesque. D'un autre côté nous voyons justement aujourd'hui combien la psychologie se défend elle-même contre la théorie de l'édification de la conscience à partir de sensations élémentaires, aussi bien par exemple dans la psychologie de l'enfant que dans la psychologie animale. Tandis que la théorie des sciences naturelles acceptait que les perceptions des enfants étaient de prime abord un chaos de sensations dans lequel seule « l'expérience » met progressivement de l'ordre, une hypothèse qui d'un point de vue philosophique a toujours été considérée comme impossible, elle est dorénavant également contestée du côté de la psychologie. Ici aussi ce sont de nouveau les psychologues de la forme qui se sont le plus rapprochés de la réalité lorsqu'ils misent dès le début de l'enfance sur l'intervention de *structures* plus compliquées, manifestant déjà un caractère affectif, comme Koffka dans ses *Grundlagen der psychischen Entwicklung* [Bases du développement psychique]. Il est de plus en plus reconnu qu'il n'y a jamais de sensations isolées, après que Brentano, William James et d'autres aient depuis longtemps dépassé ce dogme naturaliste avec leur théorie du courant de conscience. Nous ne mentionnons qu'en passant combien ces nouvelles vues sur les structures de la perception par exemple, bien plus proches des faits, doivent être également précieuses pour la théorie des hallucinations.

L'opposition qui s'élève à partir des cercles purement psychologiques et sur la base des faits purement psychologiques n'est ni la seule, ni la première mais bien plutôt la dernière opposition contre le traitement purement naturaliste de la vie de l'âme. Tandis qu'elle doit élargir son terrain pas à pas via une recherche psychologique laborieuse sur les faits, la critique scientifique et la théorie de la connaissance, la méthodologie et la logique ont depuis longtemps déjà, par un travail de pensée tout aussi laborieux, non seulement aperçu l'essence de la connaissance naturaliste, comme l'avaient déjà fait Hertz et Helmholtz, mais également vu et déterminé plus avant les limites de leurs capacités. On a ainsi de plus en plus reconnu que la science de la nature ne représente pas la *seule* forme de méthode scientifique, y compris dans le domaine des sciences empiriques, comme le croyais encore Comte et Spencer, mais qu'elle ne représente qu'une sorte ou qu'une forme d'activité scientifique de l'esprit. C'est ainsi qu'après moult péripéties la voie devint libre pour une psychologie autonome, disposant de sa propre méthode.

Je ne peux pas suivre ici en détails ce processus de développement spirituel dont la connaissance est justement si importante pour les psychiatres aujourd'hui, j'aimerais cependant au moins indiquer quelques unes de ses sources les plus marquantes.

Lotze et Fechner reconnaissaient déjà les *limites* de la science naturelle, le premier en disant et en démontrant « combien les habitudes de pensée des sciences naturelles dépendent du domaine de la conscience »[1], le dernier en opposant le contenu chatoyant, réchauffant, brillant du contenu de la perception sensible, de la vision diurne, à la vision nocturne froide, muette, sombre de la science naturelle qui regarde à travers la formidable lueur des phénomènes sensibles[2]. Ensuite survint Dilthey, qui, dans son *Introduction aux sciences de l'esprit*, ses *Idées à propos d'une psychologie descriptive et analytique*, ses biographies pleines de vie de quelques hommes, dévoila comme personne avant lui le caractère *construit*, étranger à la réalité, de la science de la nature et lui opposa une psychologie plus proche de la réalité, travaillant avec de tout autres moyens logiques. « La croyance selon laquelle la science naturelle serait en mesure de saisir avec ses concepts la réalité même dans laquelle nous vivons et agissons »[3] a ensuite été fondamentalement détruite en France grâce à Bergson, et en Allemagne grâce à Rickert et Cassirer au moyen de la mise en évidence du *fossé* existant entre la réalité et la science naturelle. Je vous renvoie en particulier aux *Limites de la formation des concepts des sciences naturelles* de Rickert où en premier lieu l'insuffisance de ceux-ci pour les sciences historiques fut mise en évidence et où la psychologie fut complètement livrée à la science naturelle. Rickert a ainsi rendu à la psychologie, de façon purement négative, un très grand service ; car nulle part plus qu'ici apparaît combien une psychologie dont les concepts, les lois et les théories possédant la structure logique, le niveau logique des concepts naturalistes doit être pauvre, étrangère à la réalité, incomplète et inachevable.

Nous vivons actuellement un tout autre courant spirituel, qui ne questionne pas seulement la structure interne des concepts et des théories des sciences naturelles, leur fécondité et leurs limites, mais également le

1. [Voir H. Lotze, *Mikrokosmos. Ideen zur Naturgeschichte und Geschichte der Menschheit : Versuch einer Anthropologie*, 5e éd., vol. 1, Leipzig, Hirzel, 1896, p. 182-183.]

2. [Voir G. T. Fechner, *Die Tagesansicht gegenüber der Nachtansicht*, Leipzig, Breitkopf und Härtel, 1879.]

3. [Voir H. Rickert, *Die Grenzen der naturwissenschaftlichen Begriffsbildung*, 2e éd., Tübingen, Mohr, 1913, « Einleitung », p. IX.]

sens de la science naturelle dans l'ensemble de l'activité culturelle humaine. Tandis que là-bas le but de la recherche est une classification vraiment systématique des sciences, leur délimitation les unes par rapport aux autres et par rapport à la philosophie, nous avons ici affaire, avec le questionnement sur le sens et la signification de la connaissance des sciences naturelles, à une compréhension de l'image du monde issue des sciences naturelles à partir de sa comparaison non pas seulement avec les images du monde issues d'autres sciences et de la philosophie, mais aussi avec l'image du monde pré-scientifique de l'homme naïf-réaliste. Il s'agit moins de s'enquérir de la structure des axiomes, des définitions, etc., déterminants dans chaque science particulière que de se demander pourquoi les définitions et les états de faits qui les sous-tendent dans chacune de ces sciences particulières sont le plus souvent définis autrement que dans l'usage et l'image pré-scientifiques du monde. Pour répondre à cette question, il faut suivre la voie par laquelle la connaissance scientifique particulière « transforme l'étoffe de l'expérience conformément à son but », ce en quoi le dévoilement et la compréhension du but vont main dans la main. Ce sont des questions que nous trouvons déjà soulevées par Eucken, et que nous trouvons résolues, indépendamment l'un de l'autre, chez Häberlin à Basel et chez Th. Haering à Tübingen. Nous reviendrons ultérieurement sur Häberlin. Haering s'est consacré à la question du sens de la science naturelle à propos des théories et les problèmes anorganiques-naturalistes dans le bientôt classique *Philosophie der Naturwissenschaft* [Philosophie de la science naturelle] (Munich, 1923).

Le fossé entre l'image du monde des sciences naturelles et l'image du monde pré-scientifique, la vision diurne naïve-réaliste de Fechner, ne fait pas seulement ici qu'éclater de nouveau au grand jour, mais la connaissance d'une nouvelle tâche, à savoir celle de la compréhension de la signification de ce fossé et ainsi la tâche de sa réduction, et même de sa suppression (*Aufhebung*), en jaillit. Cela se produit grâce à la retraduction du langage des sciences de la nature et de leurs vécus dans le langage de la vie quotidienne et grâce à la preuve que l'image du monde des sciences de la nature ne se laisse comprendre qu'à partir de son développement complet et absolu *à partir* de l'image du monde pré-scientifique et de la présupposition constante de la valeur de celle-ci.

Si nous prenons pour point de départ l'image du monde de l'homme « naïf », non scientifique, le monde de « tous les jours » dans lequel nous vivons et agissons, comme le font Häberlin aussi bien que Haering, nous trouvons, de façon générale, que la connaissance des sciences naturelles représente une formation extrêmement remarquable mais partielle ne concernant qu'*un seul* aspect de l'activité spirituelle humaine – à savoir la connaissance des choses et des événements comme cas particuliers de lois générales –, tandis que l'image du monde pré-scientifique s'édifie sur de tout autres types de connaissance, et en particulier sur le mode de connaissance de la personne humaine, aujourd'hui le plus souvent appelé compréhension. Ce dont il est question ici, c'est d'une connaissance de la *réalité* qui non seulement n'a rien à envier à la connaissance des sciences de la nature, en particulier concernant le sens et l'idéal de la connaissance, mais qui en un certain sens la dépasse; car quel sens plus ample et plus profond de la connaissance peut encore se donner et se penser en comparaison du sens d'une compréhension que je crois avoir atteint « lorsque je dis que je comprends un autre homme et ses actions? » La méthode des sciences de la nature peut-elle ici apporter la moindre chose, ne défait-elle pas, dès le début de son chemin de pensée, l'essentiel de cette compréhension en dépersonnalisant l'homme, en l'anonymisant et en en faisant le cas particulier et le point de passage de tant de lois ou, là où cela n'a pas encore réussi, le cas particulier, justement le cas, *casus*, d'une espèce naturaliste?

Il n'en va pas autrement en psychiatrie clinique, comme Birnbaum l'a reconnu le plus clairement. Il exprime avec toute la clarté souhaitable que la psychiatrie ne peut parvenir à rien avec la « personnalité psychique » puisque la seule chose qui compte pour elle, ce sont les facteurs pathologiques qui ne se conquièrent que par l'intermédiaire d'un découpage, d'un éloignement, d'une abstraction vis-à-vis de l'unité originaire de la personnalité, à la place de laquelle se loge le type morbide et où la représentation de la maladie prend la place de la description de la personne [1].

La compréhension *individualisante*, téléologique, de la personne (ainsi en outre que la compréhension supra-personnelle des sciences de l'esprit qui cependant ne nous intéresse pas ici) s'oppose à la classification *généralisante* des sciences naturelles et à l'explication nomologique causale. Les plus grands efforts ont été faits depuis W. von Humboldt et Dilthey concernant la description et l'examen logique et méthodologique et l'évaluation de cette forme de connaissance, et il apparaît de plus en plus que l'on peut dériver complètement la connaissance et l'image du monde des sciences de la nature à partir de la compréhension et de l'image du monde téléologique, mais impossible au contraire la compréhension à partir de la connaissance naturaliste. Cette dernière est toujours plus reconnue comme

1. « Über psychopatische Persönlichkeiten » [Sur les personnalités psychopathiques], p. 1 *sq*.

le préalable ou le stade de résignation de la compréhension (Haering), comme une compréhension imparfaite ou partielle (Häberlin), ce qui est déterminé à devenir, en général comme en particulier, de la plus grande importance pour la psychologie et ainsi aussi pour la psychopathologie et la psychiatrie. Dans tous les cas il s'agit d'un gros anachronisme lorsque Bleuler met sur le même plan la connaissance des sciences de la nature et l'expérience elle-même, les sciences de la nature et les sciences de l'expérience, en expliquant que dans tous ces domaines la méthode des sciences de la nature s'est conservée, « elle seule accroît nos connaissances, elle seule donne la science »[1]. On ne peut plus aujourd'hui pour cette raison qualifier une recherche de naturaliste parce qu'elle « cherche des observations » et s'efforce « de les relier par des explications »; car il y a bien d'autres sortes totalement différentes d'observations ainsi que d'explications. Rappelons ici le mot sage et souvent cité de Goethe, selon lequel la chose la plus élevée serait de « comprendre que tout ce qui est de l'ordre des faits est déjà de la théorie »[2], c'est-à-dire que dans l'« observation » ou la constatation de faits la plus primitive s'immisce déjà la théorie, ou plus justement qu'une constatation est toujours déjà guidée par la théorie. Là où l'optimisme naturaliste voit un tissu d'évidences, nous y voyons aujourd'hui autant de problèmes; la prétendue possession du savoir cède sa place au scepticisme et à l'aspiration perplexe à un nouveau domaine de savoir et à s'abreuver à une nouvelle source de savoir. L'immense travail spirituel qui est parvenu à déterminer l'essence des sciences naturelles de la simple observation naturaliste jusqu'à la théorie la plus élevée, leur place dans le système des sciences, le sens et le but de leurs efforts de connaissance, c'est à ce travail que nous devons le fait qu'aujourd'hui une psychologie peut se développer comme une science autonome de l'expérience à côté des sciences de la nature. Je rappelle seulement les noms de Riehl, Sigwart, Lipps, Natorp, Cassirer, Husserl et Scheler. La psychiatrie, qui semble appelée à jouer un rôle toujours plus important dans la vie et dans les sciences, n'a pas le droit de faire l'impasse plus longtemps sur cet énorme savoir si elle ne veut pas courir le danger de s'isoler, de quitter les débats spirituels vivants des sciences, ce qui pourrait avoir de dangereuses conséquences comme l'isolement dans la vie quotidienne et en politique. Les autres branches de

1. [E. Bleuler, *Naturgeschichte der Seele und ihres Bewusstwerdens*, Berlin, Springer, 1921, p. 1.]

2. [Goethe, « Maximen und Reflexionen » (Maximes et réflexions), dans E. Trunz (éd.), *Werke. Kommentare. Register*, Munich, Deutscher Taschenbuch Verlag (Hamburger Ausgabe), vol. XII, n° 488, p. 432.]

la médecine aimeraient continuer à travailler tranquillement sur le sol assuré et orgueilleux de la science naturelle; la psychiatrie, dont l'objet est les maladies *psychiques* et leurs multiples relations au monde *spirituel*, à l'art, aux mœurs et à la religion, au droit, à l'état et à la politique, la psychiatrie n'a pas le droit de se contenter de la part naturaliste de sa tâche.

La première conséquence de ce tournant critique très profond tel qu'il nous est présenté par Häberlin et Haering, et a été préparé par Leibniz, Schleiermacher, W. von Humboldt, Fechner, Eucken et Dilthey, est, comme nous l'avons déjà dit, la possibilité d'une fondation universelle, systématique, de la psychologie. Häberlin, dans sa psychologie élémentaire intitulée *Der Geist und die Triebe* [L'esprit et les pulsions] et parue il y a peu, a montré à quoi peut «ressembler» une telle psychologie. S'il ne peut ici certainement pas s'agir de l'unique forme de psychologie scientifique au sens moderne, Häberlin conserve à coup sûr le mérite de nous avoir présenté pour la première fois, dans un projet audacieux et très réfléchi, une psychologie au sens d'une science de la personne humaine, et d'avoir établi les lignes directrices générales selon lesquelles une telle psychologie doit se construire.

Laissez-moi vous montrer à l'occasion d'un exemple particulier à quelles conséquences ce tournant conduit la psychologie et la psychopathologie.

Je vous rappelle tout d'abord les différentes conceptions de l'unité du Je, de la personne psychique. Selon Herbart il ne s'agit pas ici d'un concept doué de sens, le Je pour lui est un non-concept car il refuse ce qui aurait placé une unité au dessus de la masse des représentations singulières. Comme chacun sait, Hume voyait dans le Je un amas de représentations, Beneke un amas de pulsions. La plus grande proximité par rapport à la réalité de la nouvelle théorie, sa plus grande concordance avec l'*expérience* psychologique et l'image du monde naïve ne se manifeste pas dans le fait qu'elle explique l'unité de notre Je de façon plus juste, mais dans le fait qu'elle aperçoit qu'il n'y a ici rien à expliquer, mais seulement quelque chose à accepter comme constituant le fait fondamental incontestable de l'expérience. Il n'y a ici quelque chose à expliquer que pour autant que l'on brise l'unité du Je de façon naturaliste en un tas de fragments, qu'on les appelle représentations ou pulsions; on doit ensuite naturellement décider si l'on veut ré-assembler ces fragments et comment on peut les assembler. Que le Je brisé par les sciences de la nature ne soit pas mort, mais qu'il continue à vivre dans chaque sensation et représentation et dans chaque pulsion, et même dans les sensations de Mach, c'est seulement ces derniers temps que l'on a appris à le voir. Au lieu de détruire l'unité de notre Je, ce qui ne va jamais sans illusions scientifiques, et de la « ressortir » des décombres ultérieurement dans le meilleur des cas ou de la « deviner » à travers eux, la nouvelle psychologie a le courage de reconnaître enfin le caractère accessible à l'expérience immédiate de l'unité de notre Je. Et il y a plus ! Au lieu d'affirmer que nous nous figurons l'unité de notre Je seulement *a posteriori* et *par analogie avec l'unité des substances extérieures* à nos vécus, il est maintenant reconnu que c'est justement le contraire, à savoir que nous n'atteignons le concept de substance unitaire *extérieure* (en tant que porteuse de nos impressions toujours changeantes) qu'en expérimentant une telle unité originairement sous la forme de l'unité autonome et propre de notre Je, pour la transposer secondairement au monde extérieur. L'unité immédiatement vécue de notre Je serait par conséquent le prototype et le modèle originaire du concept de substance (E. Th. Haering). Dilthey a d'ailleurs déjà reconnu « que l'expérience vécue de la conscience de soi constitue le point de départ du concept de substance »[1]. Il possédait déjà la pleine compréhension du fait que le concept de substance est issu d'une « adaptation » de cette expérience vécue à l'expérience extérieure, et que la théorie des substances spirituelles « n'est rien d'autre que le transfert du concept produit au cours d'une telle métamorphose à l'expérience vécue où, dès l'origine, l'ébauche en était donnée »[2] (*Œuvres complètes* I, p. 8). De la même manière on peut comme chacun sait être d'avis que le concept naturaliste de cause est une transposition de notre expérience vécue de volonté et d'activité sur la nature extérieure, et que l'on ne gagne rien lorsque l'on réapplique en retour ultérieurement ce concept à cette expérience, moyennant quoi il est certes rationalisé de façon naturaliste mais très appauvri dans son contenu effectif[3].

Un autre exemple ! L'unité du Je *étranger*, de la personne *étrangère* ! Combien laborieuses et compliquées sont les explications de la théorie associationniste à propos de la survenue de cette unité, mais aussi celles de la théorie de l'analogie et de la théorie de l'intropathie de Lipps ! La nouvelle analyse de la perception, et en particulier dans sa forme phénoménologique, nous donne le droit de reconnaître une perception spirituelle

1. [W. Dilthey, *Introduction aux sciences de l'esprit*, trad. fr. S. Mesure, dans *Critique de la raison historique*, Paris, Cerf, 1992, p. 161.]

2. [*Ibid.*]

3. Voir à ce sujet [*cf.* L. Binswanger, *Le problème de l'espace en psychopathologie*, trad. fr. C. Gros, Toulouse, PUM, 1998, p. 83 *sq.*] la conception de Scheler à propos des *vides* du cœur comme *donnée originaire* pour tous les concepts de vide, mais aussi déjà Schleiermacher : « Les concepts de force, de causalité, de substance sont conquis à partir de notre conscience et sont des manifestations de celle-ci » ! *Psychologie*, *Sämmtliche Werke*, vol. VI, p. 158.

originaire d'autrui, non composée et acquise par l'intermédiaire de la perception corporelle, dans laquelle l'unité de la personne étrangère co-apparaît par essence, c'est-à-dire uniquement sur la base de l'accomplissement de l'acte d'une telle perception. Autant de simplifications et de révélations de problèmes mal posés que nous traînions comme une charge considérable, autant de fraîches impulsions pour une psychologie et une psychopathologie autonomes conçues dans le cadre d'une science de la personne !

Permettez-moi ici seulement *une* application au domaine de la psychiatrie ! Si nous arrivons aujourd'hui à diagnostiquer la schizophrénie non pas seulement à la façon des sciences de la nature, mais au sens moderne de façon psychologique, c'est, comme chacun sait, grâce à Bleuler. Nous la diagnostiquons selon les sciences de la nature lorsque nous parvenons à diviser et à découper une personne humaine de telle façon que nous conquérons des réactions parcellaires séparées qui, de nouveau ré-assemblées, donnent l'image du type morbide schizophrénique ; mais également lorsque nous constatons des positions catatoniques, des blocages, des comportements timides, perdus dans ses pensées, des idées déplacées, des expressions bizarres, etc. Très souvent, cette voie nous est fermée, c'est-à-dire que le dépassement abstractif de tels symptômes ne réussit pas, et malgré tout « nous sommes certains » que nous avons affaire à un schizophrène. On parle alors volontiers de diagnostic par sentiment (*Gefühlsdiagnose*), mais il n'est pas certain que cette expression signifie ici autre chose que lorsque par exemple « le sentiment » ou « l'instinct » dit au médecin interniste à propos d'un malade très fiévreux mais par ailleurs dépourvu de symptômes qu'il s'agit ici d'un typhus et non d'une pneumonie. Un tel diagnostic par sentiment se construit sur des perceptions non remarquées, comme par exemple les perceptions d'une odeur déterminée, ou encore sur des indices à peine remarquables évocateurs de typhus dans le visage ou sur le corps du malade ; ou bien il s'agit d'un simple soupçon suspendu en l'air qui *peut* s'avérer juste mais ne le doit pas obligatoirement. Il en va autrement lorsque nous diagnostiquons une schizophrénie « selon le sentiment ». Le sentiment n'est ici, comme si souvent dans la psychologie vulgaire, mais également dans la psychologie scientifique jusqu'à ce jour, qu'une expression vague et générale pour des vécus d'acte très spécifiques et pas encore, ou pas encore suffisamment explorés, en l'occurrence ici l'acte de la perception spirituelle d'autrui. Dans notre cas nous ne diagnostiquons pas véritablement d'après, mais *avec* le sentiment, c'est-à-dire au moyen de ce mode de perception qui n'a, hormis le nom, pas la moindre chose à voir avec le « sentiment » au sens des sentiments sensibles ou émotionnels. Dans l'acte de la perception spirituelle d'autrui, la personne étrangère, comme nous l'avons dit, nous est toujours en tant que telle et d'une manière ou d'une autre présente (*gegenwärtig*) et n'est pas seulement un simple vécu étranger isolé, une « partie » d'elle au sens du concept naturaliste de partie. Cela signifie que nous percevons, sur la base de la perception d'un côté schizophrène chez la personne, la personne elle-même comme schizophrène ou à l'inverse, nous percevons de façon primaire la totalité de l'homme comme étant un schizophrène et ce n'est qu'ultérieurement que nous prêtons attention aux traits schizophréniques. Mais nous pouvons percevoir la personne schizophrène par exemple en raison de l'animation particulière de son regard, tandis que dans la considération purement naturaliste de son œil ou de son regard rien ne nous frappe. Ou bien nous fréquentons pendant longtemps une telle personne et soudain nous savons que nous avons affaire à une schizophrénie, c'est-à-dire que nous pouvons dorénavant la « voir » comme une personne schizophrène en raison par exemple du rapport spirituel déficient, de l'intropathie déficiente en elle. Ce que nous appelons rapport déficient peut peut-être être la seule perception que je fais d'un homme étranger mais qui peut néanmoins tant me « frapper » que, pour ainsi dire, je rebondis à l'intérieur de moi-même lorsque la porte s'ouvre et qu'il entre. Je dois naturellement être capable de différencier ce rebondissement et son fondement de l'attrait et du dégoût que je n'expérimente qu'à partir de la sympathie et de l'antipathie, mais pour cela je suis psychiatre. Un schizophrène peut m'être très sympathique en tant qu'homme, et malgré tout je rentre en moi-même, j'expérimente toujours une limitation de mon accord intérieur avec lui dans la perception de sa personne comme une personne schizophrène. Dans l'entraînement à la perception d'autrui, dans l'enregistrement et l'utilisation de celle-ci pour de plus amples jugements et conclusions, on peut procéder de façon aussi exacte et critique qu'en ce qui concerne la perception corporelle. Et il y a évidemment ici aussi des *grades* de certitude de la simple supposition vague à l'évidence, et il y a toutes les *illusions* perceptives possibles ! Tout autant que pour la personne schizophrène, nous pouvons naturellement percevoir la personne paralytique, épileptique, etc., de façon totalement indépendante des symptômes somatiques et des déficiences psychiques. Au contraire, ceux-ci peuvent seulement nous inciter à accomplir des actes de perception spirituelle d'autrui sur la base desquels la personne paralytique nous deviendra visible. Mais à l'inverse la perception de la personne paralytique peut seulement nous inciter à rechercher des symptômes somatiques pour corroborer cette perception, qui peut être sujette à des illusions, à partir d'un autre domaine.

Après ce qui précède, il n'est presque pas nécessaire de mentionner qu'une «psychologie du rapport» de l'homme envers l'homme et du rapport aux formes morbides particulières et de celles-ci envers nous appartient aux tâches les plus urgentes de la psychologie et de la psychopathologie. Hormis Pfänder, c'est Scheler qui nous a à cet égard le plus fait progresser et il continue à y travailler dans ses «Lois de la vie émotionnelle»[1]. Connaître, savoir que nous collectons les expériences *effectives* non seulement avec la compréhension, mais aussi avec les sentiments, et de quelles sortes sont ces expériences, c'est une base supplémentaire et principielle pour la recherche psychiatrique à venir. À côté de la logique de l'imagination, de la pensée mythique et religieuse prend dorénavant place la « logique du cœur », comme Pascal l'exprima en expliquant le premier : « Nous connaissons la vérité non seulement par la raison, mais encore par le cœur», en reconnaissant dans les *deux* faces de notre vie spirituelle, comme plus tard Herder et les romantiques, des sources « capables de nous instruire » (*Pensées*, XXII). Mais seule la psychologie des actes et la phénoménologie qui la nourrit sont parvenues à une *méthode* pour explorer scientifiquement le «ressenti» subjectif lui-même et le monde affectif objectif qui se constitue en lui, par exemple les sentiments de sympathie, d'angoisse, de honte et d'honneur. À cet égard, la compréhension du caractère intentionnel des ressentis « élevés » et de la distinction qui se manifeste ainsi entre les *actes* affectifs intentionnels et les *objets* correspondants, qui seule autorise à enquêter sur les lois gouvernant les essences, le sens ou les formes relatives à ce domaine, s'avère fondamentale. De tels actes affectifs effectifs, par exemple la sympathie et l'antipathie, la considération et le mépris, sont toujours étroitement *liés* à la perception spirituelle chez soi-même et chez autrui d'actes purement intellectuels et ressaisis *à tort* comme sentiment; mais les deux domaines d'actes ne sont pas du tout identiques. Je crois cependant qu'une psychologie du *rapport* normal et pathologique, c'est-à-dire du rapport *avec* le malade et du rapport totalement différent *du côté* du malade ne sera possible qu'à partir de cette théorie dans son ensemble. Nous possédons déjà une psychologie normale systématique des opinions d'un homme envers un homme dans la

1. [Voir M. Scheler, *Nature et formes de la sympathie. Contribution à l'étude des lois de la vie émotionnelle*, trad. fr. M. Lefebvre, Paris, Payot, 1928, rééd. Paris, Payot et Rivages, 2003.]

« Psychologie des opinions » de Pfänder[1], un très grand matériel pathologique bien qu'exploré la plupart du temps indépendamment de tout point de vue psychologique, dans la littérature sur l'« aliénation du monde perceptif » ou dépersonnalisation (Janet, Oesterreich, Schilder, Kronfeld, Kurt Schneider, etc.), dans la littérature sur la schizophrénie (Bleuler et beaucoup d'autres), et avant tout dans la littérature psychanalytique comme chez Adler et Jung. Les travaux de Kurt Schneider ont déjà introduit avec succès au point de vue purement phénoménologique-psychologique.

III. L'HOMME (LA PERSONNE) COMME OBJET DE RECHERCHE PSYCHIATRIQUE

Le chemin qu'a suivi jusqu'à maintenant la recherche psychiatrique débute, comme nous l'avons vu, par ce qui est saisissable somatiquement, et en particulier par ce qui est corporellement visible, il suit ensuite pendant longtemps, et après qu'il se soit élevé au-dessus du corps, la méthode scientifique, laquelle a permis de grands triomphes, pour prendre seulement actuellement un tournant à la faveur duquel il débouche sur la voie de l'*authentique* recherche psychologique. Nous reconnaissons déjà comme but de cette recherche l'exploration de la personne humaine – non pas, comme beaucoup le croient, en tant que synthèse, mais en tant qu'unité. Bien comprises, les étapes qui caractérisent ce chemin ne sont pas simplement des « points de vue surmontés »; car chacune de celles-ci conserve sa valeur dans l'ensemble de la recherche psychiatrique. Mais indépendamment de la connaissance juste que nous possédons à propos des *limites* du domaine de validité et de pertinence de chacun de ces points de vue, mais cependant en liaison étroite avec elle, leur ordre hiérarchique au sein de l'ensemble de la tâche psychiatrique est devenu autre. Alors que l'exploration de l'anatomie et de la pathologie cérébrale semblait autrefois être déterminée à devenir l'authentique science fondamentale psychiatrique capable de fournir un « système », elle est aujourd'hui devenue une science auxiliaire de la psychiatrie, etc. Avec l'évolution des méthodes, le but s'est lui aussi modifié et c'est à l'aune du but que se laissent maintenant évaluer les méthodes. Jusqu'à récemment, le but *clinique* était le but principal de la science psychiatrique, et Kehrer pouvait-il encore expliquer il y a un peu plus d'un an que la phase actuelle de la psychiatrie clinique se

1. [A. Pfänder, « Zur Psychologie der Gesinnungen », *Jahrbuch für Philosophie und phänomenologische Forschung*, vol. 1, 1913, p. 325-404 et vol. 3, 1916, p. 1-125.]

tenait indubitablement sous le signe de l'incertitude à l'endroit du choix des chemins de recherche qui offriraient la meilleure perspective « pour surmonter les difficultés d'une systématique des troubles psychiques ». « Les questions de méthode et les points de vue de la psychiatrie d'aujourd'hui » sont toujours soumis au primat du questionnement clinique-systématique. Si l'exploration de la personne humaine apparaît progressivement comme le but de la psychologie et que ce but éclaire la recherche psychiatrique, alors la direction de recherche doit faire un demi-tour complet. Au lieu de progresser du corps, de ses organes et de ses fonctions vers l'âme, ses « organes », ses systèmes ou parties et ses fonctions, et à partir de là d'essayer d'entrer dans le domaine de la personne – ce qui ne peut conduire qu'à l'établissement d'un psychogramme (W. Stern, Kehrer) véritablement « dépourvu de sens » –, se pose aujourd'hui la question de savoir si ce n'est pas au contraire l'exploration de la personne qui est le but premier et évident de la psychiatrie et si les autres méthodes de recherche plus ou moins indispensables ne se laissent pas classer en un ordre sensé *à partir de là*. En d'autres termes, au lieu de vouloir s'attaquer au problème de la subjectivité de l'objectivité, ce qui n'est possible que par une sorte de reconstruction ou de retraduction, se manifeste actuellement l'exigence inverse et plus facile à satisfaire de comprendre la subjectivité à partir de l'objectivité. Récemment, les philosophes Natorp, Husserl, Bergson, Th. Lipps (dans ses travaux tardifs), etc., ont emprunté cette voie, que Kant a déjà parcourue. Ce tournant est déjà accompli pour la psychologie empirique dans *Gegenstand der Psychologie* [L'objet de la psychologie] de Häberlin[1], approfondi dans les textes *Leib und Seele* [Le corps et l'âme][2] et *Der Geist und die Triebe* [L'esprit et les pulsions][3]. Cette branche de la recherche reçoit ici son sens et par conséquent sa place de but parmi les plus élevés de la psychiatrie elle-même dans l'ensemble du système ; dans cette mesure, le sens, la valeur et les limites de chaque méthode sont clairement compréhensibles, alors que dans le psychogramme même le plus minutieux les *relations entre* chacune de ces méthodes, par exemple la méthode expérimentale-naturaliste et la méthode psychologique-conduite selon la science de la personne, demeurent toujours « apparentes », plus ou moins fortuites, si bien que l'on ne sait jamais quelle valeur et quel sens

1. [P. Häberlin, *Der Gegenstand der Psychologie. Eine Einführung in das Wesen der empirischen Wissenschaft* (L'objet de la psychologie. Une introduction à l'essence de la science empirique), Berlin, Springer, 1921.]

2. [P. Häberlin, *Leib und Seele* (Le corps et l'âme), Basel, Kober, 1924.]

3. [P. Häberlin, *Der Geist und die Triebe. Eine Elementarpsychologie* (L'esprit et les pulsions. Une psychologie élémentaire), Basel, Spittlers, 1924.]

cette méthode possède en comparaison de l'autre; qu'on se reporte par exemple au «Modell einer klinisch-experimentellen Pathographie» [Modèle d'une pathographie clinique-expérimentale] (*Zeitschrift für die gesamte Neurologie und Psychiatrie*, vol. 85, 1923) de Kehrer et Fischer. Aucun chemin expérimental ne conduit dans «l'intérieur» de la personne, ni non plus aucun ensemble de capacités fonctionnel si subtil et intéressant soit-il. Lorsque par exemple nous concluons avec Rorschach, à partir du nombre de réponses kinesthésiques, à l'intelligence de la personne testée, lorsque nous observons avec Kroh un lien entre tendance eidétique et imagination artistique, ou avec Sperber entre des habitudes langagières individuelles et le type de la création poétique, toutes ces connexions ne nous disent rien de la personne *à propos de* laquelle nous les constatons. Il en va autrement lorsque nous partons de la saisie centrale de la personne à partir de la perception de ce que, en tant que personne, elle *manifeste* et lorsque nous explorons comment ces méthodes et les liens qu'elles révèlent se rapportent au centre de la personne et comment elles se laissent retraduire totalement ou partiellement en manifestations de la personne.

Nous nous trouvons ici encore au tout début de la recherche empirique. Ce qui suit se manifeste cependant clairement :

Aussi différents, du point de vue de la méthode générale, que soient par exemple les travaux de Pfänder, Haas, Scheler d'un côté, et de Häberlin de l'autre – une méthode régionale-phénoménologique là, une méthode universelle-rationnelle ici –, ils conduisent cependant tous à un système conceptuel comparable au moins en ce qui concerne ses bases les plus profondes et mettant en œuvre une science de la personne. C'est à Husserl que nous devons la caractérisation logique fine du concept de *manifestation* (*Kundgabe*) de la personne, qui n'a aucune place ni aucun sens dans les sciences de la nature, nous devons ainsi à ce chercheur la connaissance de la signification de principe d'une structuration de la personne en un noyau central et en des couches de plus en plus périphériques, une stratification pas forcément biologique ou dynamique mais d'ordre purement psychologique au sens d'une relativité de la couche par rapport à la profondeur ou la surface, à partir de laquelle la manifestation ou, comme le dit Häberlin, l'action, s'ensuit. Ainsi est conquis un principe véritablement conforme à la science de la personne pour la description et la classification du fonctionnement personnel, qu'on pense par exemple seulement à la catégorie des manifestations véritables ou fallacieuses et à leurs «objets». Une structuration supplémentaire du matériel autorise la distinction des *directions* de vécu centrifuge ou excentrique et centripète, ce qui est de la plus grande importance aussi bien d'un point de vue phénoménologique

que d'un point de vue conceptuel. À partir de ces deux éléments, à partir de la structuration de la personne en un noyau moïque psychique fixe et central ou moi corporel (*Ichleib*) et une périphérie du moi labile, pour ainsi dire fluctuante et plus volumineuse, et de plus à partir de la direction vécue, des caractéristiques systématiques supplémentaires pour une psychologie de la personne se laissent dériver. Indépendamment de la profondeur dans laquelle pénètre un vécu, nous constatons le poids spécifique avec lequel il nous « pèse sur la conscience », ou son caractère labile et aérien, mais avant tout également son appartenance plus ou moins explicite à notre Je. À partir de là surviennent des sortes très différentes d'appropriation psychique ou d'incorporation de nos vécus en nous, deux significations très différentes de leur appartenance à nous. Si par exemple je conçois une certaine pensée, elle est dans cette mesure toujours *ma* pensée en tant que *je* la conçois dans l'accomplissement d'un acte; malgré tout, cette pensée peut, en un autre sens, n'être absolument *pas ma* pensée, mais celle de mon entourage, de la couche sociale (familiale, professionnelle) supérieure ou inférieure à laquelle j'appartiens; ainsi la pensée peut m'être totalement étrangère, elle peut être en totale contradiction avec mon être total. Je suis celui qui la conçoit, en tant que sujet, dans l'accomplissement d'un acte, mais cette pensée malgré tout ne m'appartient pas, elle n'est justement pas la mienne propre; je ne me la suis pas étroitement appropriée, je ne l'ai pas intégrée à mon Je profond ou le plus approfondi, je ne l'ai reçue que par l'intermédiaire de la tradition ou ne l'ai conçue dès le départ que comme une pensée étrangère. Et il est va ainsi de toutes les variétés de nos vécus, avec les sentiments, les déterminations de la volonté, les opinions, etc., avec toutes les phases de l'action au sens de Häberlin. Pour la psychologie et la psychopathologie de la tradition, de la contamination des sentiments et des pensées, de la sympathie et pour la psychologie et la psychopathologie des masses, tout cela est d'une importance capitale, qu'on pense par exemple aux conceptions de Freud et de Scheler sur la psychologie des masses. Haas a proposé, pour désigner l'ensemble de ces faits, le nom, à mon avis pas totalement satisfaisant, de *psychisation* (*Psychisierung*), ce par quoi il comprend de façon générale les différentes sortes et les différents niveaux de l'insertion des vécus dans le sujet psychique, de la correspondance vide jusqu'à l'étroite inclusion au sein de celui-ci (voir *Die psychische Dingwelt* [Le monde psychique des choses]). Vous trouverez là-dessus déjà beaucoup de matériel chez Pfänder et Scheler, et Kronfeld a aussi récemment tenté d'expliquer et d'éclairer selon la science de la personne, dans un article très intéressant (*Monatsschrift für Psychiatrie und Neurologie*, vol.54) ce que nous appelons «culture individuelle».

L'exploration de l'autisme schizophrénique et mélancolique, mais aussi de la manie, de l'hystérie et de la paranoïa ne peuvent dorénavant pas faire fi de cette théorie de la psychisation, de l'étude approfondie phénoménologique des différentes sortes et des différents niveaux de notre « accord » avec nos vécus.

À travers cette nouvelle direction psychologique se trouve quelque chose d'autre que son éclaircissement purement psychologique, ce qui est aussi d'une grande importance pour la psychiatrie, je veux dire la distinction de la pulsionnalité et de mouvements « plus élevés », c'est-à-dire spirituels. Il n'y a qu'*une* seule direction de recherche psychopathologique qui a reconnu la signification centrale de cette opposition et l'a placée au centre de ses théories, c'est la psychanalyse avec sa théorie du conflit psychique. Jusqu'à ce jour, la psychiatrie ne possède pas encore le moyen de prendre position à propos de ce problème, et encore moins de contribuer à sa résolution.

La théorie du conflit psychique se rapporte à la vieille querelle déjà décrite par Platon entre les forces psychiques « inférieures » et « supérieures », entre les deux âmes qui sont en notre sein, entre pulsion et conscience morale, entre pulsion sexuelle et pulsions du moi pensées comme efficaces dans le pouvoir culturel, éthique et esthétique. Aucune science empirique n'a apporté plus de matériel à ce thème et ne l'a poursuivi de façon plus fondamentale jusqu'à ses ultimes conséquences pour la vie de l'âme et ainsi poussé jusqu'à son dernier retranchement que la psychanalyse. Une chose cependant est l'élargissement et la collecte du matériel de recherche, autre chose son explication. En ce qui concerne cette dernière, laquelle nous conduit en plein milieu des problèmes psychologiques et éthiques les plus profonds, je m'écarte de la psychanalyse. Freud dérive comme chacun sait les tendances éthiques, et en particulier les tendances psychiques approuvées par la censure, et même la censure ou la conscience morale elle-même, de la pulsionnalité, de l'interaction de la libido « narcissique » et du développement excessif des pulsions du moi. Qu'on se rappelle seulement sa conception, introduite avec sa théorie du narcissisme, du moi idéal, qui a été développée de façon si signifiante dans les derniers textes (voir en particulier *Le moi et le ça*). Cette dérivation ne me semble malgré tout pas du tout démontrée, et même pas du tout démontrable, lorsque l'on conçoit le problème dans son entier; ce n'est cependant pas le lieu de développer plus avant ce point. Il suffit de montrer que, dans une psychologie de l'homme, le conflit psychique en vient à se trouver au centre, et qu'une telle psychologie et psychopathologie doivent s'en accommoder. Häberlin lui aussi l'a déjà reconnu, et dans cette mesure il se fonde, et toute psychologie de la personne se fonde, sur la psychanalyse. D'autre part toute psychologie de ce genre doit tenter d'aborder et de résoudre de façon neuve l'*essence* de ce conflit et ainsi l'opposition, l'antinomie de la vie personnelle de l'âme. Häberlin a cherché une solution universelle qui pour la première fois soit profondément méthodique, il a le premier tenté de rassembler d'un point de vue théorique l'homme pulsionnel *et* l'homme spirituel en sa totalité et son unité sans faire violence à aucune des deux faces de la nature humaine en la reconduisant à l'autre. Il ne voit dans la spiritualité aucune opposition claire à la pulsionnalité puisque les deux concepts se situent à des niveaux très différents. Chaque intérêt est en partie spirituel et en partie non spirituel, selon la direction de l'excentricité ou du rapport au centre. L'excentricité signifie le rapport déterminé *majoritairement* par la pulsion, le rapport est central lorsqu'il contient le trait de l'équilibre, de la mesure et ainsi du dépassement de la subjectivité. « L'esprit », terme par lequel il ne faut toujours comprendre qu'une abstraction, « consiste dans le fait que l'individu aimerait se joindre *personnellement* à l'aspiration universelle », c'est-à-dire à l'aspiration qui s'élève au-dessus de la subjectivité et de l'individuation, « et n'aimerait faire sienne que cette aspiration ». Le vécu spirituel est la réaction de l'individu contre lui-même, dans laquelle il s'attaque au rapport primaire proprement excentrique d'un intérêt moins excentrique, y documentant la tendance à l'équilibre. Malheureusement c'est une version seulement à peu près conforme à la conception que se fait Häberlin du spirituel dans l'homme qui appartient au mieux à sa nouvelle psychologie, en bref totalement ridicule, et on ne devrait en mentionner que son lien avec l'ensemble de la tendance actuelle vers une psychologie de la personne.

Indépendamment de ce premier essai d'une solution psychologique *universelle* du conflit psychique, deux camps séparés et qui ne s'accordent pas s'affrontent aujourd'hui en psychologie. D'un côté se tient la psychanalyse avec son fondement totalement naturaliste, de l'autre côté la psychologie ressortissant aux soi-disant sciences de l'esprit, qui a trouvé dans les « formes de vie » de Spranger son ultime expression classique. En psychanalyse, comme déjà chez Herbert Spencer, ce qui est spécifiquement spirituel en l'homme, sa réceptivité au monde des valeurs et son attitude envers celui-ci, est reconduit au principe plaisir-déplaisir, conçu de façon purement mécanique, et les concepts de valeur et de plaisir sont d'un côté identifiés l'un à l'autre, et d'un autre coté les actes, si radicalement différents d'un point de vue phénoménologique, d'appréhension et de possession des valeurs en ce qui concerne les objets sont regroupés avec les états de plaisir et de déplaisir. Cela se manifeste déjà dans la conception freudienne de l'essence de l'éthique dans l'homme en tant qu'aspiration dictée par le plaisir à un idéal de perfection narcissique et projeté au-delà de soi-même. On peut ainsi expliquer génétiquement l'effacement du maintien des valeurs éthiques, ce qui psychologiquement est aussi d'une grande importance, mais on ne peut pas comprendre la nouveauté totale et la différence qualitative qui caractérisent les formes intentionnelles qui constituent le monde des valeurs ou les modes de la conscience à l'égard des sentiments de plaisir-déplaisir. Indépendamment de Häberlin, personne à notre époque ne l'a remarqué aussi profondément et de façon aussi convaincante que Scheler (dans son texte extrêmement riche *Le formalisme en éthique et l'éthique matériale des valeurs*)[1]. La psychiatrie, qui aujourd'hui ne peut plus être identifiée avec la psychiatrie clinique, se voit également ici placée devant une tâche. Non pas qu'elle aurait elle-même à trancher la question épineuse de l'éthique, ce qui correspondrait à une funeste confusion entre les deux sciences, mais elle doit être suffisamment instruite au sein du domaine de la psychologie et de la psychopathologie pour reconnaître l'endroit où cette sphère elle-même est dénaturée pour contenter on ne sait quel dogme éthique ou anti-éthique.

D'un autre côté nous voyons la psychologie relevant des sciences de l'esprit explorer l'homme aussi loin qu'il peut être compris et classifié selon des types d'esprit déterminés. Là où cesse la compréhension, en raison de l'application d'un tel type spirituel idéal d'une structure sensée déterminée, construit de façon abstraite, cesse également cette psychologie elle-même. Le concept de type est ici la clé qui ouvre toutes les portes, et la tâche de cette psychologie est remplie lorsqu'elle a déterminé la structure purement spirituelle d'un homme[2] – comme homme porteur d'un pouvoir théorique, économique, esthétique, etc. Aussi bien ce qui est purement individuel dans l'individu spirituel, qui ne constitue certes pas à lui tout seul cet individu mais y contribue, que ce qui est de l'ordre du sensible ou de la pulsion, échappent à une telle typification compréhensive. Aussi subtiles et compréhensibles que soient de tels types, aussi fondamentale que soit leur construction pour les sciences de l'esprit, ils ne permettent pas de parvenir à l'intelligence du chemin individuel à la faveur duquel un homme est devenu un exemplaire d'un tel type – par exemple de sa constitution agressive-sadique vers le type de l'homme de pouvoir –, en d'autres

1. [M. Scheler, *Le Formalisme en éthique et l'éthique matériale des valeurs. Essai nouveau pour fonder un personnalisme éthique*, trad. fr. M. de Gandillac, Paris, Gallimard, 1955, nouvelle édition en 1991.]

2. On voit facilement qu'il s'agit ici de tout autre chose que la théorie des « types de fonction », orientée vers la biologie et les sciences de la nature, de Jung.

termes, l'intelligence de l'histoire de son devenir, et le lien de sa structure purement spirituelle avec sa structure psychologique. Si l'on conçoit cette dernière de façon purement naturaliste, nous devons alors effectivement parler de « deux sortes de psychologie » qui n'ont rien à voir l'une avec l'autre, une psychologie conforme aux sciences de la nature et une autre conforme aux sciences de l'esprit. Le problème brûlant de notre temps est cependant celui de savoir s'il ne peut pas y avoir de psychologie qui ne ressortissent *ni* aux sciences de l'esprit *ni* aux sciences de la nature, mais soit justement une psychologie. La tentative de Häberlin ne doit pas demeurer la seule, d'autant plus que, en l'état, elle ne fournit aucune perspective à propos de la psychiatrie. La séparation entre nature et esprit ne doit naturellement pas, dans de telles tentatives, être supprimée, ce qui correspondrait à un mélange grossier de concepts hétérogènes, mais ils doivent être toujours davantage reconduits à leur origine et être conçus à partir de là. Mais cette origine est l'homme. Les sciences de la nature et les sciences de l'esprit cherchent à comprendre l'homme comme un objet. Et s'il demeure juste que nous ne pouvons faire de la psychologie que pour autant que l'âme emprunte la voie de l'objectivité (Jaspers), la tâche de la psychologie n'est cependant pas la description et la classification de ses formes objectivées, seraient-elles naturelles ou spirituelles, mais l'appréhension scientifique du *processus* de l'objectivation, qui de son côté ne peut être correctement compris qu'à partir de l'ensemble de la subjectivité. Il n'est alors plus question ici d'une séparation entre nature et esprit, entre sensible et spirituel, entre réaction et action, impression et expression. Cependant, nous ne pouvons parler scientifiquement de la subjectivité que là où cette séparation s'allume déjà. Cela se manifeste dans le fait que les deux, ce qui est de l'ordre du sensible naturel et ce qui est de l'ordre du spirituel, ne se tiennent pas l'un envers l'autre comme deux formes rigides, mais que, comme le dit Cassirer, « la fonction pure du spirituel lui-même doit chercher dans le sensible son accomplissement concret, et qu'elle ne peut finalement le trouver qu'en lui »[1].

Si vous devez vous demander ce que ces questions fondamentales relatives à la psychologie ont à voir avec la psychiatrie, j'aimerais, après que nous venions de parler d'une tâche qui résulte pour la psychiatrie de problèmes *éthiques*, vous rendre attentifs à une tâche qui se rapproche du domaine *esthétique*. Nous nous tenons tous, d'une manière ou d'une autre, sous la forte impression de l'art des malades mentaux et nous constatons souvent le fait que malgré ou à la suite de l'existence depuis plusieurs

1. [E. Cassirer, *La philosophie des formes symboliques*, vol. 1, *op. cit.*, p. 28.]

années d'une psychose démentielle sévère, des capacités artistiques d'une forme esthétique particulière arrivent encore à poindre. Aucune recherche sur le cerveau ne peut nous rendre ce fait compréhensible, ni non plus aucune théorie de l'âme comme fonction cérébrale ou comme processus naturel. Nous ne savons pas encore aujourd'hui, en raison du fossé qui nous sépare encore de la compréhension de la vie de l'âme de tels malades, si nous pouvons l'expliquer de façon satisfaisante. Si nous parvenons à acquérir une petite idée de ce qui nous frappe ici, cela sera sur la voie qui conduit de ces formes objectivées et de leur structure spirituelle à la vie subjective de leur créateur et sa structure psychologique individuelle, d'où il peut être possible de déterminer « la pure fonction du spirituel » qui trouve son accomplissement, son expression dans ce matériel sensible étrange.

Nous voilà à la fin. Aussi lacunaires que soient mes considérations, j'espère néanmoins avoir montré qu'une vie scientifique riche bat aujourd'hui en psychologie et combien elle est proche des tâches et des problèmes de la psychiatrie. J'espère en particulier au moins, pour finir, avoir donné une impression générale de l'idée d'une psychologie de la personne, des limitations qui font obstacles aujourd'hui à sa réalisation, et de son importance pour la psychiatrie. C'est une tâche attirante, y compris pour les psychiatres, de contribuer à la fondation et au développement d'une telle psychologie, dont on pressent aujourd'hui les prémisses, à partir desquels peut se développer une science fondamentale *psychiatrique*, une connaissance psychiatrique unitaire systématique, de laquelle nous sommes aujourd'hui encore si éloignés. La clinique psychiatrique, en tant que psychiatrie appliquée ou pratique, n'a aucune raison de se méfier de cette « nouvelle direction » ; car d'un côté ses tâches et ses méthodes spécifiquement cliniques ne pâtissent pas de ces aspirations modernes, avec lesquelles elles ne font que se *croiser*; d'un autre côté, le sens et le « lieu » méthodologique de ces méthodes ne sont correctement déterminés qu'à partir d'une psychiatrie générale, son véritable objet, l'homme malade de l'âme, n'en est que saisi de manière plus approfondie.

COMPRENDRE ET EXPLIQUER EN PSYCHOLOGIE [1]

I. Les thèses

A. *Comprendre*

1. Ce qui peut nous sortir de la confusion actuelle dans le domaine de la compréhension, liée en particulier à la plurivocité du mot comprendre, n'est ni une philosophie, ni une théorie ni une description psychologique-généralisante de la compréhension, mais seulement la réflexion sur le *phénomène* visé par le mot comprendre, sa détermination claire et son analyse.

2. La méthode d'une telle recherche nous est donnée dans la phénoménologie de Husserl au sens d'une théorie descriptive des essences des purs vécus. Ce n'est que quand le phénomène a été éclairé dans sa pure essence que l'on peut espérer examiner avec succès ses modifications psychologiques, sa survenue psychologique et ses modes d'accomplissement et s'en emparer de manière théorique et philosophique.

3. L'appréhension et la mise en lumière de la compréhension comme un *phénomène* (unitaire) implique le refus de son appréhension comme une structure d'acte complexe ou comme une opération herméneutique. Le processus herméneutique entretient certes des relations étroites avec la compréhension, est pour ainsi dire un *chemin vers* la compréhension (quoique non nécessaire), mais il n'est pas en lui-même une compréhension. Par conséquent une théorie de l'herméneutique n'est pas une théorie de la compréhension.

1. Thèses présentées par écrit et clarifications orales exposées lors d'un exposé commun avec Erismann, Ewald et Spranger au IXe Congrès international des psychologues (septembre 1926) à Groningen.

4. Le phénomène que nous visons avec le mot comprendre dans notre exposé est mieux déterminé avec la précision suivante : en psychologie (empirique). La compréhension est ainsi à examiner en ce qui concerne l'objectité empirique concrète ou région de la psychologie empirique, ainsi que concernant les vécus concrets réaux psychiques d'une personne humaine. Nous appelons cette compréhension la compréhension psychologique, sans pour autant signifier ainsi qu'elle représente un acte de *connaissance* (empirique-) psychologique.

5. Un vécu n'est pas compris psychologiquement dans son être ou son accomplissement réal, mais dans son sens intentionnel ou son contenu (*Gehalt*). Et celui-ci, premièrement, ne peut pas être « détaché » de la personne accomplissant le vécu, et deuxièmement ne peut pas être « détaché » du contenu (*Gehalt*) d'un ou plusieurs autres vécus *sur le fondement desquels* elle accomplissait le vécu à comprendre. La compréhension psychologique s'avère être une compréhension conforme à des motivations, ou plus simplement une compréhension des motifs. En ce qui concerne les concepts de « motif et motivation », je m'appuie sur le traité du même nom de Pfänder dans le recueil en l'honneur de Lipps de 1911.

6. Le plus grand obstacle pour conquérir une vue claire de l'essence de la compréhension psychologique fut son imbrication permanente avec le phénomène de la constatation (*Feststellen*), de la *reproduction* (*Nachbilden*) ou du *revivre* (*Nacherleben*) psychologique, comme cela est le cas dans le concept de compréhension *génétique*. Les deux phénomènes se rapportent à la même objectité, mais l'un sur le mode de la compréhension, et l'autre sur celui du revivre.

(7. Comme je n'avais pas moi-même vu tout à fait clair dans cette imbrication mais que j'avais seulement aperçu que ce qui est dit de l'un de ces phénomènes ne vaut pas pour l'autre, par exemple que le caractère *apriori* de la compréhension ne vaut pas pour le revivre, la vue sur le phénomène de la compréhension était pour moi trouble et je n'admettais que le revivre d'ordre empirique, et acceptait en outre, incité par Rickert et en partie aussi par Dilthey, que dans le domaine du revivre nous pouvions nous passer de prendre en compte l'intentionnalité (*Introduction aux problèmes de psychologie générale*)[1]. Je fus libéré de cette double erreur par les travaux d'Édith Stein, et en particulier par la Dissertation de Munich (1925) de Heinz Graumann sur la compréhension, dans laquelle ma

1. [Voir L. Binswanger, *Einführung in die Probleme der allgemeinen Psychologie*, Berlin, Springer, 1922.]

tentative de clarification du problème par la voie historique fut reprise avec une méthode plus approfondie parce que purement phénoménologique. Je souscris ici aussi à ce travail.)

8. Dans le revivre, nous constatons qu'une personne a été déterminée à un vécu en raison du contenu (*Gehalt*) d'un autre vécu, précisément du vécu motivant; dans la compréhension nous saisissons cet être-déterminé sous la forme d'une relation *idéale*, à savoir eu égard à sa concordance avec une légalité apriorique ou idéale de la raison. Une détermination définitive de cette sorte de légalité de la raison manque encore. C'est Simmel qui l'a indiquée de la façon la plus claire et Graumann qui l'a le mieux différenciée. Il ne s'agit de toute manière pas du tout d'une concordance avec la norme du vrai et du faux pas plus que d'une concordance avec des valeurs déterminées (ce mot pas au sens de Rickert).

9. Il suit de la thèse précédente que la compréhension ne peut pas être « conquise » par la constatation sur la base d'une expérience généralisée, ni non plus de façon inductive; il n'existe en d'autres termes aucun rapport *logique* de fondation entre les connaissances empiriques et la compréhension. Mais d'un autre côté la compréhension peut s'édifier sur des actes empiriques, avoir pour base des actes empiriques (au sens d'une *condition de son accomplissement*); et il peut certes s'agir alors d'actes issus de l'expérience propre aussi bien que d'une expérience partagée. Pour autant que la psychologie *empirique* soit en question, il s'agira, avec la fondation de la compréhension, de tels actes (à côté entrent cependant aussi en considération les actes, hypothétiques-interprétatifs, qui s'ajoutent à l'expérience, d'inférence, comme base de la compréhension. Voir « Apprendre par expérience, comprendre et interpréter en psychanalyse », *Imago*, vol. 12, 1926)[1]. En dehors des actes empiriques consistant à constater, la compréhension peut aussi s'édifier sur de simples actes de présentification *imaginative*, comme lorsqu'il s'agit de la compréhension des personnages d'un roman ou d'un conte ou de simples vécus imaginés d'une personne réelle.

10. Il n'y a pas de grades ou de degrés au sein du phénomène de la compréhension. Là où nous parlons d'une compréhension profonde, complète ou claire, il ne s'agit pas de caractéristiques de la compréhension elle-même, mais de déterminations soit du vécu compris (sa place plus ou

1. [L. Binswanger, « Apprendre par expérience, comprendre, interpréter en psychanalyse », trad. fr. R. Lewinter, dans *Analyse existentielle, psychiatrie clinique et psychanalyse. Discours, parcours et Freud*, Paris, Gallimard, 1970, rééd. coll. « Tel », p. 155-172.]

moins centrale au sein de la personne), soit de l'acte d'expérience ou d'interprétation qui est à la base de la compréhension, dans la mesure où par leur intermédiaire un matériel intuitif d'expérience ou d'interprétation plus ou moins important est fourni à la compréhension. (Nous considérons ici comme ressortissant aussi à l'interprétation le complément d'expérience issu de l'interprétation par le biais des inférences, mais pas l'« intropathie (*Einfühlung*) dans la forme sensible de l'homme »).

11. Dans la compréhension psychologique nous pouvons aussi saisir les vécus réaux d'une personne singulière réale, certes pas dans leur être, mais dans leur sens, c'est-à-dire justement dans leur survenue *signifiante* les uns par rapport aux autres « au sein » d'une personne concrète, ou plus justement et ce qui revient au même, nous pouvons les saisir comme accomplis par une personne, laquelle s'enquiert de l'exigence provenant du contenu (*Gehalt*) d'un vécu, la fait sienne et s'appuyant sur elle, accomplit le vécu (motivé) en accord avec l'exigence (Pfänder).

12. Contre Jaspers et Spranger, nous maintenons que la compréhension atteint intentionnellement la sphère réale des vécus singuliers d'une personne concrète comme par exemple une perception et qu'il ne s'agit pas alors d'une façon ou d'une autre d'une interprétation. La survenue d'une compréhension typologique et son importance fondamentale pour une « psychologie appartenant aux sciences de l'esprit » n'est évidemment pas contestée ; mais la compréhension d'une personne singulière ne *doit* pas se fonder sur une compréhension typologique, aussi nombreuses et diverses que puissent être les relations entre la compréhension typologique et la compréhension des motifs.

13. La compréhension ne présuppose pas non plus la connaissance des « connexions compréhensibles » ni de quoi que ce soit de ce genre. Il s'agit avec ces dernières soit d'abstractions issues de l'expérience consistant à revivre, soit de constructions sur la base de corrélations purement statistiques.

14. La « compréhensibilité » n'est, d'après tout ce qui précède, finalement pas une qualité ou une particularité d'objectités déterminées auxquelles elle pourrait revenir ou manquer, elle n'est pas non plus un principe de classement ou de classification.

15. Ce qu'habituellement on nomme *psychologie compréhensive* semble se rapporter soit au domaine des sciences (de l'esprit) des types structurels, des schémas ou des « images » d'esprit au sens de Dilthey, Spranger, Jaspers, etc., soit à une psychologie empirique-constatative ne

consistant qu'à revivre. Cependant, c'est toujours pour nous une question ouverte de savoir si une science, et d'autant plus une science de l'expérience, peut s'édifier sur la base de la compréhension en tant que telle, ou si la compréhension reste en fin de compte toujours l'affaire d'une singularité qui l'accomplit à chaque fois. La science empirique aurait alors seulement à apporter et à traiter le « matériel » (heuristique, Droysen) qui permettrait d'élargir, d'approfondir et d'ordonner de façon systématique les bases psychologiques de la compréhension. La psychologie en tant que science de l'expérience n'aurait alors affaire qu'aux *conditions* réales de la compréhension.

16. La compréhension psychologique ne doit pas être confondue avec la saisie du contenu psychique au sein de la « couche du comportement » et que l'on appelle également compréhension (compréhension des expressions) ; avec la saisie du sens non réal ou de la signification idéale des expressions langagières également nommée compréhension (compréhension logique ou rationnelle) ; et enfin surtout avec la connaissance en général, également souvent appelée compréhension, et en particulier l'un de ses deux types fondamentaux, la connaissance dynamique-téléologique ou téléologique-interprétative au sens de Th. L. Haering, que nous avons déjà comparé au début (thèse 3) au phénomène de la compréhension psychologique en tant que procédé de connaissance herméneutique. La compréhension psychologique n'est par conséquent pas un « classement dans un ensemble téléologique ».

B. *Expliquer*

17. De concert avec Graumann, nous apercevons l'essence de l'explication dans la mise en lumière d'une objectité avec laquelle ce qui doit être expliqué se tient dans une relation contraignante réale, ou dans la mise en lumière de la relation contraignante réale qui existe entre deux objectités.

18. Il n'y a pas d'objection à ce que l'on puisse aussi objectiver et expliquer des vécus (explication psychologique). Cette explication au sens de la mise en lumière d'une relation contraignante *réale* ne doit cependant pas être confondue et n'a rien à voir avec la compréhension comme illumination de la concordance du vécu accompli par une personne avec une exigence idéale.

19. L'explication causale n'est qu'un cas particulier de l'explication en général, et l'explication physique ou des sciences naturelles elle-même un cas particulier de l'explication causale. Un motif n'est pas une cause, et

expliquer à partir de motifs n'est pas expliquer à partir d'une cause. Si le motif est conçu comme une cause, il s'agit alors d'une grave mésinterprétation du présent état de choses au sens d'une reconduction de la dimension de visée ou d'intentionnalité à celle de l'événement (*Geschehen*) (Hönigswald), allant à l'encontre du concept de la psychologie.

20. La psychologie empirique (dont le concept a une portée plus large que celui de la psychologie de la personne) ne renoncera malgré tout pas dans son fonctionnement pratique-scientifique à cette objectivation des vécus en événements et elle voudra toujours aussi prendre en considération l'engendrement causal d'un vécu par un autre (la causalité psychique, qui n'est pas à confondre avec la *légalité* causale). À côté de cela elle voudra investiguer et décrire les interactions réciproques des motifs et des causes, comment le vécu intentionnel se « sert » toujours de la causalité réale psychique, ou est perturbé ou entravé par elle. Il suffit de penser que pour qu'un motif *possible*, que son sens, au vu d'un comportement déterminé du sujet, autorise ou exige, puisse devenir un motif *effectif*, il faut manifestement tenir compte d'un facteur psychique-causal, comme Scheler et Edith Stein l'ont montré.

21. Dans quelle mesure la psychologie empirique, du fait de l'introduction d'explications causales, est infidèle à son propre concept, et se transforme en une « science naturelle de la vie de l'âme », cela dépendra de si elle reconnaît et sait préserver 1. la particularité de « l'explication à partir des motifs », 2. la particularité de la causalité psychique (voir par exemple la causalité vitale de Scheler) par rapport à la causalité mécanique et à la légalité causale des sciences de la nature, et 3. ce qui est en étroites relations avec ce qui précède, si elle renonce à faire des dernières composantes atomiques non modifiables les responsables des modifications de ces lois.

Mais même la conception de la vie de l'âme issue de la théorie de la forme n'évite pas toujours la confusion entre la psychologie et la science naturelle, elle la recherche même à chaque fois que cela est possible, comme le montre un coup d'œil vers le concept et la théorie des formes *physiques*. Mais il faudrait également remarquer que même avec le concept et la théorie de la forme le problème de l'intentionnalité n'est pas encore abordé.

II. Les clarifications

Au cours des 32 années qui viennent de s'écouler depuis que Dilthey a élaboré avec un détail sans précédent son concept de compréhension opposé au concept d'explication et a ainsi fortement stimulé la conscience méthodologique de la psychologie, la situation s'est quelque peu modifiée. Ce n'est pas seulement que cette conscience ne se satisfait plus de la distinction diltheyenne et est à la recherche de critères plus subtiles, mais c'est le centre de gravité lui-même du cas de conscience méthodologique qui s'est déplacé. La psychologie n'est plus menacée par le pouvoir de séduction exercé par le mode d'explication atomique, mécanique-physicaliste, hypothétique-causal contre lequel l'assaut de Dilthey était dirigé, il semblait même à un moment qu'elle voulait renoncer à l'explication dans la mesure où elle se jetait toujours plus dans les bras de la compréhension et n'avait confiance qu'en elle. Ainsi passa-t-elle du Scylla de la bien trop grande simplicité, naïveté et piété naturaliste au Charybde des problèmes de la compréhension, complètement inconnus d'elle, obscurs et recelant toujours plus de pièges. Déjà chez Dilthey lui-même ces problèmes sont tellement intriqués, et ils sont tellement déplacés dans leur signification épistémologique par le passage du fondement empirique au fondement philosophique des sciences de l'esprit, que l'on ne peut presque plus les démêler complètement de leur représentation et les fixer clairement. Il sera ici simplement indiqué que la compréhension se transforma toujours plus au cours de son développement chez Dilthey d'un comportement *de l'ordre de l'expérience* à l'encontre des processus historiques au sens le plus large, en une *opération herméneutique*, un *procédé* propre aux sciences de l'esprit (voir *L'Édification du monde historique dans les sciences de l'esprit*), si bien que l'herméneutique s'insérait à la place de la psychologie « parmi les bases des sciences de l'esprit, et ainsi même au centre de la logique philosophique générale »[1]. Cela conduisit chez Dilthey au concept d' « expérience philosophique, qui n'a en commun avec le concept d' “expérience” de l'empirisme usuel que le nom, et qui représente en réalité un pas qualitatif d'une portée difficile à surestimer dans l'ensemble des productions philosophiques du temps »[2].

1. Voir l'élève de Dilthey et certainement son meilleur connaisseur, Georg Misch, « Die Idee der Lebensphilosophie in der Theorie der Geistwissenschaften » [L'idée de philosophie de la vie dans les sciences de l'esprit], *Österreichische Rundschau*, n° 20, cahier 5, 1924; voir également l'étude encore fondamentale d'Arthur Stein, *Der Begriff des Geistes bei Dilthey* [Le concept d'esprit chez Dilthey], Bern, 1913, 2e édition, Tübingen, 1926.

2. Josef König, *Der Begriff der Intuition* [Le concept d'intuition], Halle, 1926, note p. 91.

Si nous rapprochons cela de ce qui est *nommé* comprendre dans les écrits (critiques, méthodologiques, relatifs aux sciences de l'esprit, sociologiques et psychologiques) de Simmel, Rickert, Spranger, Litt, Erdmann, Max Weber, Jaspers, Scheler, Ed. Stein, Haering, Häberlin, Erismann, Roffenstein, etc.[1], nous sommes alors assaillis par le découragement à la pensée de savoir si et comment nous pourrons ressortir de ce labyrinthe. À mon avis il n'y a que la pure phénoménologie qui peut ici nous procurer un fil conducteur. Il s'agit de dévoiler la pure essence de la « compréhension » à partir des intentions qui la visent provenant des différents chercheurs aussi bien qu'à partir du phénomène lui-même, indépendamment des théories, des vues et des préjugés épistémologiques propres à telle ou telle science[2].

Si nous jetons encore un rapide coup d'œil à partir de ce qui vient d'être dit à nos thèses sur l'explication (thèses 17-21), nous voyons alors dans quelle mesure le centre de gravité des questions méthodologiques s'est luimême déplacé vers la psychologie. Autrefois, à l'époque des « Idées en vue d'une psychologie descriptive et analytique »[3] (1894) de Dilthey et de la contre-attaque de Ebbinghaus[4], un concept d'explication manifestement bien plus étroit et unilatéral s'opposait à un concept de compréhension bien

1. À ce propos se joint le travail de Karl Schunk, que j'ai au départ connu par les épreuves, intitulé *Verstehen und Einsehen. Eine philosophische Besinnung in Form einer Abhandlung über Wesen, Arten und Bedingungen der Erkenntnis* [Comprendre et connaître par l'esprit. Une réflexion philosophique en forme de traité sur l'essence, les façons et les conditions de la connaissance], Halle, 1926, qui est d'un grand intérêt pour l'ensemble du problème de la compréhension, dans lequel cependant la véritable compréhension des motifs est traitée trop rapidement. Schunk divise le « surconcept de la compréhension » de façon un peu dogmatique en trois sous-concepts, premièrement en explication = attribuer, deuxièmement en connaissance par l'esprit = ordonner, troisièmement en compréhension au sens étroit = classer. On voit qu'ici l'expression comprendre est identifiée conformément au sous-titre avec la connaissance au sens le plus large; dans cette mesure les buts et les intentions de ce travail instructif diffèrent des nôtres.

2. Heinz Graumann, un élève de Pfander, a mené ce travail d'une façon ardue et pour ainsi dire exemplaire dans son texte *Das Verstehen. Versuch einer historisch-kritischen Einleitung in die Phänomenologie des Verstehens* [La compréhension. Essai d'introduction historique-critique à la phénoménologie de la compréhension] (dissertation inaugurale, Munich, 1925, manuscrit tapé à la machine). Nous devons à ce texte, dans lequel nous voyons la plus valeureuse et même la plus décisive contribution aux problèmes de la compréhension depuis des années, et comme nous l'avons déjà mentionné plus haut, le plus grand soutien à nos propres vues sur la compréhension. Il est au plus haut point regrettable que sa publication se soit heurtée jusqu'à aujourd'hui à des obstacles (financiers) externes.

3. [Voir W. Dilthey, « Idées en vue d'une psychologie descriptive et analytique », trad. fr. M. Rémy, dans *Le monde de l'esprit*, t. 1, Paris, Aubier-Montaigne, 1947, p. 145-245.]

4. Voir *Zeitschrift für Psychologie*, 20, 1896.

plus large et ainsi plus embrouillé, une alternative[1] compréhensible uniquement à partir de la situation historique de la psychologie de l'époque et pas du tout fondée dans les choses elles-mêmes. Aujourd'hui, où nous avons vu que l'explication causale-nomologique-physicaliste, encore mise au premier plan par Jaspers, ne représente qu'un cas particulier de l'explication en général et de l'explication causale en particulier, et que rien ne fait obstacle à introduire l'explication dans le domaine de la psychologie, nous nous trouvons devant un mixte bien plus dangereux ! Il s'agit dorénavant d'assigner à l'explication *et* à la compréhension leur place méthodologique (ce à propos de quoi Jaspers contestait déjà que Dilthey ait réalisé un pas décisif, et ensuite Scheler, Ed. Stein, Spranger, Graumann, etc.), et d'évaluer le plus précisément leur *interaction* mutuelle. À l'instar de ce qui se passe pour les relations, le centre de gravité de la conscience méthodologique doit reposer du côté de la compréhension, car ici règne encore une énorme confusion des esprits, et les choses sont de plus en plus prises à la légère. La polémique qui semblait avoir trouvé chez Dilthey, par l'intermédiaire de la victoire de la compréhension, une solution apparente parce que tout à fait dogmatique, combinée en outre avec une théorie de la connaissance opiniâtre, se développe aujourd'hui, malgré toutes les rechutes dans les méthodes des décisions coercitives fougueuses et polémiques, en direction d'une solution pacifique mais extrêmement lente et laborieuse sur le chemin de la connaissance méthodologique-phénoménologique.

Mais c'est assez sur la situation d'hier et celle d'aujourd'hui. Une des plus importantes étapes qui ait eu lieu entre temps est pour nous la différence concise formulée par Rickert entre *la compréhension en tant qu'appréhension d'un sens irréel, supra-individuel, et le revivre d'un être individuel psychique*[2]. Avec cela, une distinction irréversible est apportée dans la saisie (nommée de la même manière par Dilthey : compréhension) du contenu des gestes, des propos, des actions, du droit, de l'État, de l'art et des sciences, de la religion, comme étant dans leur ensemble des « objectivations de l'esprit », que nous trouvons cependant déjà conduite par Simmel dans sa philosophie de l'histoire[3], par Husserl dans ses *Recherches*

1. Voir la phrase des « Idées » (*Œuvres complètes*, vol. 5, p. 144) : « Nous expliquons la nature, nous comprenons la vie psychique » [voir trad. citée, p. 150].

2. Voir en particulier *Die Grenzen der naturwissenschaftlichen Begriffsbildung* [Les limites de la formation des concepts scientifiques], 1re édition, Tübingen, 1902, 3e et 4e éditions, 1922.

3. *Les problèmes de la philosophie de l'histoire*, 1re édition, Leipzig, 1892 ; 5e édition, 1922 [trad. fr. R. Boudon, Paris, P.U.F., 1984].

logiques[1], etc. Mon *Introduction aux problèmes de psychologie générale*[2] souscrit également à ces distinctions fondamentales. Pour autant que la psychologie entre en ligne de compte, nous avons maintenant atteint la distinction entre une compréhension *psychologique*, et la compréhension *logique*, rationnelle d'un sens, ou la compréhension objective d'une signification idéale, et nous pouvons éliminer cette dernière de nos considérations. La charge du problème repose entièrement sur *le revivre de l'être psychique individuel et ses rapports avec la compréhension psychologique*. Mais alors les problèmes ne font que commencer! Rickert identifie certes, comme nous l'avons vu, le revivre de l'être psychique individuel et la compréhension psychologique, ou, plus exactement, il ne connaît que ce revivre. Mais il y a déjà chez Dilthey lui-même, et plus particulièrement ensuite chez Simmel, Jaspers, Max Weber, Scheler, Spranger, Ed. Stein, etc. des indications, et même des affirmations expresses et des développements desquels il ressort que ces auteurs reconnaissent et évoquent, souvent à l'encontre de leur propre vocabulaire, une compréhension psychologique qui se distingue clairement du revivre en cela qu'elle contient des déterminations qui ne peuvent absolument pas lui incomber, comme par exemple le caractère d'évidence, l'élément apriorique, la saisie d'une relation purement idéale-spirituelle entre le contenu des vécus, etc.[3] (voir à ce sujet le travail de Heinz Graumann). Si Rickert avait expliqué en son temps que «pour clarifier le problème» on devait toujours se demander «si, avec la "compréhension", le revivre de l'être psychique individuel est visé ou si c'est plutôt l'appréhension d'un sens irréel et supra-individuel, qui confère à l'être psychique l'intérêt historique[4], et comment ces deux sortes de compréhension sont liées l'une avec l'autre»[5], nous devons aujourd'hui expliquer que pour clarifier le problème nous devons toujours nous demander si avec la compréhension,

1. 1re édition, Halle, 1900; 2e édition, 1913-1921 [trad. fr. H. Elie, A.L. Kelkel et R. Schérer, Paris, P.U.F., 1959-1963].

2. Berlin, 1922.

3. Dans ma controverse contre Jaspers (*Introduction*, chap. IV, II, 6), j'ai été trop loin lorsque je refusais d'admettre que les moments cités plus haut se trouvaient dans sa théorie, pour la simple raison qu'ils n'étaient pas compatibles avec beaucoup de ses indications sur la «compréhension» dans laquelle il inclut encore justement le revivre (voir justement à ce propos Graumann, *op. cit.*, p. 141 *sq.*, p. 149 *sq.*, etc.).

4. Nous n'avons pas besoin d'entrer davantage ici dans la théorie de la compréhension historique de Rickert (voir mon *Introduction*, et Graumann). La compréhension historique de Simmel et de Spranger ne se différencient pas pour nous (en tant que compréhension) de la compréhension psychologique.

5. *Les limites...*, 2e édition, p. 522.

c'est le revivre d'un être individuel psychique, ou bien l'appréhension de relations irréelles spirituelles qui est visé, relations qui confèrent à cet être le caractère de la compréhensibilité, l'élèvent dans la sphère spirituelle de l'être-compréhensible, et comment ces deux modes de relation[1], celui relatif au revivre et celui relatif à la compréhension psychologique, sont liés l'un avec l'autre[2]. Le revivre, tel qu'il « a lieu » et tel qu'il peut atteindre son matériel, est sûrement un acte « qui saisit des choses » (*sacherfassend*), et même un acte de saisie *empirique* dirigé vers des choses, un acte de constatation empirique de vécus réaux. Dans cette mesure le revivre est soumis aux lois, lesquelles contraignent notre connaissance empirique, de l'induction, à la manifestation des relations de contrainte réales ainsi qu'à celle des vécus « présentifiés » qui se tiennent dans de telles relations, visés comme réaux, de même qu'aux lois de l'explication au sens empirique. Dans cette mesure est-il aussi sujet à toutes les erreurs, les rectifications, les détours, les compléments hypothétiques et les interprétations propres à la connaissance issue de l'expérience.

Il en va tout autrement avec la compréhension psychologique. Elle est bien un acte cognitif, un acte de saisie, mais pas un acte de saisie de choses. Avec elle, ce n'est pas seulement la survenue d'un vécu à partir d'un autre qui nous est donnée, comme cela est le cas avec d'autres actes de saisie dirigés sur des vécus et que nous nommons revivre, intropathie (*Einfühlung*), « perception interne » (Scheler), ce qui nous est donné ici, c'est plutôt (nous suivons toujours l'analyse de Graumann, p. 208 *sq.*) un vécu dans sa « survenue en vertu d'un sens », c'est-à-dire dans une relation à un motif idéal, « spirituel », à distinguer d'une relation vécue ou revécue. La « survenue en vertu d'un sens » dans laquelle nous avons aperçu l'objet « matériel » de l'intention de compréhension n'appartient pas, comme nous l'avons dit, à la « sphère des choses », n'est pas une qualité du vécu. Elle est certes toujours réalisée « sur le fond d'un complexe de vécus », mais elle n'appartient cependant ni à l'existence réelle ni à l'existence intentionnelle du vécu, et se distingue dans cette mesure de l'objet qui est saisi dans le revivre. L'acte de la compréhension psychologique, indépendant comme il l'est conformément à son essence, peut en particulier aussi être fondé (*fundiert*) sur un revivre qui, à l'occasion de son accomplissement, lui procure ou le « double » d'une intention fondatrice dirigée vers un vécu

1. Par prudence nous ne parlons plus aujourd'hui de diverses sortes de compréhension.

2. Si on peut revivre n'importe quel être, y compris un être spirituel, et s'il ne s'agit pas déjà avec le revivre de la saisie du contenu intentionnel des vécus, tout cela a été discuté plus en détail par Graumann contre la position de Rickert et contre la mienne, qui était alors totalement dans le sillage de celle de Rickert (voir mon *Introduction*).

motivé d'une façon déterminée. Dans le revivre, la relation intentionnelle entre les contenus des vécus est saisie en général, dans la compréhension la relation ainsi saisie est saisie seulement en tant que pleine de sens, c'est-à-dire justement comprise. Nous renvoyons cependant ici, afin de ne pas trop nous répéter, à nos thèses, et en particulier aux thèses 5, 8, 9, 11, 12.

Au vu de tout ce qui précède, nous concevons très bien que Graumann préférait priver cet acte du nom de « compréhension psychologique », car cette désignation pourrait encourager à croire qu'il s'agirait là d'un acte se rapportant à un matériel psychologique, d'un acte en lien avec une expérience psychologique-empirique. Il préfère parler, à la suite de Max Weber, de *compréhension conforme à des motivations* (*motivationsmäßigem Verstehen*). Si nous employons malgré tout le terme de « compréhension psychologique », cela ne se produit qu'en tenant compte du fait qu'il s'agit ici de cette compréhension pour laquelle la psychologie fournit et ordonne le *matériel scientifique.* (Sur le fait que la compréhension « psychologique » se retrouve aussi dans d'autres « milieux » que celui de la science, voir ma contribution déjà mentionnée dans le recueil *Imago* en l'honneur de Freud (XII, 1926) sur « Apprendre par expérience, comprendre, interpréter en psychanalyse »). Nous voyons encore une fois que la compréhension psychologique ne *fonde* (*begründet*) pas spécialement la psychologie empirique, qu'elle est elle-même un acte créateur de matériel pour une psychologie empirique, et qu'elle est plutôt et pour ainsi dire « suspendue à celle-ci », qu'elle représente le but et la finalité de l'acquisition du matériel. Dans quelle mesure une science, qui ne peut certainement pas être une science empirique puisqu'il s'agit ici de la compréhension de relations idéales et spirituelles, se laisse-t-elle édifier sur cette compréhension, voilà la question qui se pose aujourd'hui. Ce qui aujourd'hui s'appelle psychologie compréhensive mérite ce nom dans les cas les plus rares (voir thèse 15), exception faite de la psychologie *ressortissant aux sciences de l'esprit*, dont les principes scientifiques sont à peu près clairs pour nous. Il n'y a et il ne peut y avoir de psychologie *purement* empirique-compréhensive, pour autant que l'on s'en tienne à la compréhension psychologique en tant que telle et qu'on ne l'identifie pas avec une foule d'autres « choses » avec lesquelles elle n'a de commun que le nom.

Un exemple peut illustrer ce que nous venons de dire jusque là. Nous disons souvent dans la vie courante, après avoir découvert (à savoir saisi, constaté, perçu ou « reconnu ») un nouveau « trait » chez un homme, que ce n'est que maintenant que nous le comprenons, lui ainsi que ses actions ou son comportement. Nous ne le *comprenons* maintenant pas nécessairement mieux, mais nous le *connaissons* mieux maintenant[1]. Même si nous devons et pouvons nous faire une image complètement neuve de lui sur la base de ce nouveau trait, si tout son être est dorénavant pour nous marqué d'une nouvelle empreinte, si ces « traits » singuliers entraînent une complète réorganisation, cela ne signifie pas qu'ainsi nous le comprenions psychologiquement « mieux » ou « plus profondément ». Même lorsque beaucoup de ce qui jusqu'alors apparaissait chez lui incompréhensible se révèle d'un coup « compréhensible », nous n'avons pas besoin d'accomplir un acte de compréhension au sens où nous l'entendons. « Compréhensible » (*Verständlich*) (= conceptualisable) et (psychologiquement) « accessible à la compréhension » (*verstehbar*) sont deux choses différentes, si régulièrement confondues qu'elles soient dans la littérature. La personne nous devient maintenant « compréhensible », cela signifie tout d'abord que nous avons une véritable *vue d'ensemble* sur elle, une véritable *vue par l'esprit* (*Einsicht*) en elle, beaucoup de choses nous deviennent maintenant compréhensibles (*einsichtig*) ou conceptualisables, qui auparavant devaient être incompréhensibles et simplement remarquées et acceptées par nous. Mais tous cela n'est pas encore une compréhension au sens de la compréhension psychologique, tout cela n'est, en *ce* sens, pas encore compris[2]. Cette vue ou connaissance approfondie de la personne qui va avec la connaissance de ces nouveaux traits certes se produit, en raison du caractère de totalité ou de « forme » du vécu personnel, dans lequel « tout se tient avec tout » en une liaison structurelle déterminée par une loi, aussi bien que « la partie » avec « la partie », comme « la partie » avec le tout, que ce soit de façon immédiate ou médiate, c'est-à-dire la partie avec le tout via la partie, le tout via une partie déterminée avec une autre partie déterminée[3]. De telles lois tout-parties ou de telles relations structurelles-

1. Erwin Straus sépare lui aussi très justement la *connaissance* de l'homme de la *compréhension* de l'homme et reconnaît que la théorie empirique de la personne se limite à la *première*. Voir son texte très clair et critique « Das Problem der Individualität » [Le problème de l'individu], dans *Die Biologie der Person* de Brugsch et Lewy, Berlin-Vienne, 1926.

2. Cela doit être noté en particulier contre les considérations, par ailleurs si souvent pertinentes, de Erismann (voir *Die Eigenart des Geistes* [La particularité de l'esprit], Leipzig, 1924).

3. Voir sur les bases *logiques* des relations tout-parties le chapitre III des *Recherches logiques* II, 1 de Husserl, sur les *bases* psychologiques les recherches de Wertheimer et son école. On ne doit pas confondre avec ces *bases* logiques et psychologiques des relations tout-parties et de la saisie tout-parties que nous considérons exclusivement ici la « recherche typologique sur la totalité » de E. R. Jaensch et ses élèves, non moins digne d'intérêt, qui ne traite cependant que des relations réales psychophysiques au sein de la totalité de l'individu psychophysique (par exemple entre le « comportement » réal de l'image intuitive, de l'image représentative et de l'imagination artistique), et sur la base de telles relations forge des types

légales sont comprises de façon rationnelle, c'est-à-dire *conçues* ou *vues par l'esprit*, y compris lorsqu'elles sont saisies (constatées, perçues, connues) auprès d'une personne humaine, mais pas du tout nécessairement *comprises* psychologiquement ! La plupart de ce qui est nommé compréhensible dans la littérature psychologique, notamment tout ce que récemment Kofka appelle compréhensible dans sa « Psychologie » (dans le *Traité de philosophie* de Dessoir) n'a rien à voir avec la compréhension psychologique, c'est pourquoi ses développements sur la psychologie compréhensive et explicative et son but de « construire des concepts qui sont au dessus de l'opposition de l'explication et de la compréhension » (p. 526) ne peuvent pas non plus pour nous entrer en ligne de compte. Il s'agit, avec la vue par l'esprit de cette intrication structurelle ou « conforme à la forme », et même de cette co-appartenance, et avec la connaissance empirique croissante des rapports effectifs sur lesquelles elles reposent, d'un processus de connaissance qui est aujourd'hui toujours plus examiné dans sa spécificité, sa porté et sa légitimité et mis en valeur. Il s'agit ici de l'essence de la connaissance téléologique (au sens le plus large), comme Kant l'a déjà remarqué dans la *Critique de la faculté de juger*, et comme cela est encore défendu avec succès à l'encontre d'étranges opinions (Driesch)[1]. Il s'agit ici partout d'une connaissance téléologique qui est fréquemment (en particulier par Haering) aussi nommée compréhension (voir thèse 16), mais qui n'est cependant pas à confondre, déjà parce qu'elle ne représente aucune connaissance, avec la compréhension psychologique dans le sens que nous lui avons donné[2].

donnés (par exemple les types B et T), mais qui cependant n'enquête pas davantage sur les *bases* logiques et psychologiques de telles saisies globales. Quand Jaensch croit qu'avec ses types globaux il est question de compréhension, et que ses recherche conduisent à un dépassement de l'opposition entre expliquer et comprendre (voir par exemple son intervention de Groningen : « La méthode de recherche typologique. Avec une prise en compte particulière de l'eidétique. Avec une revue de la littérature »), on peut alors faire valoir à son encontre ce qui figure plus haut dans notre texte et ce qui a été opposé à Kofka.

1. Voir également les contributions exemplaires d'Erwin Straus dans le travail déjà cité, notamment p. 72-95 ; ainsi que le texte important de Th. L. Haering, « Über Individualität in Natur- und Geisteswelt » [Sur l'individu dans le monde de la nature et dans celui de l'esprit], *Wissenschaft und Hypothese*, 30, Leipzig et Berlin, 1926.

2. Haering (*ibid.*, p. 98) distingue également strictement entre les cohésions de totalité et les cohésions téléologiques. Les premières seraient simplement acceptées ou perçues comme *totalité*, mais pas encore « comprises » (téléologiquement), en dépit du fait que nous parlions souvent de compréhension lorsqu'il s'agit d'une *saisie* (« primaire ») de cohésions de totalité. Les cohésions téléologiques, qui sont réellement comprises (ce qui signifie toujours chez Haering comprises téléologiquement, il ne connaît pas d'autre compréhension) sont telles là où nous ne *concevons* pas seulement quelque chose (un événement, mais aussi un fragment de

Il existe certainement d'étroites relations de fondation entre de tels actes de connaissance (téléologiques) ou actes d'expérience, et la compréhension des motivations, cependant ici la fondation ne vise aucun rapport de fondation logique mais les conditions fondamentales pour la possibilité de l'accomplissement réal d'un acte de compréhension motivationnelle (voir thèse 9). Nous reviendrons plus loin là-dessus.

Le meilleur exemple que je connaisse d'inflation soudaine de la connaissance à la faveur de laquelle une personne semble se « métamorphoser » en une personne totalement nouvelle et dans cette mesure semble apparemment être vraiment comprise, quoiqu'en vérité seulement conçue téléologiquement, se trouve dans le roman de Proust, là où une personne, le Baron de Charlus, jusqu'alors obscure, pleine de contradictions et incompréhensible pour le narrateur devient « tout d'un coup » compréhensible (c'est-à-dire ici mieux connue conceptuellemment et clairement dans la *totalité* de son être) à partir du moment où il apprend que cette personne est homosexuelle. Proust décrit les conséquences de cette connaissance pour son appréhension de la personne du Baron d'une façon indépassable : « Dès le début de cette scène une révolution pour mes yeux décillés s'était opérée en M. de Charlus, aussi complète, aussi immédiate que s'il avait été touché par une baguette magique. Jusque là parce que je n'avais pas compris, je n'avais pas vu » et plus loin : « En M. de Charlus un autre être avait beau s'accoupler, qui le différenciait des autres hommes, comme dans le centaure le cheval, cet être avait beau faire corps avec le

sens) dans sa signification comme partie d'un tout, mais là où nous pouvons saisir la partie singulière *comme moyen vers le tout* ou inversement. À l'encontre de cette distinction plutôt conçue ontologiquement entre les cohésions de totalité et les cohésions téléologiques, « existant » pour ainsi dire du côté de l'objet, nous distinguons du côté de l'acte, qui provient du texte, entre une simple constatation, une perception (« primaire »), une connaissance de la cohésion de totalité d'une part, et un *concevoir* téléologique (« secondaire ») édifié sur ces actes, un *expliquer* à propos des mêmes cohésions de totalité d'autre part. Il en va de même avec la perception ou connaissance et l'explication téléologique de la dépendance (« liée à la totalité ») structurelle d'un trait de caractère ou d'essence de la personne humaine à partir de « traits » plus profondément ancrés. (Ce n'est qu'en troisième que nous tirons l'acte de la compréhension psychologique de la *survenue en vertu d'un sens* d'un tel trait de caractère ou d'essence à partir d'une autre trait, ou d'une posture spirituelle « totale » ou celle-ci à partir de la totalité de la personne). Il apparaît ainsi clairement que nous concevons *ici* le concept de téléologique de façon plus large que Haering (pas seulement dans la relation du moyen et du but), et même de façon si large qu'il englobe même la « téléocline » au sens de Scheler ainsi que tout ce que Spranger (« Die Frage nach der Einheit der Psychologie » [La question de l'unité de la psychologie], Rapport de séance de l'académie prussienne des sciences, n° 24, 1926, p. 194 et n. 30) distingue très bien en tendre vers un but, être à la mesure d'une finalité, et conscience du but.

Baron, je ne l'avais jamais aperçu. Maintenant l'abstrait s'était matérialisé, l'être enfin compris avait aussitôt perdu son pouvoir de rester invisible et la transmutation de M. de Charlus en une personne nouvelle était si complète que non seulement les contrastes de son visages, de sa voix, mais rétrospectivement les hauts et les bas eux-même de ses relations avec moi, tout ce qui avait paru jusque là incohérent à mon esprit, devenaient intelligibles, se montraient évidents, comme une phrase, n'offrant aucun sens tant qu'elle est décomposée en lettres disposées au hasard, exprime, si les caractères se trouvent replacés dans l'ordre qu'il faut, une pensée que l'on ne pourra plus oublier » (*Sodome et Gomorrhe I*, éd. de la Nouvelle Revue Française, p. 265-266).

Nous voyons que nous trouvons aussi chez les Français les expressions comprendre, intelligible, évident[1], qui sont cependant moins chargées d'un sens psychologique que dans la langue de notre science. Les expressions intelligible et évident que l'on traduit bien mieux par *einsichtig* ou *sinnvoll* que par *verstehbar* (psychologique) ne signifient ici que le contraire de incohérent, incompatible[2] et de là obscur, et, comme il ressort en particulier de la précédente illustration, dépourvu de sens. Cette comparaison entre la vue (*Einsicht*) ordonnée qui aboutit à une nouvelle connaissance singulière dans notre connaissance de la totalité de la personne, et l'émergence du *sens* d'une phrase dès que les caractères jusqu'alors disposés *au hasard* sont mis dans le *bon ordre* (dirigé selon un « but »), est très instructive ! On croit cependant en règle générale avoir *compris* (*psychologiquement*) un homme lorsqu'on croit avoir découvert une *connexion* « sensée » ou « compréhensible » entre des traits de caractère qui jusqu'alors paraissent dépourvus de règle et liés au hasard, et on parle en psychologie de compréhension là où un sens éclot, là où des relations sensées règnent, par opposition à des relations dépourvues de sens. Mais un tel sens n'existe que là où il y a une « compréhension » téléologique = là où une *connaissance* d'ensemble se produit, qu'il s'agisse de la compréhension d'une expression ou de la compréhension rationnelle d'un sens. On parle même dans le cas de cette dernière de « fragments de sens » ou de significations « non indépendantes » (Lask, Husserl, Hönigswald) qui ne prennent place que dans un certain ordre « supérieur » ou en liaison avec une totalité de sens.

1. [En français dans le texte.]
2. Les « psychologues de la forme » diraient « parcellaire ».

Mais notre exemple nous montre davantage. Il nous apprend à séparer la question de la *compréhension à partir d'une pulsion ou d'un instinct*, de celle de la compréhension psychologique. Personne n'est motivé spirituellement par une pulsion ou un instinct, on ne peut l'être que par un motif qui peut « être lié » d'une façon ou d'une autre avec une telle pulsion ou un tel instinct[1]. (Il n'y a pas de doute que la connaissance de cette connexion représente l'un des problèmes actuels les plus importants (voir le travail cité de Lewin et Haering mais aussi le livre sur la sympathie de Scheler ainsi qu'Ed. Stein dans le journal de Husserl, V)[2], y compris en ce qui concerne la compréhension scientifique de la théorie psychanalytique). À celui qui se rassure en croyant avoir compris un homosexuel parce qu'il fait dériver ses actions et ses comportements d'une pulsion ou d'un instinct homosexuels, il faudrait dire qu'il a aussi peu compris un *homme* homosexuel qu'une fourmi ou une abeille dont il croirait avoir « compris » le comportement à partir d'un instinct de combat ou de travail. Il n'a dans ce cas rien compris psychologiquement, mais il a reconnu ou expliqué téléologiquement quelque chose[3]. Il y a certainement un grand et obscur problème en ce qui concerne la saisie des actions instinctuelles et concernant la question de savoir si et dans quelle mesure un sens est contenu dans les comportements instinctuels et peut être « compris »[4]. Le bel exposé de Bühler sur les instincts de l'homme[5] a mis ce problème au premier plan et a réalisé un grand progrès grâce à son rapprochement de la théorie des instincts avec les sciences du langage qui distinguent la phonétique et la théorie de la signification; cependant le sens des instincts est

1. Voir à ce propos le travail instructif de K. Lewin, « Vorsatz, Wille und Bedürfnis » [Résolution, volonté et besoin], *Psychologische Forschung*, n° 7, cahier 4, 1926, dans lequel à mon avis le besoin, le pulsionnel, la particularité de la résolution sont bien trop exploités. La distribution est plus juste chez Haering dans le travail cité, voir par exemple p. 91 l'importante note 39.

2. [E. Stein, « Beiträge zur philosophischen Begründung der Psychologie und der Geistwissenschaften », *Jahrbuch für Philosophie und phänomenologische Forschung*, 5, 1922.]

3. Graumann a déjà remarqué, contre Dilthey, qu'une explication peut du reste se trouver là où une relation ou une raison contraignantes peuvent être saisies intuitivement (et pas seulement là où elles sont déjà découvertes).

4. À la différence de ce qui se passe dans la compréhension psychologique d'une personne singulière, nous devons ici toujours garder à l'esprit que le nom instinct ne s'applique qu'aux actions « qui sont propres à l'âme de l'espèce en général, et non aux cas singuliers en fonction de leurs comportements ou de leur environnement particuliers ». Voir l'article « Instinct » encore trop peu utilisé de Lotz, dans le *Dictionnaire de psychologie* de Wagner, 1844.

5. Compte-rendu du IXe congrès de psychologie expérimentale de Munich, 1926.

pour lui complètement épuisé par son *but*, sa fonction objective dans l'économie de l'être vivant. Nous sommes ici en pleine téléologie, qui est ici naturellement justifiée, mais qui est encore loin du problème de la compréhension *psychologique* des conduites instinctuelles, si d'ailleurs une telle chose est possible.

Tout ce que nous avons dit jusqu'à maintenant à propos de notre exemple ne concerne que la connaissance et l'explication, et même principalement l'explication téléologique, la mise en ordre d'un ensemble de connaissance téléologique-dynamique au sens de Haering, etc. L'agitation à propos de l'opposition entre une psychologie explicative et une psychologie compréhensive réapparaît aujourd'hui de temps en temps, bien qu'elle ne soit pas justifiée; cette distinction, indépendamment de la psychologie typologique des sciences de l'esprit qui ne remet nullement en question nos préoccupations et dont nous pouvons tout au plus envier le travail qu'elle a accompli, ne concerne que l'opposition entre explications causale et téléologique, qui est bien connue depuis longtemps et ne représente pas un problème propre à la psychologie, ce problème ne pouvant pas non plus être résolu uniquement à partir de la psychologie, et encore moins aujourd'hui où il joue un grand rôle en physique.

Si nous nous demandons ce que nous avons compris psychologiquement jusqu'à maintenant dans ou à partir de notre exemple, nous devons alors avouer : rien. Le comportement ambivalent, le changement d'humeur et l'ensemble de l'étrange comportement de l'homosexuel Baron de Charlus dont l'homosexualité et toutes ses conséquences dans l'âme et l'esprit sont décrites par Proust avec une grande maîtrise psychologique, peut se laisser *expliquer* par une expérience répétée et peut éventuellement être replacée dans une relation explicative, saisissable si l'on invoque la perversion sexuelle ou la « dégénérescence » générale psychopathique; les humeurs et les fluctuations de l'humeur comme états psychiques et les modes de comportement qui leur sont liés dans le commerce avec les hommes ne se laissent cependant pas comprendre *psychologiquement* au sens où nous l'entendons[1]. Ce qui est à comprendre chez un homme ne peut pas être directement rapporté à une quelconque pulsion ou anomalie pulsionnelle biologique. Le fait qu'un homme préfère les êtres du même sexe doit simplement être accepté par la *compréhension* et concerne une des conditions possibles elles-mêmes, à savoir la connaissance des qualités ou des déterminations de la personne à comprendre,

1. Voir Pfänder, *op. cit.* ; Ed. Stein in *Husserls Jahrbuch* V ; Graumann.

laquelle connaissance contribue quant à elle à délimiter[1] les possibilités à l'intérieur desquelles quelque chose peut constituer pour la personne un motif de ses actions[2]. Nous apprenons par l'expérience (*erfahren*) quel vécu survient à partir de tel motif, éventuellement en saisissant par le revivre, et ce n'est qu'en raison d'un tel acte de saisie que nous pouvons saisir à partir du motif la survenue *en vertu d'un sens* du vécu motivé, et son caractère adéquat à ce motif, et seul cela est la compréhension psychologique, comme Simmel, Dilthey, Jaspers[3], Scheler, Ed. Stein, Spranger, etc. dans certaines de leurs déterminations de la compréhension, mais pas dans toutes, semblent l'avoir vu.

On voit aussi que lorsque je dis que je comprends cet homme *psychologiquement* « en raison » de son homosexualité (ou de sa cécité ou de son imagination artistique, de sa cupidité, etc.), il s'agit d'une façon de parler tout à fait relâchée, excusable dans la langue courante mais à bannir de toute théorie scientifique relative à la méthode. Il s'agit plutôt ici de *deux* « choses », tout d'abord de la constatation qui reconnaît une détermination singulière de son organisation ou de sa structure psychologique ou caractérologique, et ainsi d'un savoir des autres déterminations qui sont conciliables ou inconciliables avec cette détermination en raison du « caractère de totalité » de cette organisation ou de cette structure, et ainsi aussi d'un *savoir* de ce qui *peut être* ou *ne pas être* un motif pour cet homme déterminé. Cette connaissance du domaine d'extension des possibilités de motivation chez un homme déterminé est cependant à distinguer de la compréhension, du fait de sa conformité « rationnelle » à un motif déterminé d'un homme déterminé, de la survenue d'un vécu ou d'une posture spirituelle en vertu d'un sens (voir thèse 8). Lorsque je dis que je comprends que pour un homosexuel la vue d'un être féminin ne peut pas être le motif d'une pensée, d'un sentiment ou d'une décision érotiques, mais que la vue d'un être masculin peut l'être, j'ai alors *vu* ou *conçu* quelque chose, mais je n'ai encore rien compris *psychologiquement.* Cela est seulement le cas lorsque j'ai compris une « action » ou une posture spirituelle déterminée (par exemple esthétique) de l'homosexualité à partir de

1. Voir sur cette idée Straus, *op. cit.*, p. 126 *sq.*, « Aufgaben und Methoden der empirischen Personlehre » [Tâches et méthodes de la théorie empirique de la personne], où nous trouvons reprises des vues fondamentales dues à Pfänder et Scheler.

2. Actions ici au sens le plus large, par exemple comme Häberlin les définit dans *L'esprit et les pulsions*, ou au sens de Kofka, *ibid.*

3. J'ai déjà indiqué (*Introduction*), et Graumann l'a approfondi, que la compréhension génétique de Jaspers, d'après de multiples déterminations de l'auteur, doit aussi être conçue comme une explication.

sa conformité à un motif actuel ou au corrélat de son attitude fondamentale spirituelle, de son « attitude intentionnelle déterminée de telle ou telle façon à l'égard du monde ». Et dans la mesure où la « personne » en général est un tel *ordre* d'attitudes intentionnelles et de postures spirituelles à l'égard du monde en général, des relations « essentielles » entre la personne comme totalité et les postures spirituelles personnelles singulières finissent par apparaître, relations qui ne sont alors plus à chercher dans la psychologie empirique, mais dans la psychologie *eidétique* (Husserl).

Abordons maintenant un autre exemple qui nous permettra d'illustrer d'autres confusions à propos de la compréhension psychologique. Dans sa confrontation avec Goethe et Tolstoï[1], Thomas Mann explique qu'il est parfois impossible de ne pas avoir d'idées hérétiques à propos de l'authenticité et de la légitimité de l'humanisme de Goethe : « un homme divin, comme Tolstoï. Mais le caractère antique et olympien de cette divinité ne serait-il pas dû à *une simple stylisation superficielle de sa nature*[2], et ne vaudrait-il pas mieux voir en Goethe… une divinité ethnique, une explosion de ce paganisme germain et aristocratique dont Luther et Bismarck nous apparaissent être également des descendants ? ». Il s'agit certainement d'une compréhension de Goethe, mais celle-ci n'a rien de psychologique ; nous nous trouvons plutôt ici dans le domaine de l'*herméneutique* des sciences de l'esprit, et plus particulièrement dans l'herméneutique historique-philologique. Laquelle de ces compréhensions est la plus profonde et la plus juste, cela est par contre une affaire purement herméneutique qui ne peut être traitée que selon une voie herméneutique-heuristique et herméneutique-critique (voir à ce propos les textes et les théories herméneutiques de Humboldt, Schleiermacher, Boeckh, Droysen et beaucoup de modernes dans les domaines de la philologie, de la théologie, de l'histoire, de l'histoire de l'art, de l'archéologie mais aussi de la jurisprudence, etc.)[3]. La formulation de Mann est excellente. Il s'agit effectivement ici d'une stylisation (typifiante), d'un problème stylistique de nature historique-philologique-esthétique, ce qui est bien autre chose que la typification psychologique se rapportant aux sciences de l'esprit de

1. *Bemühungen*, Fischer, Berlin, 1925, p. 97 [voir T. Mann, *Goethe et Tolstoï*, trad. fr. A. Vialatte, Paris, Attinger, 1947 ; rééd. « Petite Bibliothèque », Paris, Payot, 1967, p. 109.]

2. Souligné par moi.

3. Joachim Wach, qui nous a offert une histoire de la théorie herméneutique au XIXe siècle intitulée *Das Verstehen* [La compréhension] (Tübingen, 1926) montre certes où et comment un *acte* de compréhension se différencie de l'opération de compréhension herméneutique (par exemple chez Schleiermacher et Droysen) mais tient trop peu compte de cet acte et de ses relations avec celle-ci.

Spranger, tandis que Dilthey tente d'occuper une place intermédiaire. Si j'appréhende ou « comprends » Goethe comme un humaniste ou comme un païen, et si je privilégie l'une ou l'autre de ces appréhensions, cela ne me fait pas avancer dans ma compréhension psychologique de la personne de Goethe. Alors que j'avais affaire dans notre premier exemple à une détermination biologique-psychologique de la personne, j'ai ici affaire à une interprétation herméneutique déterminée de cette personne. Cette « façon typifiante de considérer » la personne me tient à distance de cette personne elle-même en tant qu'individu, elle fait obstacle à sa compréhension *psychologique*, qui est toujours une compréhension « individuelle ». Le rapport de l'individu et du type n'est certes pas du tout le même que celui du spécimen et de l'espèce illustré par les types psychologiques établis sur le modèle des sciences naturelles de Jung ou Rorschach, les types de tempéraments de Klage, Kretschmer ou Ewald, mais un rapport bien plus compliqué à saisir et à décrire de façon formelle-logique[1]. À y regarder de près, ce qui ressort de tout cela, c'est une *philosophie* de l'individu, comme König a tenté de l'établire de façon fine et profonde; mais tout cela s'éloigne par contre considérablement de la compréhension psychologique ! Si je veux comprendre Goethe psychologiquement, je ne peux pas le faire autrement que lorsque je veux comprendre psychologiquement mon voisin (indépendamment de la différence des chemins à emprunter pour parvenir à cette connaissance). Si je crois avoir compris Goethe bien mieux, de façon plus profonde, plus fondamentale ou plus intime, cela provient de la masse énorme de savoir que nous avons sur lui, et en particulier du savoir des déterminations les plus intimes de sa personne. En ce qui concerne Goethe je peux par exemple comprendre psychologiquement pourquoi un jour donné il n'a pas laissé entrer chez lui telle ou telle personne, pourquoi il a écrit telle ou telle lettre, pourquoi il a eu telle ou telle pensée, pourquoi il a effectué telle ou telle modification dans un de ses poèmes, mais également en vertu de la « liaison » avec quel motif (actuel ou virtuel[2] = non actuellement conscient) il a pris la décision de son voyage en Italie, il n'a pas voulu reconnaître qu'il devait terriblement faire souffrir sa femme au cours de sa fuite, en outre en vertu de quelle « attitude » ou « posture spirituelle » (habituelle)[3] (cela peut également être compris psychologiquement) il évitait tout vécu qui pouvait l'ébranler, ou même devait troubler sa tranquillité. Mais je ne peux comprendre tout cela que parce que la biographie de Goethe m'en fournit le

1. Voir Josef König, *op. cit.*, p. 104 *sq.*
2. Sur ces expressions voir Graumann, *op. cit.*, p. 236 *sq.*
3. Sur ces expressions, voir *ibid.*

matériel, et non parce qu'il serait en soi, c'est-à-dire au moyen de la compréhension, différent, par exemple « plus facile », à comprendre que mon voisin. Mais si l'on voulait au contraire soutenir que Goethe est plus difficile à comprendre que mon voisin, cela justifierait l'affirmation selon laquelle la compréhension devient d'autant plus difficile que nous en connaissons beaucoup sur une personne, parce qu'elle est enfermée dans des limites et des possibilités de plus en plus étroites et que par conséquent nous pouvons de moins en moins lui « laisser libre cours ». Mais la difficulté inhérente à la compréhension de Goethe, du fait qu'elle porte dans ce cas sur un grand génie, ne concerne pas la compréhension, mais seulement le revivre empirique qui la fonde, ou intropathie, la présentification imaginative de ses vécus et de leurs connexions, ainsi que les conditions réales de la compréhension.

Avec la séparation de la compréhension psychologique d'une part et de la connaissance téléologique et de l'interprétation herméneutique d'autre part, nous avons dénoué les intrications et les confusions *les plus importantes* au sein du fonctionnement scientifique actuel. Nos thèses ont cependant encore besoin de clarifications et de compléments dans trois directions, premièrement en ce qui concerne la *compréhension des expressions* (thèse 16), deuxièmement concernant encore une fois la *compréhension des types* (thèse 11 et 12), et troisièmement concernant le problème de l'« *adéquation à la norme* » de la compréhension psychologique, que nous n'avons pas encore abordé dans nos thèses.

Résumons-nous rapidement à propos de l'intrication et de la confusion de notre compréhension avec la « compréhension des expressions » (au sens de « l'intropathie dans la forme sensible de l'homme »). On parle très généralement ici de la compréhension d'un « sens » reposant dans la forme, les gestes, le comportement. Mais, pour parler avec Graumann (p. 155), il s'agit ici d'un « acte de simple expérience de l'existence effective d'un état psychique » qui nous laisse encore complètement dans l'obscurité en ce qui concerne le contenu intentionnel ou le sens du comportement en question, par exemple lors d'un comportement de colère, sur quoi porte la colère, sur qui elle est dirigée : « Ces moments relatifs au contenu ne sont pas donnés dans la simple saisie elle-même, par exemple dans les "mouvements irrationnels" ». La différence entre la saisie de l'*existence effective* d'un état psychique étranger (compréhension des expressions, intropathie, « perception interne » de Scheler et après lui des psychologues de la forme, voir Kofka, *op. cit.*, p. 593, approfondie par Ed. Stein)[1] et la saisie des

1. Sur le problème de l'intropathie, dissertation inaugurale, Halle, 1917.

moments «relatifs au contenu» des états psychiques constatés comme existant effectivement est de la plus grande importance. J'ai moi-même été victime, dans mon *Introduction aux problèmes de psychologie générale*, de ces erreurs résultant d'une méconnaissance de cette différence[1], ce qui semble aussi être aujourd'hui le cas des psychologues de la forme[2] (voir thèse 21, dernière phrase). On peut cependant s'en tenir là à ce propos.

En ce qui concerne la compréhension typologique des sciences de l'esprit et son opposition à la compréhension psychologique dirigée vers les vécus «authentiques», immédiats d'une personne individuelle (voir thèses 11 et 12), il apparaît rapidement que cette opposition est étroitement liée à l'acceptation, qui en ce qui nous concerne est encore en discussion et de ce fait est ici aussi à discuter, de l'idée selon laquelle la connaissance d'une connexion de vécu «correcte» ou *conforme à la norme* ou *requise par la norme* est une condition préalable de la compréhension, avec laquelle ce qu'il s'agit de comprendre devrait d'une manière ou d'une autre concorder; ce à l'encontre de quoi nous soulignions déjà (en particulier contre Jaspers et Max Weber) dans notre *Introduction* la possibilité d'une compréhension immédiate (certes encore très obscure) de la personne individuelle réale et des ensembles de vécus individuels réaux *ponctuels*, ce contre quoi l'ensemble du travail de Graumann est dirigé (voir son résumé, IV, 6). Même si cette théorie était juste, nous devrions encore nous demander en vertu de quoi nous savons quel est le comportement compréhensible à partir d'un motif déterminé, et avec lequel le comportement à comprendre doit concorder. Nous devrions aussi avoir compris psychologiquement le comportement juste ou conforme à la norme, et nous serions ainsi de nouveaux renvoyés à des actes antérieurs de compréhension, et le problème serait certes repoussé, mais pas résolu. C'est comme cela, comme l'a déjà indiqué Graumann, et ce que souligne également Spranger, que nous comprenons un comportement dans lequel la personne «contrevient à la norme, par exemple contrevient au principe du mérite en relation avec des valeurs» (p. 250). Nous pouvons d'ailleurs comprendre des erreurs, des sophismes, etc. *psychologiquement*, c'est-à-

1. Voir la critique de Graumann, *op. cit.*, p. 127, qui m'a ouvert les yeux sur ce point.

2. Voir Koffka, *op. cit.*, p. 592 *sq.* : «Gebaren und Erleben» [Les gestes et les vécus]. Une comparaison avec le livre de Plessner, qui traite également des problèmes de compréhension des comportements, *Die Einheit der Sinne. Grundlinien einer Ästhesiologie des Geistes* [L'unité du sens. Linéaments d'une esthétique de l'esprit] (Bern, 1923), nous montre dans quelle mesure le travail de l'auteur reste superficiel. Le texte le plus important sur ce thème est celui de Buitendijk et Plessner, «Die Deutung des mimischen Ausdrucks» [L'interprétation des mimiques], *Philosophischer Anzeiger*, n° 1, 1925, qui reprend et prolonge les théories de Scheler.

dire justement de façon non pas *rationnelle* (dans leur caractérisation en tant qu'erreurs) mais motivationnelle (en tant que se tenant dans un rapport déterminé de motivation) à condition que nous ayons une connaissance des motifs en question. Cette « théorie de la compréhension basée sur la coïncidence » au sens d'une coïncidence avec les « types (rationnels) de la rectitude » a été étudiée le plus finement par Max Weber, par Jaspers au sens d'une coïncidence avec un type compréhensible (type idéal), et par Spranger au sens d'une coïncidence avec (ou d'une « positionnement à l'encontre de ») « l'idéal de conformité à la norme ». Si la conception fondamentale de Max Weber ne semble plus tenable, nous n'en dirions pas autant des théories de Jaspers et Spranger dans la mesure où leurs indications se limitent à une compréhension fondée sur de telles concordances, à une compréhension typologique; nous nous opposons cependant à eux lorsqu'ils nient toute compréhension « individuelle », si cette expression est permise ici, et démentent l'existence effective d'un tel acte. Les deux auteurs n'ont pas produit de preuve à l'appui de ce démenti.

À l'encontre de ces auteurs et conformément à notre conception fondamentale de la compréhension dans la vie, dans la psychothérapie, dans l'histoire, et conformément aux analyses phénoménologiques de Heinz Graumann, nous voyons le moment caractéristique de la compréhension non pas dans une coïncidence ou une concordance *avec*, dans un positionnement *contre* ou dans une adéquation *à* un type construit de telle ou telle façon, mais dans une adéquation au motif[1] « concret » à chaque fois en jeu d'une personne déterminée.

Il faut, pour clarifier cette conception, revenir de nouveau sur le concept de motif. Le motif n'est pas le vécu qui motive en tant qu'il est vécu ou accompli, c'est pourquoi la relation en jeu dans la compréhension ne peut pas être une « relation entre des vécus » (Graumann, p. 241). D'un autre côté, ce n'est pas l'objet ou état de choses en tant que tel qui est un motif, mais l'objet en tant qu'il est perçu (par exemple le froid perçu est le motif pour la décision de quitter la pièce), en tant que connu, rappelé, pensé, trouvé précieux, etc.[2]. Ainsi le motif (dans sa forme la plus simple) est le « contenu » (*Inhalt*) d'un vécu, comme il est le « corrélat » d'un *vécu déterminé et ponctuel* d'une personne *déterminée*. Certes, ce contenu peut

1. Motif ici comme la plupart du temps au sens le plus large, c'est-à-dire pas seulement actuel, mais aussi virtuel et habituel

2. Voir Pfänder, *op. cit.*, p. 183. Dans la mesure où avec Graumann nous entendons par motif non pas seulement le corrélat actuel, mais aussi virtuel et habituel des intentions ou des « attitudes spirituelles », nous dépassons de fait (mais pas cependant d'un point de vue « formel ») le concept de motif de Pfänder.

m'être « propre » (un amour, une haine) ou bien m'être « étranger ». Et si manifestement *tous* les vécus (si l'on me permet cette façon de parler assez lâche) qui s'associent dans un complexe de motivations ne peuvent pas être compréhensibles selon leur nature (comme par exemple cela peut être le cas avec la motivation d'une perception, Graumann, p. 222), c'est le cas d'une grande quantité d'entre eux, à propos desquels on doit par conséquent parler d'un complexe de motivation sensé dans la mesure où ici le vécu motivé se tient dans une « relation d'adéquation à son motif ». Grâce à cette relation, il porte dans son motif pour ainsi dire un « certificat de conformité aux exigences de la raison », et il la présente, ce que l'on trouve décrit chez les auteurs comme « valeur de validité » de ces vécus et avec laquelle ils abordent la compréhension[1]. Mais cette valeur de la « compréhensibilité » est complètement différente de celle de la véracité ou de la fausseté, « dans la mesure où elle ne la reçoit qu'en raison de sa position au sein d'un complexe de vécus qui parvient à la donation dans la compréhension » (p. 239). Nous touchons avec cela « l'objet matériel » de la compréhension par opposition à son « objet formel », sans entrer davantage ici dans le détail de cette distinction, aussi capitale qu'elle soit pour une analyse phénoménologique de la compréhension. Et si, sous le terme

1. Afin d'aborder un *exemple* très simple à l'égard duquel la plupart des personnes « réagissent » de façon concordante et dans lequel le rôle du sujet en tant que « centre d'accomplissement » individuel de l'action apparaît facilement dans la mesure où il s'agit d'un motif plutôt « périphérique », ne touchant presque pas le centre de la personne, nous pouvons reprendre le motif du « froid perçu » de Pfänder. Si à partir de ce motif il s'ensuit l'action de fermer la fenêtre, ou de quitter la pièce, d'allumer le poêle ou de regarder le thermomètre, ou de déambuler, etc. (ce que je peux constater en revivant ou savoir parce que d'autres me l'ont dit), je peux comprendre psychologiquement chacun de ces résultats comme résultat sensé en raison de l'adéquation rationnelle de l'action motivée par rapport au motif; cette relation d'adéquation manque lorsque la personne est motivée par le froid perçu (par exemple en hiver) à *ouvrir* la fenêtre. Il ne s'agit par conséquent pas ici d'une compréhension psychologique. Les circonstances sont différentes si je sais ou apprends de la personne en question qu'elle veut « s'endurcir », en lien avec un conseil médical ou avec une posture spirituelle « fanatique ». Je sais dorénavant ou je constate qu'il y a une posture spirituelle individuelle, concrète, déterminée sous-jacente et c'est à partir de *son* contenu que je comprends l'action d'ouvrir la fenêtre comme sensée (= résultant d'un sens). Il s'agit alors d'un *déplacement* de motif au sens fort du mot ou, si nous considérons le premier motif également comme un motif, d'une *liaison* de motif. S'il s'agit d'exemples plus compliqués, qui interviennent plus ou moins au centre, au cœur de la personne, alors le rôle du sujet concret, de la personne individuelle se manifeste naturellement encore plus clairement, on pense par exemple au cas de Goethe et à celui d'Egmont que nous évoquerons dans la suite. Il est ici plus facile que dans l'exemple ci-dessus d'éviter la confusion entre le caractère conforme à la raison, qui est à la base de la compréhension des motivations, et le type rationnel de l'exactitude ; l'examen d'un exemple plus compliqué nous conduirait cependant trop loin.

de compréhension, nous ne comprenons ici ni la compréhension d'un sens objectif, se détachant des contenus intentionnels des vécus, ni la compréhension en lien avec la concordance des vécus avec le comportement typique et conforme à la norme, nous devons également pour finir mettre en garde avec Graumann contre sa confusion avec une saisie des vécus selon leur essence, dans leurs connexions d'essence et leurs enchaînements d'essence (eidétique psychologique), domaine dans lequel jusqu'alors c'est Scheler qui est allé le plus loin[1]. Il demeure cependant que la compréhension psychologique n'est pas un acte d'expérience psychologique comme « la saisie par le revivre ».

Et même si dans notre compréhension des vécus leur adéquation (spirituelle ou idéale ou rationnelle) à un motif se tient au premier plan, il faut encore souligner qu'un tel motif n'est jamais isolé ou considéré de façon « abstraite », mais toujours comme celui d'un sujet déterminé. L'adaptation à un Je comme centre d'accomplissement d'actes possibles et en particulier des vécus à comprendre, qui en tant que tel vit le motif et est déterminé par lui, est une condition capitale de la compréhension, tout comme l'est l'adaptation d'un type abstrait à l'égard de la compréhension typologique. Lorsque je dis que je comprends un homme, et que je comprends ses « motifs », il s'agit pour nous d'une tautologie ; car c'est justement en raison de la façon dont il se laisse déterminer par un motif que je peux le comprendre. Comme tout le monde le sait, des compréhensions non pas seulement différentes, mais même opposées peuvent survenir à partir des motifs, par exemple à partir d'une insulte reçue peut survenir de la colère, de la haine, de l'agressivité, un calme réfléchi, du mépris, du pardon, et à partir d'un danger présumé ou perçu une réflexion prudente, l'évitement, la fuite ou la précipitation à l'affront du danger, l'agressivité, le mépris de la mort, etc. Je rappelle ici l'exemple d'Egmont dans mon *Introduction* (p. 303 *sq.*) : « Qui s'épargne se dégrade à ses propres yeux »[2]. Cela cependant ne vaut pas pour chaque homme, mais seulement pour Egmont. Un autre ne se dégrade pas du tout à ses propres yeux lorsqu'il

1. Voir en particulier « Reue und Wiedergeburt » [Repentir et renaissance], dans *Vom Ewigen im Menschen* [De l'éternité dans l'homme] (Leipzig, 1921) [« Repentir et renaissance », trad. fr. P. Klossowski, dans M. Scheler, *Le sens de la souffrance*, Paris, Aubier-Montaigne, 1936], son « Éthique » (*Husserls Jahrbuch*, vol. 1 et 2) [trad. fr. M. de Gandillac, *Le formalisme en éthique et l'éthique matériale des valeurs*, Paris, Gallimard, 1991], *Nature et formes de la sympathie* (3e édition, Halle, 1926) [trad. fr. M. Lefebvre, Paris, Payot & Rivages, 2003] et *Abhandlungen und Aufsätze* (Leipzig, 1915, « Sur le ressentiment », etc. [voir *L'homme du ressentiment*, Paris, Gallimard, 1933, rééd. coll. « Idées », 1970]).

2. [Voir « Egmont », dans *Théâtre de Goethe*, trad. fr. X. Marmier, Paris, Charpentier, 1842, p. 204.]

s'épargne; c'est justement pour cela que nous comprenons Egmont d'abord « à cela » que la seule pensée de s'épargner devient *pour lui* le motif de l'être-dégradé, et que nous le comprenons ensuite à cela qu'un état de choses qui est établi uniquement pour sa personne devient *pour lui* un motif de l'étendre à tous les hommes, là où un autre aurait pu dire, certes *je* me dégrade quand je m'épargne, les autres sont des créatures faibles ou ennemies pour lesquelles cette « conséquence » n'entraîne rien. Celui qui juge ainsi *est* justement un autre, de la même manière qu'est un autre celui qui ne s'apparaît pas dégradé lorsqu'il s'épargne, etc.[1] Il faut alors reconnaître que la compréhension psychologique n'est pas « suspendue dans les airs », qu'elle n'est certes pas obligée d'apprendre, mais qu'elle peut cependant apprendre de l'accomplissement réal des vécus et des attitudes vécues d'une personne réale.

III. CONSIDÉRATIONS FINALES

À la place de la formule diltheyenne lapidaire : « nous expliquons la nature, nous comprenons la vie psychique » règne aujourd'hui une situation scientifique extrêmement compliquée, qui se laisse caractériser de la manière suivante :

1. Il y a un acte de « *compréhension psychologique* » au sens d'une compréhension des motivations, c'est-à-dire de la compréhension de la succession « *sensée* » des vécus (réaux ou simplement imaginés) d'une

1. L'opinion opposée de van der Leeuw est instructive lorsqu'il explique dans un travail méritant (« Über einige neuere Ergebnisse der psychologischen Forschung und ihre Anwendung auf die Geschichte, insonderheit die Religionsgeschichte » [Sur quelques nouveaux résultats de la recherche psychologique et leur application à l'histoire, particulièrement l'histoire des religions], *Studi e Materiali di Storia delle Religioni*, vol. 2, 1926) en rapport avec notre exemple (p. 18) : « L'histoire comme la psychologie en seraient bien plus loin si d'un côté on s'était davantage attendu à la possibilité qu'Egmont s'épargne de temps en temps, et si l'on avait d'un autre côté souligné avec plus de cœur son type idéal ». J'ai cependant présenté expressément Egmont comme une « personne individuelle » et non comme type d'Egmont, et le Egmont individuel ainsi compris ne s'épargne pas « de temps en temps » ; mais il y a certainement des personnes qui s'épargnent parfois, et parfois pas, et nous pouvons aussi les comprendre, elles *sont* cependant d'un autre caractère qu'Egmont. La différence entre nos manières de voir provient clairement du fait que l'auteur s'intéresse aux types idéaux là où nous nous intéressons aux personnes « de chair et de sang ». La phrase suivante est très caractéristique : « les types idéaux n'existent que dans la littérature, celle-ci serait-elle fictionnelle ou historique ou encore psychologique » (p. 17). D'un autre côté tout ce qui existe dans la littérature n'est pas un type idéal. À l'instar de l'Egmont de Goethe, le Charlus de Proust est également visé et décrit par son créateur comme un individu.

personne (réale ou imaginée) à partir du contenu des autres vécus (actuels ou virtuels) déterminés ou des attitudes spirituelles habituelles de la personne. Dans ces derniers cas, où il s'agit de véritables *attitudes* spirituelles, on peut parler d'une compréhension psychologique *caractérologique* qui s'avère être un cas particulier de la compréhension motivationnelle. Le fondement phénoménal de la compréhension des motivations n'est pas la concordance des ensembles de vécu avec un type ou une norme, mais l'« adéquation » (spirituelle, idéale) « rationnelle » des « vécus » motivés d'une personne concrète aux exigences spirituelles provenant du contenu (*Gehalt*) psychique des vécus motivants ou de l'attitude spirituelle motivante (Graumann, Pfänder).

À cet acte de compréhension psychologique s'oppose l'*explication à partir des motifs*, c'est-à-dire l'exhibition des vécus (appréhendés primitivement dans le *revivre*) en tant qu'« objets » avec lesquels ce qu'il y a à expliquer se tient dans une relation réale contraignante, à partir desquels en d'autres termes il a été *déterminé* ou *provoqué* (toujours spirituellement, c'est-à-dire « en suivant » les relations entre les *contenus* intentionnels des vécus). Il *ne* s'agit *pas* ici d'une explication *causale*; mais d'un autre côté « l'explication à partir des motifs » suppose, comme l'explication causale (ou toute autre explication) et dans la mesure où elle n'est elle-même pas un acte de saisie, des actes (« primitifs ») de saisie sur lesquels elle s'édifie[1]. Dans la mesure où la compréhension psychologique est quant à elle un acte qui saisit, il ne peut pas y avoir de ce fait de confusion ou de substitution possible d'un acte avec l'autre.

2. Ainsi, « compréhension psychologique » et « comprendre en psychologie » ne signifient pas la même chose. Certes, il *n*'y a de compréhension

1. L'explication *suppose* toujours deux choses : d'une part ce qui est à expliquer, à savoir ce qui est « donné » par des actes de saisie primaire, et d'autre part ce à partir de quoi on explique de façon générale. Sur ces deux points, Otto (*Das Heilige*, p. 149, 14e édition [trad. fr. A. Jundt, *Le sacré*, Paris, Payot, 1949, rééd. coll. « Petite bibliothèque », 2001, p. 191-192] dit de façon importante : « Pour pouvoir expliquer, il faut être en possession d'une donnée première, servant à expliquer. Rien ne s'explique par rien. On ne peut expliquer la nature que par des forces naturelles données et par leurs lois qu'il faut découvrir. Quant à vouloir expliquer à leur tour ces forces premières, ce serait là une absurdité. Dans le monde spirituel, la donnée première qui sert à expliquer, c'est l'esprit pensant lui-même, avec ses dispositions, ses forces et ses lois, que je dois présupposer sans pouvoir l'expliquer. On ne peut pas dire comment l'esprit "a été fait". C'est précisément cette tentative qui est au fond de la doctrine de l'*épigénésis* ». (Du reste Otto emploie avec une grande proximité comme cela arrive habituellement les expressions expliquer, dériver, comprendre). Dans ce contexte on peut se souvenir de « l'explication à partir de la raison universelle » de Hegel, « l'explication à partir des lois de la formation » de Bachofen.

psychologique ou conforme aux motifs *que* dans la région de la vie de l'âme, mais cependant une foule d'autres actes et d'autres opérations psychiques également *nommés* compréhension interviennent en psychologie.

a) *la compréhension des expressions* au sens de « l'intropathie dans la forme sensible de l'homme » de Lipps. Elle s'avère être une perception, une constatation, une reconnaissance ou une saisie primaire des formes d'expression humaines et animales au sein de la « couche du comportement ». En même temps, on inclut ici également l'explication secondaire d'une de ces formes d'expression à partir d'une grammaire expressive générale (Scheler, Plessner, etc.), qui s'édifie (téléologiquement) à partir de ces actes primaires de saisie.

b) *la compréhension rationnelle d'un sens* (compréhension logique), la compréhension des connexions idéales et logiques de significations ou des « expressions langagières » de Husserl. Tandis que dans la « compréhension » (primaire) des formes humaines et animales d'expression nous identifions immédiatement les états psychiques réaux déterminés et leurs enchaînements, dans la compréhension des expressions logiques-langagières en tant que telles, nous demeurons dans la sphère des connexions logiques-idéales de significations. L'« accès » *direct* au psychique, ou saisie immédiate du psychique, est par principe hors d'atteinte de cette compréhension. Ce n'est que dans la mesure où nous saisissons quelque chose dans la compréhension logique ou rationnelle d'un sens, qui est avant tout le contenu (*Gehalt*) intentionnel des *vécus* (ce qui n'est pas du tout pertinent pour la compréhension logique en tant que telle) que nous pouvons réussir à parcourir le chemin conduisant de la compréhension rationnelle d'un sens à une *connaissance* des faits psychiques, par exemple lorsqu'une personne nous donne des indications au moyen d'expressions langagières sur ses propres vécus ou ceux d'une tierce personne. L'explication (téléologique) d'un fragment rationnel de sens s'édifie sur la compréhension rationnelle d'un sens à partir des formes logiques-rationnelles de sens ou de signification ou inversement (Husserl, Lask, Hönigswald, Haering, etc.).

c) *La compréhension « caractérologique » au sens de la « compréhension » de la constitution biologique du caractère*. Comme déjà en a) et b), cette compréhension s'avère être un cas particulier de la saisie (primaire) globale ou de la reconnaissance au sens le plus large. À l'égard de la compréhension des motifs ainsi qu'à l'égard de son cas particulier, la compréhension caractérologique *psychologique*, cette compréhension a la fonction «particulière» de délimiter et de restreindre le domaine des *possibilités* de motifs disponibles en réalité. L'explication téléologique des traits particuliers de caractères à partir des lois caractérologiques-biologiques globales ou structurelles s'édifie sur cette compréhension.

d) *La compréhension typologique ou compréhension idéale-typique* (Dilthey, Spranger, Jaspers, Max Weber, etc.). Elle ne permet certes pas de fonder la compréhension motivationnelle, ni de fournir les bases phénoménales de cette compréhension, contrairement à ce que beaucoup croient; mais on peut cependant la concevoir, comme la compréhension caractérologique psychologique, comme un cas particulier de la compréhension motivationnelle dans la mesure où elle s'édifie à partir de la vue intuitive (*Anschauung*) *typique* de la personne à comprendre. Partout où « nous ne nous donnons pas la peine de nous aventurer jusqu'à l'individu » (Graumann), ce qui est la plupart du temps le cas dans la vie courante, c'est cette compréhension qui est utilisée. Elle est en outre également employée, et même d'une manière systématique-scientifique, soit là où l'individu n'est pas du tout accessible, soit là où il n'intervient pas en tant qu'individu, ce qui est en particulier le cas dans les sciences de l'esprit (histoire, histoire de la culture, etc.). Ce n'est que dans ce cadre que l'on peut affubler la compréhension typologique du titre de «compréhension scientifique» [au sens des sciences de l'esprit] (*geisteswissenschaftliches Verstehen*). L'explication (téléologique) des ensembles de vécus individuels s'édifie à partir d'ensembles de vécus typiques, « normaux » ou idéaux, construits ou idéalisés d'une manière ou d'une autre à partir de l'expérience (Spranger), ou leur mise en ordre (téléologique) en de tels ensembles.

e) *La compréhension herméneutique* se tient en liaison avec la compréhension idéale-typique. Sur elle s'édifie l'explication (téléologique) à partir des formes de style et de sens historiques, philologiques, esthétiques, ou la mise en ordre en de telles formes.

f) Tout comme les compréhensions idéale-typique et herméneutique n'appartiennent plus au domaine de la compréhension empirique au sens strict, cela est aussi entièrement le cas de la compréhension des *connexions* psychologiques *d'essence* qui s'exerce dans la *psychologie eidétique* (au sens de Husserl et Scheler, et naturellement pas au sens de Jaensch) (le meilleur exemple en est l'article de Scheler sur «Repentir et renaissance»). Elle fournit le matériel pour l'explication (téléologique) des enchaînements psychiques d'essence à partir de leurs fondements essentiels.

Nous croyons avoir montré avec Graumann que la compréhension psychologique ne forme pas avec tous ces actes également nommés compréhension (sans parler des soi-disant « opérations psychiques » ou procédures) un *genre* d'acte, dont chacun de ces actes *représenterait* une certaine *sorte*, comme disent Haering, etc.

3. L'explication causale[1] ou explication à partir de raisons causales est, comme l'explication téléologique et l'explication à partir du principe du motif et de l'essence, un cas particulier de l'explication en général ; elle n'est pas elle-même un acte (primaire) de saisie, elle suppose plutôt des actes de saisie.

L'explication causale joue cependant un rôle de premier plan en psychologie ; car sans « cause agissante », qu'il s'agit d'expliquer de façon causale, il ne se passerait rien dans la vie de l'âme, rien n'y évoluerait.

L'explication causale ou explication à partir de raisons causales inclut plusieurs sous-formes, selon que la raison causale est aperçue dans une cause réale unique, dans une force agissante ou dans une loi (loi de la nature). Seule la dernière sous-forme, qui suppose la *connaissance* d'une légalité naturelle, peut être caractérisée comme explication scientifique [au sens des sciences de la nature] (*naturwissenschaftliches Erklären*) au sens strict, et encore seulement à condition que les concepts de loi de la nature, de loi causale et de loi en général et par conséquent l'explication opérant grâce à eux aient perdu l'autorité qu'ils possèdent dans les sciences naturelles les plus rigoureuses. La psychologie est ainsi aujourd'hui plus fortement instruite sur elle-même que jamais et cela la rend plus libre que jamais de se servir et de former l'explication à partir d'une base causale, puisqu'elle correspond à son objet et à son logos. Cette formation n'a pas en elle-même à fixer seule la méthodologie, elle croît toujours plutôt, éventuellement sous la conduite de la méthodologie, à partir du niveau du travail pratique de la seule branche de la psychologie elle-même.

1. L'explication causale est également *nommée* compréhension, quoique de façon bien plus rare que la compréhension téléologique ; on parle en règle générale de « compréhension causale ». Ou alors on fait de la compréhension par exemple des « structures historiques » une tâche particulière, mais on croit que cette tâche est à accomplir par « l'explication psychogénétique », ou en d'autres termes doit être réduite à la causalité psychique (Wundt). Voir Troeltsch, « Die historische Dynamik des Positivismus » [La dynamique historique du positivisme], dans *Der Historismus und seine Probleme* [L'historicisme et ses problèmes], Tübingen, 1922.

LA PSYCHOTHÉRAPIE COMME MÉTIER[1]

Tandis que certains métiers semblent se limiter à un certain *savoir* et *pouvoir* – les métiers artisanaux ou techniques –, d'autres requièrent en outre pour leur exercice une véritable *vocation*, c'est-à-dire une réceptivité particulière ou une capacité particulière à être interpellé par l'*idée*, l'*appel* spirituel, qui émane d'eux : ainsi en va-t-il du métier d'artiste et de savant, de juge et de politicien, d'éducateur et de médecin. Ces « idées » sont d'un côté en dehors et au-delà du temps, et d'un autre côté elles apparaissent toujours dans une forme historique déterminée. Cette forme porte aussi bien l'empreinte de l'ensemble de la culture spirituelle d'une époque que du savoir et du pouvoir propre à un métier et évoluant historiquement; car l'idée d'un métier n'est pas suspendue au-dessus ou à côté du savoir et du pouvoir particuliers, elle les traverse plutôt partout où elle est vivante, d'une manière singulière, largement visible. Et tout comme le savoir et le pouvoir ne servent à rien sans l'idée qui les infiltre, l'idée quant à elle est impuissante si le savoir et le pouvoir ne lui fournissent pas le champ de son action.

La forme de l'idée médicale, l'idée du métier de médecin, à laquelle nous nous limitons ici, subit actuellement comme chacun sait une transformation nette, caractérisée par un rapport particulier, une tension particulière entre le savoir et le pouvoir du médecin, et la capacité à être interpellé par sa véritable vocation. Alors que Paracelse[2] a aperçu dans le concept de *proprietas* ou de *virtus* du médecin une union de compréhension, d'habileté et de vocation médicale, et que cette opinion était encore vivante chez les dernières ou avant-dernières générations de

1. D'après une conférence tenue à l'invitation de la Société de médecine à Berlin le 7 décembre 1927.

2. Voir Gundolf, *Paracelse*, Berlin, G. Bondi, 1927.

médecins, le savoir-faire (*Handwerk*) médical semble aujourd'hui triompher de l'idée médicale.

Mais cela n'est qu'une apparence. Si l'on embrasse du regard l'ensemble de la situation médicale de notre époque, on reconnaît que l'idée médicale, par rapport à ce qu'elle était auparavant, n'a fait que trouver une autre forme pour néanmoins s'imposer : elle permet aujourd'hui au « médecin en général » d'exercer son savoir et son pouvoir largement artisanaux sans être conscient à chaque moment de sa vocation médicale (elle ne permet à personne d'oublier *totalement* cette vocation); elle a ainsi induit une *nouvelle profession médicale*, de laquelle elle exige la plus stricte obéissance et à laquelle elle a communiqué avec toute la force de son autorité ce qu'elle avait auparavant communiqué au corps médical : l'exigence d'*embrasser du regard le savoir et le pouvoir médical de notre époque dans son ensemble et de mettre le savoir-faire spécialisé propre à son service*. Avec cela, nous parlons de l'idée de la *psychothérapie comme métier*. Dans le métier de la psychothérapie, le savoir-faire n'est plus à séparer de la *vocation*, car cela contredit son *concept*. Celui qui pratique la psychothérapie sans en avoir au plein sens du terme la vocation peut bien être un dresseur ou un dompteur d'homme, un habile jongleur avec l'âme humaine – mais il n'est jamais un psychothérapeute au sens du métier médical. Soit la psychothérapie reconnaîtra clairement et mettra à exécution le rôle qui lui revient dans l'histoire de la médecine, et elle conduira alors à une revitalisation de la médecine, soit elle retombera et se flétrira en une spécialité ennuyeuse.

I

L'impératif d'embrasser du regard le savoir et le pouvoir médical de notre époque dans son ensemble et de mettre le savoir-faire spécialisé propre au service de l'idée médicale s'exprime de façon plus simple et plus populaire dans l'exigence *d'examiner et d'aider médicalement l'homme dans sa totalité*. Aussi banale que cette exigence semble être aujourd'hui, où elle est sur toutes les lèvres, il est cependant toujours aussi indispensable de montrer ce que cela signifie véritablement. Dans le même temps le sens multiple qui revient dans cette formule au concept d'homme *dans sa totalité* fait signe vers le rapport singulier qui unit le savoir, l'habileté et la vocation authentique, liés ensemble au sein de l'idée de métier médical en général et de psychothérapie comme métier en particulier.

Considérons tout d'abord la première partie de l'exigence psychothérapique, l'impératif *d'examiner médicalement l'homme dans sa totalité.* Que signifie ici « l'homme dans sa totalité » ? Pour répondre à cette question nous devons embrasser du regard « la culture savante de notre époque » (pour me servir d'une tournure de Fichte) dans le domaine médical. Cette « culture », ce savoir, nous montre l'homme d'abord comme un *organisme* au sens de l'incarnation de fonctions vitales hiérarchisées et de leur collaboration harmonieuse. Aujourd'hui, ce concept d'organisme se retrouve de plus en plus en physiopathologie[1]. En psychiatrie, il nous était familier depuis longtemps, nous parlons sans arrêt depuis Meynert, Griesinger, Hughlings Jackson, Wernicke, etc. de *fonctions* neurophysiologiques et psychologiques, et de leur déroulement et de leur déclin. Examiner l'homme dans sa totalité, c'est d'abord procéder à une *analyse fonctionnelle* de l'organisme somatique-psychique. Mais la tâche n'est pas remplie pour autant. Outre le fait que l'on ne peut jamais concevoir l'homme à partir de la somme de ses *fonctions* vitales somatiques et psychiques, il y a une preuve historique du fait que, y compris dans le cas de l'exécution de la tâche clinique la plus jeune, c'est-à-dire celle de la psychiatrie, l'examen de l'homme n'est pas obsolète. Cette preuve historique est à voir dans le manque de compréhension, le manque de culture savante avec lesquels la psychiatrie clinique de l'époque, pourtant déjà bien développée, considéra l'avènement de la psychothérapie et en particulier de la psychanalyse[2] ; car avec cette dernière apparut justement un principe scientifique que je considère comme le nerf, la base, l'alpha et l'oméga de la psychothérapie et qui était jusqu'ici pratiquement étranger à la psychiatrie, à savoir l'approfondissement systématique de l'*histoire intérieure de la vie* des hommes malades, sa reconstruction théorique et sa reproduction pratique[3]. Ce n'était qu'avec une élaboration

1. Voir par exemple la leçon inaugurale de Berlin, de Von Bergmann, élaborée à partir de la tradition de la deuxième clinique médicale de Berlin (Traube, Fr. Kraus) : « Vom klinischen Wert funktionaler Pathologie » [De la valeur clinique des pathologies fonctionnelles], *Deutsche medizinische Wochenschrift*, n°31 1927.

2. À l'exception notable de Bleuler, Jung et de quelques autres.

3. Lorsque Freud dans le jugement qu'il porte sur son cas Elisabeth v. R. (dans les *Études sur l'hystérie*) considère qu'il est nécessaire de s'excuser du fait que son histoire de la maladie soit à lire comme une nouvelle et pour ainsi dire se passe de la marque rigoureuse de la scientificité, cette excuse repose sur un reliquat de concession à la conception purement fonctionnelle de l'homme. Freud lui-même n'a certes pas conçu à l'époque ce nouveau principe dans sa pureté et sa portée méthodologiques, il ne parle encore au même endroit que de la relation intime entre l'histoire de *l'affection* et les symptômes de la maladie et de la création d'une « biographie des psychoses ». Mais une biographie des psychoses avait déjà été établie

méthodologique claire de ce nouveau principe, qui se conçoit par opposition à l'analyse fonctionnelle de l'organisme humain somatique-psychique, comme une *exploration et explicitation psychologique-herméneutique* de l'homme, ce n'est que là où l'homme était exploré, interprété et compris dans son parcours psychique intérieur, son histoire intérieure de la vie, en conformité avec l'ensemble sensé des contenus de son expérience personnelle, que l'on pouvait faire le tour du domaine de compétence dévolu à notre exigence médicale fondamentale. Ce n'est qu'ainsi que l'homme pouvait être exploré en totalité et que pouvait s'ouvrir à l'aide médicale la dernière porte qui lui demeurait encore fermée.

Deux exemples illustrerons ce que nous venons de dire. Une douleur au genou peut provenir d'une perturbation de la fonction motrice purement *somatique* du genou, à la suite par exemple d'une maladie infectieuse, d'un traumatisme, d'un tabès, etc, mais peut également provenir d'une perturbation du complexe de fonctions *psycho*-physiques, à savoir d'une dysthymie dépressive, à la suite de laquelle comme chacun sait il y a fréquemment des douleurs plus ou moins localisées au niveau des muscles, des os et des articulations et qui passent alors pour des douleurs rhumatismales ou neurasthéniques et conduisent non rarement à une opération (on pense à la coccygodynie !) ; une telle douleur peut cependant aussi provenir d'une représentation schizophrénique-hypocondriaque des conséquences de la masturbation, un cas où la fonction vitale perturbée et les moments biographiques peuvent interagir l'un sur l'autre; et finalement une telle douleur peut être provoquée et entretenue par un moment principalement biographique (pour le médecin, il n'y a jamais d'influence *purement* biographique, on doit *toujours* plutôt se demander *dans quelle mesure* influence biographique, *dans quelle mesure* influence psycho-physique-fonctionnelle ?)[1]. Ce dernier point m'a été enseigné par une

autrefois sous la forme de la psychiatrie clinique kraepelinienne et la connexion entre l'histoire de l'*affection* et le symptôme morbide nerveux était déjà connue par l'étude scientifique des manifestations hypnotiques et était déjà exploitée en psychothérapie par Delbœuf et Binet, par Janet et Breuer. Plus tard, Freud a reconnu qu'elle devait être remplacée par l'exploration et la reconstruction de toute l'histoire de la *vie*, et en outre que ce qui compte, ce n'est pas la biographie des névroses et des psychoses, mais celle des *hommes* névrosés et psychotiques.

1. Bleuler a déjà posé la question en ces termes à propos de l'alternative physique-psychique (« Physisch und Psychisch in der Pathologie » [Le physique et le psychique dans la pathologie], *Zeitschrift für die gesamte Neurologie und Psychiatrie*, vol. 30, 1916). La bipartition de Bleuler et de la psychiatrie actuelle doit cependant absolument être remplacée par notre tripartition si nous voulons enfin échapper à l'intrication, qui devient de plus en plus insupportable, dans le seul mot de psychique (*psychisch*), de la fonction psychique (*seelisch*)

observation personnelle à propos d'une dame : ici la douleur dans le genou (droit) s'est révélée être un symptôme conversif conditionné par l'histoire de vie, au sens d'une réminiscence refoulée d'une chevauchée remontant à 20 ans au cours de laquelle la douleur avait été provoquée pour la première fois par la pression du genou droit contre la selle d'amazone. Je rappelle aussi la douleur de jambe de Mlle Elisabeth v. R. dans sa description morbide classique dans les *Études sur l'hystérie*. Dans les deux cas, une psychothérapie psychanalytique, ou « grande » psychothérapie, conduisit au but.

Comme deuxième exemple, on peut se rapporter au cas d'une dame âgée qui souffrait de sévères douleurs à type de coliques et montrait sur la radiographie un fort spasme du dernier tiers du colon descendant (si bien qu'un carcinome avait été évoqué) : perturbation d'une fonction physiologique. Elle se trouvait en même temps au début d'une de ses fréquentes dépressions endogènes : perturbation d'une fonction psychique. Ces dépressions se déroulaient au début le plus souvent sur le modèle de sévères manifestations « hystériques » de type somatique et psychique (spasmes, douleurs, grandes crises, etc.). L'examen de l'histoire de vie rapporta les plus sévères traumatismes dans l'histoire externe de vie, mais aucun indice en faveur d'une élaboration pathologique dans l'histoire intérieure de la vie. L'« hystérie » était ici purement symptomatique et pas du tout requise de l'intérieur par l'histoire de vie. Elle n'était jamais détectée en dehors des dépressions, et dans ce cas cela aurait été une faute de s'acharner sur la patiente de façon psychanalytique ou cathartique. Les douleurs corporelles se présentaient rapidement comme une manifestation partielle du syndrome de météorisme hystérique typique ou de tympanisme hystérique (ventre fortement gonflé, respiration difficile, spasmes intestinaux très douloureux, constipation) et disparaissaient rapidement à la faveur de suggestions rassurantes, d'une respiration ample et d'un contact de la main sur le ventre ou le front. Grâce au respect de notre exigence psychothérapique fondamentale consistant à examiner l'homme dans sa totalité (ou, comme ce sera très souvent le cas, à laisser examiner), la malade fut ainsi préservée du bistouri du chirurgien, du danger du morphinisme dont elle était alors très proche, aussi bien que d'une psychanalyse, tandis que la dépression nécessita une prise en charge en institution de plus d'un mois. Ici, contrairement au premier exemple, il est surtout

et du « contenu spirituel (*geistig*) des vécus psychiques (*seelisch*) ». Voir à ce propos mon article à paraître dans le *Monatsschrift für Psychiatrie und Neurologie* sur « Fonction vitale et histoire intérieure de la vie » [trad. fr. J. Verdeaux et R. Kuhn, dans *Introduction à l'analyse existentielle*, Paris, Minuit, 1971].

question d'un diagnostic somatique et psychique, et peu de psychothérapie. (Vouloir établir une quelconque corrélation entre l'importance du diagnostic et l'« importance » de la psychothérapie serait naturellement absurde). Ce qui serait fait dans le second cas d'un point de vue psychothérapique appartient en outre plus au domaine de la « psychothérapie comme allant de soi », où il suffit d'être « un médecin ingénieux et plein de sollicitude » (Krehl), qu'au domaine d'une méthode psychothérapique déterminée.

Ce que nous appelons un examen de l'homme en totalité est d'abord un procédé que l'on peut précisément qualifier de *discursif*, un usage de méthodes déterminées d'examen de types physique, psychique-fonctionnelle et psychologique-historique ou en lien avec l'histoire (intérieure) de vie. La totalité dont il est question sera successivement soumise à une longue série d'opérations spirituelles. Le concept de totalité se limite ici au concept de totalité d'une *tâche* théorique-pratique et de son accomplissement. En même temps, un tout autre concept de totalité apparaît dans l'exploration de l'histoire de vie d'un homme, qui n'est pas de nature discursive mais est (au sens le plus large) de nature *intuitive* (*anschaulich*) (pour éviter le mot *intuitif* (*intuititv*), polysémique et souvent mal compris). Il ne s'agit pas ici de constater et de réfléchir successivement à propos d'une totalité d'états de choses empirique-scientifique très complexe, mais de la saisie intuitive, immédiate, instantanée d'une *être* individuel et insécable dans une intention singulière ou une attitude intentionnelle. La totalité dont il s'agit *maintenant* est aussi une unité *insécable*, pas du tout l'unité d'une *tâche* ou d'un état de choses très complexe mais l'unité d'une *objectité* noématique (visant un être individuel concret) comme corrélat d'une intention unitaire déterminée. Tandis que le *savoir* du médecin et son application se limite à cette tâche discursive, l'idée médicale a toujours aussi affaire à l'homme en tant qu'être unitaire, vivant, individuel, et seul celui qui a aussi en vu *cette* « totalité » est destiné à la médecine. Cela découle de ce qui a été dit plus haut du psychothérapeute de métier. Lorsqu'il scrute, examine, interprète et complète en quelques étapes l'histoire intérieure de la vie de ses malades, c'est sur la base du rapport unique entre l'être Homme et son histoire intérieure de vie[1] dans laquelle cet être se développe, et se constitue, la totalité intuitive indivisible de cet être étant toujours *prédonnée* ; c'est-à-dire qu'elle n'est pas un but final téléologique comme la totalité au sens d'une tâche à remplir de façon uniquement

1. Voir « Fonction vitale et histoire intérieure de la vie », *ibid.*

discursive, mais le point de départ constant, la prédonation et la co-donation intuitive constante.

Cette différence ne devient claire que si nous nous tournons vers la deuxième partie de notre exigence, l'exigence d'*aider* l'homme en totalité. Cela signifie d'un côté essayer de remédier à chaque perturbation de fonction somatique ou psychique de l'organisme, mais surtout d'un autre côté aider l'homme en tant qu'*être* unitaire, insécable. Ici entrent en jeu des phénomènes qui ne sont possibles que d'un être envers un autre être, et cela signifie pour nous toujours d'un être spirituel envers un autre être spirituel, à l'instar des phénomènes sociaux ou intersubjectifs sur lesquels *toute* psychothérapie, y compris celle des charlatans, des directeurs de conscience ou des amis, s'édifie. Je cite au hasard l'intropathie, la compréhension, l'information et la persuasion, l'obéissance, le dévoilement, le démasquage et la prise au dépourvu, la suggestion, la soumission et le transfert, la contagion des sentiments, l'imitation, etc. Ces phénomènes ne sont pas du tout le domaine réservé de la psychothérapie médicale, ils sont plutôt largement répandus, comme l'ont montré E. Straus et Häberlin à propos du phénomène de la suggestion. La psychothérapie comme métier ne peut pas se servir de *tous* les phénomènes dont l'ami (également le médecin *en tant qu'ami*!), le directeur de conscience, le charlatan peuvent peut-être se servir. Il apparaît malgré tout sans espoir de vouloir séparer la psychothérapie comme métier médical de la psychothérapie non médicale sur la base d'une classification et d'une distinction des phénomènes psychothérapiques fondamentaux eux-mêmes, au lieu de se baser sur l'évaluation de la place de la tâche psychothérapique dans l'ensemble de la tâche et de l'idée médicale en général, comme nous essayons de le faire ici.

En ce qui concerne la mise en place de l'aide psychothérapique dans les cas particuliers, c'est l'affaire de la psychothérapie spécialisée. De façon générale, il doit seulement être mentionné que le savoir-faire psychothérapique ne peut qu'améliorer, ou tout aussi bien canaliser ou discipliner ces relations interhumaines ubiquitaires, mais ne peut pas les créer. Seul le psychothérapeute en tant qu'homme en face du patient en tant qu'homme peut les créer ou les provoquer. Le fait qu'il existe les plus grandes différences individuelles en ce qui concerne le *talent* à provoquer et exploiter en pratique ces phénomènes est bien connu mais ne peut pas ici être davantage développé. Mentionnons seulement que ce talent possède deux faces, d'un côté la sensibilité à l'idée psychothérapique, de l'autre l'aptitude pour le savoir-faire psychothérapique.

II

Si nous envisageons le champ que nous venons de traverser d'un point de vue uniquement *pratique*-psychothérapique et sans nous occuper de la situation *méthodologique* fondamentale de la psychothérapie relativement à la double totalité de l'homme à laquelle elle a affaire, nous devons alors immédiatement constater que tout est lié à tout et que « dans l'homme », *par principe*, aucun détail ne peut être modifié sans que le tout soit modifié. Cela ne vaut pas seulement pour l'ensemble de fonctions de l'organisme, mais vaut aussi pour le rapport entre celui-ci et le cours de l'histoire de vie, même si ce rapport est encore obscur et n'a été éclairé que de façon métaphysique. Quoi qu'il en soit, la personne spirituelle et l'organisme, malgré tous les découpages abstraits requis par le domaine conceptuel, constituent une réelle unité, ce que vous trouvez exprimé par exemple dans les théories de Fechner, aujourd'hui encore soutenues par Häberlin, selon lesquelles « un être unitaire est à la base de l'auto-apparition spirituelle et de l'apparition corporelle », unitaire dans la mesure où « ce qui s'apparaît à soi-même comme âme (*Seele*) ou esprit (*Geist*), apparaît à un autre sous une autre forme, à l'instar du corps vivant (*Leib*) et du corps physique (*Körper*) ». Pour nous cependant, la *justification* de cette unité est moins importante que sa reconnaissance pratique résolue au lit du malade. Nous *éviterons* ainsi d'emblée la question si souvent posée et témoignant d'un manque total de compréhension de la possibilité et de l'essence de la psychothérapie, *quelle perturbation fonctionnelle isolée serait accessible à la psychothérapie, laquelle ne le serait pas* ! Celui qui le demande ne recevra jamais de réponse parce qu'ici aucune réponse n'est possible. Et même la question de savoir comment doit être l'organisme dans sa totalité ou sa perturbation pour pouvoir être accessible à la psychothérapie ne suffit pas, puisque doit toujours s'y ajouter la considération du cours de l'histoire de vie. Et inversement, la considération de l'histoire de vie seule n'est *par principe* pas décisive si elle ne prend pas en compte l'organisme dans sa totalité[1].

1. Si cette dernière idée se répandait de façon générale, nous ne serions pas perpétuellement confrontés au spectacle peu glorieux d'un jeune étudiant (par exemple) dont l'histoire intérieure de la vie semble certes faite pour une thérapie psychanalytique, mais dont l'organisme montre les signes psychiques et somatiques d'une schizophrénie débutant de manière insidieuse, et qui est analysé sans succès, à l'occasion de quoi passe un temps précieux qu'il aurait pu mettre à contribution pour apprendre un métier simple, tandis qu'il se trouve maintenant vulnérable et fragilisé par l'effondrement de l'illusion artificiellement entretenue depuis longtemps d'un rétablissement. À l'inverse, nous sommes encore plus souvent confrontés à des malades traités sans succès pendant des années de façon médicale ou

L'exigence médicale fondamentale d'examiner et d'aider l'homme en totalité ne peut pas être remplie avec un unique principe scientifique fondamental. Nous n'avons cependant pas affaire ici aux formes différentes de ces deux principes heuristiques, la forme de la biologie et des sciences de la nature, à laquelle appartient aussi celle de la psychologie des fonctions, et la forme historique- et psychologique-herméneutique, mais aux conséquences qui en découlent pour la pratique médicale. Ce qui est ici décisif, comme partout en médecine, c'est avant tout l'*application* minutieuse des principes, l'examen médical. Tant que vous ne vous êtes pas véritablement plongés dans l'histoire de vie d'un homme, vous ne pouvez jamais dire s'il n'est pas également accessible à la psychothérapie, tout comme vous ne pouvez jamais dire à propos d'un trouble traité par psychothérapie s'il n'est pas également conditionné de façon organique si vous n'avez pas également examiné le malade de façon à la fois somatique et psychiatrique. Il y a naturellement ici une foule de règles d'expérience qui peuvent, dans les cas particuliers, nous garder d'examiner à l'aveuglette l'ensemble des possibles et peuvent nous indiquer d'emblée certaines possibilités. La chose principale est et reste qu'un trouble fonctionnel isolé de l'organisme, tout aussi peu qu'une « bizarrerie » isolée dans le cours de l'histoire intérieure de la vie, ne peut pas en et pour soi permettre de déterminer si la question de la psychothérapie se pose ou pas. À cet égard, seule est déterminante la prise en considération du rôle que joue ou ne joue pas le signe morbide isolé sur le plan biologique (fonctions physiques et psychiques) *et* sur celui de l'histoire de vie, à l'occasion de quoi la clarté doit régner à propos des *relations* qui existent entre l'organisme et l'histoire intérieure de la vie en général et dans les cas singuliers. Une arithmomanie par exemple, qui accompagne une dépression endogène aiguë[1] (ou un changement d'humeur psychophysique de l'organisme), requiert une toute autre prise en charge que l'arithmomanie d'une « névrose obsessionnelle » constitutionnelle, conditionnée principalement par l'histoire de vie. Là la psychothérapie active est une faute professionnelle, ici elle est l'unique possibilité d'aide médicale.

Les *relations* entre les fonctions vitales de l'organisme et l'essence fondamentale de l'homme qui se manifeste dans l'histoire individuelle intérieure de la vie sont très profondes et variées. La situation n'est pas telle

chirurgicale, malades qu'il aurait été possible d'aider en un temps plus ou moins long avec une psychothérapie habituelle.

1. « Über die Beziehung der Zwangsvorstellungen zum Manisch-Depressiven » [Sur la relation des obsessions avec la maladie maniaco-dépressive], voir Bonhoeffer, *Monatsschrift für Psychiatrie und Neurologie*, vol. 33, 1913.

que l'histoire intérieure de la vie pour ainsi dire suivrait son cours, indifférente à la nature et aux comportements de l'organisme, et qu'elle laisserait ici ou là des traces en ou sur lui, il n'est pas plus juste de penser que l'organisme ne serait que le porteur *accidentel* de cette histoire de vie déterminée, tout comme de penser qu'on ne sait quelle légalité se laisserait construire ici. Si l'on se refuse à aborder des questions principielles métaphysiques et méthodologiques, le fait empirique sera seulement effleuré. De la même façon qu'une spécification déterminée et un mode de comportement déterminé de l'organisme des hommes peut prédisposer pour ainsi dire à des parcours déterminés de vie, peut à certains égards fixer la trajectoire du parcours intérieur de vie, il y a certaines connexions d'essence immanentes à l'histoire de vie qui n'apparaissent que dans une certaine spécification de l'organisme. Cette double légalité[1] de la fonction vitale d'un côté, et de l'histoire intérieure de la vie de l'autre côté, et les relations, qui ne peuvent être identifiées[2] que par la fréquence empirique, c'est-à-dire non intuitionnable et uniquement de l'ordre des chiffres bruts, entre les deux, constituent pour les psychothérapeutes d'abord le concept de genre humain et de ses particularités individuelles, le concept d'individu humain. Et au sein de ces particularités individuelles, il y en a qui s'écartent de la norme moyenne d'une quelconque façon, par un plus ou un moins ou par une différence qualitative. Nous désignons de tels hommes par l'expression unique de *psychopathes* et nous possédons comme chacun sait tout un groupe d'épithètes particuliers pour ce mot, lesquels constituent des raccourcis stéréotypés pour des *formes de relation* particulières du déroulement des fonctions vitales et de l'histoire de vie[3]. Je rappelle seulement les noms de psychopathe hystérique, sensitif, schizoïde, cyclothymique,

1. Nous ne devons à ce propos pas oublier qu'aussi bien le concept de légalité que celui de vie manifestent des deux « côtés » de grandes différences mêmes si nous pouvons les négliger là où ce qui compte est un but pratique.

2. À l'objection que, par exemple, dans l'état de fait de l'érotisme anal, des connexions intuitionnables (*einsichtig*) ou compréhensibles (*verstehbar*) entre la constitution somatique et les modes de comportements spirituels existeraient, il faut opposer que le concept d'érotisme anal chez Freud et en particulier chez Abraham, etc. n'est pas un concept purement constitutionnel, mais contient déjà des « éléments » psychologiques compréhensibles (garder, expulser, etc.), à partir desquels des voies naturellement facilement compréhensibles conduisent à l'avarice, la parcimonie, la pédanterie, etc.

3. Lorsque Kronfeld (*Die Psychologie in der Psychiatrie* [La psychologie en psychiatrie], Berlin, 1927) explique qu'avec la formation des types psychopathiques « on veut exprimer une *loi* pour l'interaction particulière de leurs fonctions psychiques et qualifier le concept de cette loi avec la désignation respective du type » (p. 38), je suis d'accord avec lui d'un point de vue logique; mais d'un point de vue factuel la réflexion sur l'interaction purement fonctionnelle est à elle seule insuffisante, comme cela apparaît à partir de notre description.

obsessionnel, et les belles études biologiques, psychologiques et cliniques sur la psychopathie de Janet, Kretschmer, Kurt Schneider, Birnbaum, etc., sans oublier le vieux Koch. Il s'agit partout ici de l'homme réellement « comme un tout », et parce que de tels hommes sont l'objet de recherche du psychiatre, le psychiatre a ici aussi le dernier mot devant le psychothérapeute. *Lui* seul a traversé et exercé en pratique[1] la formation médicale depuis la physiologie et l'anatomie jusqu'à la théorie des fonctions psychiques et de leurs troubles, *lui* seul sait à partir de l'expérience, et pas seulement à partir de considérations théoriques, que c'est toujours l'homme en totalité qui est « perturbé » dans de tels cas, et pas seulement l'une de ses fonctions partielles ni non plus seulement la sphère des « fonctions » en général. Par conséquent il ne connaît pas non plus le concept si populaire en médecine interne et en neurologie de névrose d'organe, qui constitue un véritable non-concept psychiatrique[2]. Certaines directions psychothérapiques ont accordé à cet état de choses une certaine importance dans la mesure où elles distinguaient la constitution somatique, le « corrélat somatique », le « conditionnement organique » d'un côté, la légalité essentielle immanente à l'histoire intérieure de la vie d'un autre côté, comme le refoulement, la « protestation virile », le ressentiment, etc. Même le thérapeute travaillant avec la suggestion se voit dans l'obligation de distinguer rigoureusement entre le facteur constitutionnel d'une plus ou moins grande suggestibilité et le phénomène de la suggestion, qui est un phénomène intersubjectif ubiquitaire et qui est d'une importance capitale pour l'histoire de vie.

La psychothérapie comme métier, comme « culture savante » et son utilisation pratique, balaye, pour le résumer encore une fois, trois domaines du savoir et du pouvoir médical : premièrement la physiologie et la physiopathologie; deuxièmement la psychologie, la psychopathologie et la psychiatrie; troisièmement la théorie de l'exploration historique et de l'art de l'interprétation psychologique-herméneutique de l'homme sain et malade de l'esprit. À cela s'ajoute en outre le domaine des phénomènes intersubjectifs ou sociaux, la théorie de la société ou sociologie et celle de l'un de ses domaines d'application pratique les plus importants, la

1. La délégation durant un semestre d'un médecin interniste à la clinique psychiatrique ne suffit ici jamais !

2. Il est très réjouissant et intéressant que du côté même de la médecine interne, et à partir de raisons purement empiriques, des voix s'élèvent contre le concept de névrose d'organe. Voir v. Bergmann, « Zum Abbau der “Organneurose” als Folge interner Diagnostik » [De la déconstruction de la “névrose d'organe” comme conséquence du diagnostic interniste], *Deutsche Medizinische Wochenschrift*, 53e année, n° 49, décembre 1927.

pédagogie. Réfléchissez en outre au fait qu'il y a besoin d'une énergie et d'une formation de la pensée conséquentes pour que l'unité et la totalité originaire de l'être humain réel ait affaire avec celui du psychothérapeute, et pour ne pas les perdre de vue (spirituelle) à côté du découpage abstrait en d'innombrables domaines scientifiques spécialisés, réfléchissez au fait qu'une connaissance, allant au-delà de l'opinion courante, des difficultés et des apories du problème psychophysique et de son histoire est essentielle pour le psychothérapeute cultivé, et réfléchissez enfin au fait que la réflexion sur le *but* de la psychothérapie n'appartient à aucun autre domaine qu'à celui de l'*éthique*, vous comprendrez alors pourquoi je considère que la connaissance des principes fondamentaux de la philosophie et un aperçu sur son histoire sont essentiels pour les psychothérapeutes de métier.

La *formation* des psychothérapeutes médicaux ne pourra se conformer à tout cela que si sa vertu ne consiste pas en une obéissance ponctuelle à l'égard d'on ne sait quelle opinion d'école et en un « évitement de toute pensée propre et de tout jugement propre à propos de son affaire ». Ce n'est qu'ainsi que nous éduquerons une génération de psychothérapeutes médicaux, leur permettant d'échapper aux controverses relatives aux opinions d'écoles ainsi qu'aux dangers d'un éclectisme paresseux et d'atteindre les principes universels de l'action psychothérapique[1]. Afin d'éviter toute mécompréhension, nous répétons que l'exigence fondamentale, dont le remplissement est déterminant pour la psychothérapie comme métier, ne doit pas être comprise au sens où le psychothérapeute devrait procéder dans sa propre personne à l'examen de l'homme en totalité. Il en est bien incapable, comme tout autre médecin. Mais, pour me servir encore une fois de l'expression de Fichte : il doit avoir balayé « l'ensemble de la culture savante de l'époque »[2] relative au domaine médical pour parvenir à la connaissance de l'idée médicale. S'il était

1. L'*application* correcte de ces principes au cas singulier revient cependant toujours à la *faculté de juger* singulière, c'est-à-dire à sa capacité à hiérarchiser ou à subsumer correctement la particularité empirique sous le principe ou le concept général. Cette capacité du *jugement singulier* correct au sens de la faculté de juger de Kant, on l'a ou on ne l'a pas. Elle ne peut d'ailleurs pas être *enseignée*, mais seulement être mise en pratique. Il faut voir en elle la qualité principale du médecin comme de tout « praticien » ; sans elle, il peut être un grand savant, mais jamais un « médecin praticien », tout comme sans ces principes il peut être un artisant satisfaisant, mais jamais un médecin *cultivé*. Ces questions cependant ne font pas partie du domaine de la psychothérapie ou de la médecine comme métier, mais du domaine de l'*aptitude* personnelle à ce métier, que nous ne pouvons pas ici prendre en considération.

2. [J. G. Fichte, « Über das Wesen des Gelehrten und seine Erscheinungen im Gebiete der Freiheit », dans *Werke : Auswahl in sechs Banden*, Leipzig, F. Eckardt, 1910, vol. 5, p. 8.]

dépourvu de ce « savoir de son époque que l'on n'acquiert que dans les écoles savantes », il ne pourrait alors « ni partager théoriquement son savoir ni l'appliquer immédiatement et de façon pragmatique dans le monde selon une règle fixe ».

III

À côté de la situation fondamentale méthodologique et pratique, il y a une *situation fondamentale éthique* de la psychothérapie comme métier. En elle s'exprime de la manière la plus forte la *vocation* psychothérapique, la réceptivité à l'*idée* psychothérapique, et la mission que l'histoire de la médecine a confiée à la psychothérapie médicale s'y manifeste également de la façon la plus claire; car tandis que « le médecin en général » n'est pas toujours et partout obligé de mettre au premier plan la situation fondamentale éthique du métier médical dans la mesure où il réussit très fréquemment – par exemple dans la réalisation d'une opération chirurgicale – à se débrouiller avec son savoir et son pouvoir seuls, le psychothérapeute de métier a à mettre toute son expérience, tout son savoir et tout son pouvoir *constamment et par principe* au service de la tâche fondamentale éthique du métier médical. De cette façon, la signification du principe d'« approfondissement de l'histoire intérieure de la vie » sera mise en lumière. Si ce principe joue déjà le plus grand rôle méthodologique et pratique dans la psychothérapie médicale, c'est dorénavant la pleine compréhension de la situation fondamentale éthique qui s'ouvre ainsi.

Seul le principe de l'approfondissement de l'histoire intérieure de la vie du malade permet de faire appel à « la mission spirituelle de la conscience » [1] pour la modification ou la « réorientation » de l'histoire intérieure de la vie et ainsi de laisser entrer en jeu le bien suprême de l'homme qui le différencie de la plupart des animaux, *la libre auto-détermination*. Ceci est le principe qui a guidé dès le départ le plus grand génie de la psychothérapie, Sigmund Freud, et auquel il est toujours resté fidèle, ce que ne peut concevoir que celui qui l'a *vu* à l'œuvre et qui n'a pas seulement étudié l'œuvre de façon littérale. Nous retrouvons également ce principe, introduit de façon pratique-méthodique dans la psychothérapie par Freud, chez Häberlin dans sa psychologie élémentaire (*L'esprit et les pulsions*) et dans sa caractérologie, et ce systématiquement développé dans le cadre d'une théorie de la « structure de l'intérêt » et de la personne humaine,

1. Voir Häberlin, *Der Geist und die Triebe* [*L'esprit et les pulsions*], Bâle, Kober, 1924, p. 432.

théorie dont la signification pour la psychologie n'est pas du tout reconnue à sa juste valeur. Mais nous le trouvons avant tout dans une grande pureté chez Kant et Fichte. Ce principe repose sur le fait que l'homme a la possibilité (*können*), voire même a le droit (*dürfen*) d'utiliser des choses (*Dinge*) totalement dépourvues de raison pour ses fins, mais pas des êtres raisonnables. Pas une fois il ne peut les utiliser comme moyen pour ses propres fins, car on ne peut rendre aucun homme « sage ou heureux »[1], c'est-à-dire justement en bonne santé, « si ce n'est par son propre travail et son propre effort »[2]. L'homme n'a ni la possibilité ni le droit d'agir sur l'homme comme sur une matière inerte ou sur un animal « de façon à atteindre seulement son but par leur intermédiaire, sans avoir tenu compte de leur liberté »[3]. D'un autre côté, selon Fichte, « le plus noble est-il sans doute lorsque l'homme se laisse lui-même conseiller à partir d'une plus grande obligeance, laquelle est au fond de la lâcheté et du découragement, ou à partir de la paresse, et au lieu de recueillir de lui-même les maximes de son comportement, se les laisse donner des autres, et croit ceux-ci plus que lui-même. Un tel homme n'a pas de soi en lui et ne croit pas au soi en lui-même, mais il déambule en implorant les autres et leur demande, l'un après l'autre, de leur prêter le leur »[4].

Si vous vouliez suivre ces phrases à la lettre, ce serait *la mort de la psychothérapie* et une *sévérité sans pareil*[5]. Mais si nous ignorons l'esprit qui s'exprime à partir d'elles, nous serons alors peut-être de passables larbins de la psychothérapie et avant tout de cyniques misanthropes, mais pas du tout des éducateurs et des psychothérapeutes médicaux. Cela n'a rien, et même pas la plus petite chose, à voir avec la « moralisation », pour

1. [Voir J. G. Fichte, *Conférences sur la destination du savant* (1794), trad. fr. J.-L. Vieillard-Baron, Paris, Vrin, 1994 (2e éd. corr.), 2e conférence, « Sur la destination de l'homme dans la société », p. 52.]

2. [*Ibid.*]

3. [*Ibid.*]

4. *Über das Wesen des Gelehrten und seine Erscheinungen in der Freiheit* [*Sur l'essence de l'érudit et ses apparitions dans la liberté*], 1806, 5e leçon [p. 54].

5. Car « l'essence de l'être-malade est », pour parler avec von Weizsäcker, « une *détresse* et elle se manifeste comme une demande d'aide. J'appelle malade celui qui m'appelle en tant que médecin et dans lequel j'aperçois, en tant que médecin, la détresse » (« Der Arzt und der Kranke », *Die Kreatur*, vol. 1, cahier 1, p. 73). On voit, à partir du rapprochement des considérations de Fichte et de ce « phénomène originaire d'une anthropologie médicale », que, dans le domaine de la psychothérapie, la corrélation entre l'être en détresse du côté du malade et la reconnaissance de celle-ci du côté du médecin est dépendante d'une importante réduction et de conditions très particulières, un sujet qui ne peut être qu'évoqué, puisque sa plus ample justification et représentation nous conduirait trop loin dans le domaine des psychothérapies particulières.

employer encore une fois ce mot absurde; au contraire, le médecin moralisant est justement celui qui veut imposer ou « prêter » au malade les maximes de *ses* actions, de *sa* personne, de *son* état, qui veut lui épargner le travail et l'effort *propre*, et ainsi se moque de sa libre auto-détermination. L'aide psychothérapique n'est possible que lorsque le psychothérapeute ne se met pas *à la place* du malade, mais *à côté* de lui, lorsqu'il respecte en lui le prochain (*Mitmensch*). Cela signifie qu'il ne veut pas seulement atteindre son but par son intermédiaire, mais qu'il tient compte de sa liberté, qu'il ne le traite pas comme un animal, mais qu'il veut l'aider à obtenir son propre soi. Que vous appeliez cette tâche, avec Simmel, l'aide pour trouver la « loi individuelle » de l'homme à traiter, ou, avec Pfänder, l'aide pour « la révélation de son caractère fondamental », ou, avec Häberlin et de façon plus précise quant au contenu, l'aide dans la lutte « entre l'orientation individuelle et l'attachement au tout » (ou l'aide pour *vivre* l'antinomie entre l'excès de l'intérêt pulsionnel et l'aspiration à la limitation et à l'équilibrage pulsionnels au moyen de l'intérêt dirigé principalement vers « l'esprit »), vous avez alors saisi avec cette tâche ce qui peut être exigé de et atteint par la psychothérapie par le biais de la raison. Aucun homme ne peut rendre un autre homme autre qu'il n'*est*, c'est-à-dire autre qu'il est constitué en lui-même et qu'il a à *devenir* la liberté. Mais là où il est entravé dans la mise en œuvre ou l'exercice de cette liberté par des perturbations fonctionnelles de l'organisme, c'est-à-dire par une marche des fonctions vitales somatiques ou psychiques s'écartant de façon quantitative ou qualitative de la « norme », ou par un nœud ou un imbroglio insoluble pour lui-même de l'histoire intérieure de la vie, il peut l'aider à obtenir sa liberté. Ici se tient aussi la différence entre l'éducation et la psychothérapie médicale, et la justification des multiples points de passage entre les deux, ici se tient également la source de la compréhension de la « mission spirituelle de la conscience »[1].

1. La controverse consistant à se demander si le transfert d'un complexe refoulé « de l'inconscient dans la conscience » est en lui-même thérapeutique ou bien si des efforts éducatifs, soi-disant synthétiques, doivent ici s'y adjoindre (Jung, Maeder, etc.), repose sur un présupposé erroné. La « conscientisation d'un sentiment psychique refoulé », pour me servir du vocabulaire de la psychanalyse, et comme Freud l'a lui-même remarqué (voir sa conception de l'analyse comme une « éducation au dépassement d'une résistance interne »), est déjà la conséquence d'un effort éminent hétéro- et auto-éducatif, et en dernier lieu d'une volonté éminente à l'endroit de la possibilité d'une auto-détermination responsable. Celui qui ne possède pas cette volonté ne peut pas être aidé par la psychanalyse et inversement, celui qui l'a possédée est capable « sans rien d'autre » de recouvrer la santé et de la conserver. « Sans rien d'autre » ne signifie pas ici, comme les psychanalystes le pensent, *uniquement* grâce au facteur du devenir-conscient = prise de conscience intérieure, parce qu'un gros effort éthique

IV

La situation fondamentale de la *détermination des indications* des psychothérapies *particulières* naît également de la situation fondamentale méthodologique, pratique-médicale et éthique. Certaines ont déjà été évoquées. Là où je ne peux plus appréhender un homme en tant qu'être (par exemple dans le cas d'une débilité organique sévère), là où la pénétration dans l'histoire intérieure de la vie de la personne et ainsi sa propre et libre incursion dans celle-ci sont pratiquement impossibles du fait de troubles fonctionnels aigus ou chroniques de l'organisme (auxquels appartient aussi l'imbécillité), là où l'idéal de vie de l'homme est « à savourer autant que possible et à réaliser aussi peu que possible » comme Fichte l'a dit une fois, la psychothérapie médicale au plein sens du terme est impossible, alors même que le dressage, l'apprivoisement, le commandement, l'effet suggestif, l'intimidation, la punition, l'instruction, etc. peuvent encore être d'un certain succès. Tous ces éléments cependant ne sont pas des méthodes médicales pour une psychothérapie complète ou une grande psychothérapie médicale, mais représentent plutôt des formes de traitement *psychiatrique*, un effet purement éducatif ou une « petite » et occasionnelle influence momentanée psychothérapique plus ou moins évidente.

précède le devenir-conscient, effort qui perdure y compris après le devenir-conscient lorsqu'il est authentique ; ce « sans rien d'autre » n'est pour cette raison pas une vague affirmation, comme les psychagogues l'affirment, il n'a plutôt besoin, dans le cas d'une analyse en règle, d'aucune aide supplémentaire synthétique. Cette synthèse, si vous voulez, accompagne le processus de guérison psychanalytique dès le départ pas à pas, puisque aucun nouveau succès analytique ne peut être obtenu là où la nouvelle compréhension n'a pas réussi à constituer une synthèse avec la personne totale du malade. Dans cette mesure, le « choc psychanalytique » au sens de J. H. Schultz est à éviter ou à atténuer considérablement par des mesures systématiques. Il n'y a que là où une psychanalyse n'est pas possible, là où manque une bonne volonté (tout aussi bien naturellement qu'un pouvoir) à plonger son regard en soi-même et à vaincre son soi, que les efforts « synthétiques » sont nécessaires, par la médiation d'idées théoriques et caractérologiques, d'un encouragement, d'une suggestion, d'une assistance pratique, etc. Mais tandis que nous mesurons si clairement, dans le cas d'une analyse systématique, le champ de notre action, comme un chirurgien le sien, et que nous savons toujours où nous sommes et ce que nous faisons, et que nous pouvons toujours nous rendre compte de notre action, nous demeurons toujours ici à la surface et ne savons pas ce que nous faisons, c'est-à-dire que nous ne pouvons pas nous rendre compte de notre succès et de notre échec. Mais comme seuls quelques hommes psychopathes sont capables de l'effort de volonté et du dépassement de soi que suppose le succès psychanalytique, une analyse complète psychanalytique n'est que très rarement applicable comme *unique* moyen thérapeutique dans le cas de troubles relativement sévères.

Vous voyez qu'y compris dans le cas de la situation fondamentale de la détermination des indications des psychothérapies particulières, *le principe de l'approfondissement de l'histoire intérieure de la vie* reste au premier plan. Nous avons trouvé en lui un des *principes immanents* à la psychothérapie qui nous permet d'organiser les formes particulières et les voies de la psychothérapie de façon systématique, c'est-à-dire de leur assigner leur lieu dans le système psychothérapique. Permettez-moi à ce propos une remarque préalable :

Si, malgré la liaison indubitable mais non totalement élucidable dans son essence de la fonction vitale et de l'histoire intérieure de la vie, nous considérons l'approfondissement de cette dernière comme le principe primordial de la psychothérapie ainsi que de la détermination des indications des psychothérapies particulières, c'est parce que l'homme ne peut jamais agir sur l'homme seulement comme un organisme sur un organisme, ni non plus par contagion instinctive des sentiments ni par mimétisme, mais toujours seulement par le moyen « de l'esprit », du coup d'œil encourageant, réprobateur ou furieux, du geste amical ou menaçant, et avant tout du mot par lequel la part fonctionnelle décroît considérablement au profit de la part spirituelle pour le rapport intersubjectif. Ce n'est que par le truchement, représenté par la parole, des significations spirituelles ou du concept qu'une *entente* claire d'homme à homme est possible, et ce n'est que par la parole (*Rede*) et la réponse (*Gegenrede*), dans un échange spirituel, que l'histoire intérieure de la vie se laisse reconstruire et ainsi que les bases se créent pour une action psychothérapique, c'est-à-dire aussi pour l'aide en vue de la mise en œuvre de l'auto-détermination libre de la personne spirituelle. Cette auto-détermination joue même un rôle dans la *suggestion* qui ne représente pas du tout un se-laisser-assujettir et un se-laisser-dominer purement passif mais, comme l'a montré E. Straus et comme le souligne depuis toujours P. Häberlin[1], se laisse toujours reconduire aux *motifs* particuliers, appartenant à la sphère d'intérêt de la personne individuelle, de l'appropriation ou du rejet de contenus déterminés.

Nous savons maintenant aussi ce que signifie examiner l'homme en totalité et aider l'homme en totalité, et nous avons trouvé un principe auquel toute psychothérapie se laisse « rapporter ». Nous pouvons ainsi organiser et comprendre ses quelques directions et méthodes advenues historiquement, et attirer rapidement l'attention sur la détermination des indications de leur application.

1. Voir de nouveau *Über Suggestion* [*Sur la suggestion*], Basel, 1927.

En ce qui concerne tout d'abord la *méthode psychanalytique*, elle est celle qui pousse le plus loin l'approfondissement de l'histoire de vie de l'homme et qui possède la méthode la plus développée pour cela. C'est l'énorme avantage qu'elle possède par rapport à toutes les autres méthodes, et nous ne devons pas oublier qu'*elle* a été la première à découvrir et à mettre en valeur ce principe fondamental pour la psychothérapie[1].

C'est pour cette raison que les « Études sur l'hystérie » sont pour ainsi dire devenues le texte constitutif de la psychothérapie en tant que science[2], comme les *Recherches sur les hybrides végétaux* de Gregor Mendel le sont devenues par exemple pour la théorie de l'hérédité. C'est ainsi que ce qui en premier lieu compte pour la psychothérapie est ce *principe* de l'approfondissement de l'histoire intérieure de la vie lui-même, ce avec quoi il faut mettre en relation le but technique de ne pas perdre le contact avec l'ensemble de l'histoire de vie là où il n'est pas d'emblée donné. La méthode historique et psychologique-herméneutique de la psychanalyse demeurera toujours un bien inestimable de la psychothérapie puisque elle nous fournit d'un côté un remède inégalable contre les illusions délibérées ou involontaires des malades, et d'un autre côté le détachement, requis par les moments fonctionnels, par rapport à l'histoire de vie. On peut avoir approfondi pendant des mois de façon purement anamnestique l'histoire de la maladie d'un patient et en apprendre en quelques heures bien plus par l'intermédiaire d'un unique rêve et de son explicitation herméneutique que dans les mois précédents. Il est d'ailleurs particulièrement important que le médecin puisse apprendre ici du malade quelque chose que celui-ci lui-même ne sait pas, de la même façon que nous apprenons en l'auscultant quelque chose que lui-même n'entend pas; c'est-à-dire que nous ne sommes pas liés à son auto-observation ni à sa mémoire et leur limites et sources d'erreur, mais nous arrivons, jusqu'à un certain point, à nous passer de ces facteurs grâce à notre connaissance de certaines « connexions d'essence psychiques » et de certaines règles herméneutiques. Et si l'explicitation ou l'interprétation d'un rêve, la remémoration et l'auto-observation sont de nouveau indispensables, elles ne sont dorénavant plus

1. Ainsi Strich, pourtant totalement *contre* la psychanalyse, remarque-t-il dans ses *Prinzipien der psychologischen Erkenntnis* [Principes de la connaissance psychologique] (Heidelberg, 1914), un livre auquel je dois beaucoup : « La grande valeur initiale de la théorie (psychanalytique) consiste exclusivement dans le principe contraignant de comprendre le présent à partir de l'histoire de l'individu » (p. 294).

2. Ce texte est surtout important d'un point de vue historique dans la mesure où la façon purement fonctionnelle de considérer les névroses (Breuer) s'y épanouit dans toute sa plénitude et y voisine avec la nouveauté de son mode de considération prenant en compte l'histoire de vie.

incontrôlables mais en connexion avec une méthode scientifique qui peut se rendre compte de chaque progrès qu'elle fait et qui peut examiner le matériel remémoré qui lui est livré selon la méthode historique. Le fait scientifique de la symbolique du rêve et de la possibilité de son explicitation herméneutique est une chose, la *manière* particulière de l'expliciter en est une autre. Tout comme il y a par exemple dans l'histoire de l'herméneutique des mythes une direction allégorique, astrologique, cosmologique, nous avons ici une direction sexuelle. Celle-ci est certes empiriquement bien fondée, au contraire des formes d'explicitation mythiques, mais elle est cependant devenue, dans son exclusivité et sa généralité, une forme d'explicitation dogmatique. Je crois que l'explicitation sexuelle des rêves possède une grande justification et une énorme valeur heuristique; en tant qu'*unique* but téléologique de recherche, je la tiens cependant pour une erreur. On ne peut pas dire que l'on découvre toujours en *dernier* lieu une signification sexuelle du symbole du rêve puisque nous ne possédons aucun critère qui nous permettrait de déterminer et de reconnaître ce « dernier » réellement comme dernier. Il n'appartient d'ailleurs pas du tout à l'essence de la méthode psychanalytique, mais seulement à sa théorie, que l'on doit absolument distinguer de la méthode, de savoir si, quand et dans quelle mesure on veut et peut recourir à l'explicitation sexuelle. Le psychothérapeute, dont la vertu n'a pas à consister en une « obéissance ponctuelle ni en un évitement de toute pensée propre et de tout jugement propre sur son commerce » (Fichte), découvrira toujours, comme Freud ne l'a jamais démenti, certaines couches au sein de la sphère des possibilités d'explicitation, et aboutira et explicitera par couche le matériel initialement présenté, conformément à l'« organisation du matériel psychique pathogène » évoquée dans les considérations indépassables relatives à la psychothérapie des « Études ». Nous devons encore indiquer qu'il ne s'agit pas du tout chez Freud, contrairement à ce qui est souvent affirmé, d'une recherche sexuelle des *motifs* (*sexuelle Motivforschung*), mais d'une recherche selon les forces pulsionnelles sexuelles (*nach sexuellen Triebkräften*) et les mouvements quantitatifs de l'énergie pulsionnelle sexuelle ou libidinale. Mais cela appartient à la base théorique (métapsychologique) de la psychanalyse, que l'on peut accréditer ou non, sans que la valeur de cette méthode d'explicitation elle-même en soit influencée. C'est quantitativement, par la constitution sexuelle de l'organisme, par la fonction vitale sexuelle, que se décide le déroulement des investissements sexuels partiels chez Freud, qui ne connaît pas la légalité propre de l'histoire de vie. Il a ainsi trouvé une formule très simple pour les relations des deux sphères, une formule qui peut naturellement demeurer uniquement théorique et est déjà liée en tant que telle à la reconnaissance d'une conception du monde tout à fait particulière, à savoir celle de la nature matérialiste-épiphénoménale du psychique-spirituel. De la même façon que je désapprouve le matérialisme, le naturalisme et l'historicisme de la psychanalyse, en particulier dans son application aux sciences de l'esprit, je désapprouve aussi dans cette théorie le fait que l'existence d'une souffrance psychique soit en dernier lieu reconduite aux déplacements de rapports de force relatifs à des quantités matérielles, aussi impressionnante qu'en soit chez Freud la cohérence de sa réalisation.

De tout cela il s'ensuit pour la pratique que l'indication de la psychanalyse n'est pas seulement posée là où des forces pulsionnelles sexuelles sont supposées être la cause d'une perturbation des fonctions vitales, puisque son domaine d'application s'étend au-delà du cercle de cette supposition et puisqu'on ne peut jamais dire si les motifs ultimes des évolutions morbides de l'histoire de vie sont réellement dus aux forces pulsionnelles sexuelles supposées. Nous l'appliquerons plutôt toujours là où le moment relatif à l'histoire de vie semble prédominer et où un approfondissement le plus conséquent possible de l'histoire de vie apparaît être la seule voie de succès. Nous pensons d'abord aux syndromes phobique, hystérique et névrotique-obsessionnel compliqués, évoluant depuis de nombreuses années. J'ai décrit en détail en 1911, dans le journal de Bleuler et Freud (vol. 3)[1], un tel cas d'une phobie apparemment isolée et qui conduisait à de sévères évanouissements à la vue d'un talon n'étant plus fermement attaché à la chaussure ou à l'évocation tactile ou langagière de la chaussure et du talon. Ce sont des cas où nous misons tout le succès de la psychothérapie sur *une seule* carte et où nous devons procéder de façon purement psychanalytique. Évidemment, nous devons toujours au préalable nous demander s'il s'agit de phobies ressortissant uniquement (ou *principalement*) à l'histoire de vie, ou de troubles ayant une origine principalement biologique, comme les phobies, les hystéries et les obsessions conditionnées par une dépression endogène ou un processus schizophrénique. Si la psychanalyse fonctionne justement dans ces derniers cas, elle ne peut agir que sur la part de la dépression liée à l'histoire de vie, ce qui, comme je l'ai appris d'expérience, réussit dans quelques cas à modifier de façon significative l'importance des oscillations dépressives. Dans de tels cas, la décision à prendre est extraordinairement difficile et

1. [Voir L. Binswanger, « Analyse einer hysterischen Phobie », *Jahrbuch für psychoanalytische und psychopathologische Forschungen*, vol. 3, 1911, p. 228-308.]

pleine de responsabilité, et si l'on n'est pas certain de la participation de l'histoire de vie, il vaut mieux s'en garder jusqu'à ce que le facteur endogène soit manifestement très bas. En ce qui concerne la grande parenté, et en particulier génétique, des dépressions endogène et réactionnelle, on doit également être très prudent. La possibilité d'une rémission spontanée de la totalité de la dépression conduit souvent à se décider en faveur d'une attitude expectative. Ici, ce qui est le plus important, c'est le comportement et l'état du malade dans les phases dites normales situées entre les épisodes morbides. Je ne connais presque aucun domaine où je place la *totalité* de mon espoir dans la seule psychanalyse et ainsi dans la seule exploration de l'histoire de vie, et où d'autres méthodes de traitement somatique ou psychique ne doivent pas intervenir à un moment ou à un autre. Conformément à notre principe psychothérapique fondamental, il ne peut s'agir ici que de méthodes accessoires, tandis que l'exploration de l'histoire de vie demeure toujours notre méthode principale, sans laquelle ces méthodes seraient dépourvues de sens et sans effet. Ainsi je me suis aidé dans le cas sus-cité de la méthode de l'endurcissement, en incitant la patiente à la fin du traitement à regarder l'arrachement du talon du patin à glace, correspondant à la scène traumatique originaire de l'histoire extérieure de vie. Ce qui, sans analyse, aurait conduit à une perte du tonus végétatif inquiétante et à un trouble psychique inquiétant devint alors dans le cadre de l'ensemble de la méthode psychothérapique un facteur de guérison.

Vous avez déjà ici un petit exemple de la façon dont le psychothérapeute de métier doit procéder, à savoir selon des critères psychothérapiques internes et pas selon des dogmes psychothérapiques externes qui surviennent et s'en vont. Le psychanalyste oublie (d'un point de vue psychothérapique, et non théorique) beaucoup trop facilement que l'homme a aussi un corps et que l'on peut s'attaquer à un seul et même symptôme de deux « côtés », celui de la fonction vitale comme celui de l'histoire de vie. Celui qui a souvent expérimenté combien un symptôme principalement conditionné par l'histoire de vie mais existant depuis très longtemps s'avère être coriace et profondément enraciné physiologiquement, et pour peu qu'il ait bien avancé avec l'exploration et l'explicitation, accueillera avec reconnaissance cette idée qui lui permet d'agir sur l'histoire de vie de façon plus franche. Ainsi je n'ai rien à objecter contre les exercices, *à côté* de l'analyse, dans le cas d'une névrose à type de bégaiement, d'une abasie ou d'une agoraphobie, ni non plus rien à objecter contre le training autogène de J. H. Schultz tant que tout cela est mené de façon méthodique-critique, c'est-à-dire au sein de la systématique intrinsèque à la psychothérapie[1].

Ce qui a été dit ici se laisse naturellement aussi transposer à toute autre forme de traitement de nature psychique ou somatique, à la thérapie par le travail et la thérapie par exercice aussi bien qu'au traitement pharmacologique. Seul le traitement purement suggestif, conformément à son essence, ne supporte pas la plupart des différentes méthodes particulières dans la mesure où il appartient à l'essence de la suggestion de diriger la *totalité* de l'intérêt, la *totalité* des espoirs du malade sur *une* méthode, un point, à propos duquel il est d'ailleurs par principe indifférent de choisir celui-ci ou celui-là. Hormis cela, on traitera par exemple une constipation spastique sévère, et particulièrement au début, également avec des mesures diététiques, de la papavérine, de l'atropine et par le chaud, puisqu'on ne sait jamais à l'avance si l'examen de l'histoire de vie peut être mené suffisamment loin pour pouvoir avoir à lui seul un effet. La même chose vaut naturellement pour l'asthme, l'impuissance, les acouphènes nerveux, les tics, etc., ce qui est tout à fait évident d'après nos exposés principaux. J'ai seulement besoin ici de vous rappeler les idées fondamentales de Fr. Kraus, notamment celles relatives au problème des névroses[2] pour vous mettre en garde contre l'unilatéralité dans la thérapie. Quand et dans quels cas, c'est-à-dire dans quelles circonstances relatives aux fonctions vitales et à l'histoire de vie l'une ou l'autre méthode doit être utilisée, cela ne se laisse quasiment pas indiquer selon des considérations principielles et nous conduirait trop loin. Mais en règle générale, et cela n'est jamais assez répété, c'est la *tentative* entreprise à partir de critères issus de l'expérience qui en décide et non le principe, d'autant plus que le principe autorise véritablement tout. Quoi qu'il en soit on doit *penser* ici à chaque méthode,

1. Ainsi nous a-t-il été recommandé très récemment une « psychothérapie à fondement béhavioriste » (Simon Fleischmann, *Zeitschrift für die gesamte Neurologie und Psychiatrie*, vol. 110, cahier 2, 1927), dans laquelle il s'agit d'une « éducation par compensation sur le chemin de l'adaptation extérieure » et le patient est encouragé à jouer par exemple le rôle du fort, du bout-en-train, du plein d'énergie, du sûr de lui, etc. jusqu'à ce que cette prestation théâtrale soit devenue pour lui une seconde nature. Il doit imiter la totalité du *comportement* de l'individu sain en question, la totalité de sa façon d'agir et de s'exprimer. Cette méthode et sa justification semble, prise en elle-même, un peu naïve si elle ne veut pas se laisser inclure parmi la rubrique des méthodes suggestives, ce qui cependant ne semble pas être le cas. Si nous la classons dans le système psychothérapique, nous pouvons non seulement la ranger parmi les méthodes suggestives, mais aussi avec bon sens parmi les thérapies par exercice dès que le sol est devenu libre du côté de l'histoire de vie pour qu'une telle suggestion ou exercice de comportement puisse contribuer au succès.

2. Voir *Klinische Wochenschrift*, 6e année, n°12, 1927.

serait-elle de nature centrale ou bien périphérique, conformément au principe d'aider l'homme en totalité.

En ce qui concerne la psychanalyse il est finalement encore important de ne pas systématiquement communiquer au patient le résultat partiel ou total de l'explicitation. C'est seulement le cas dans une analyse complète et systématique. Lors de l'approfondissement psychanalytique partiel de l'histoire de vie, qui sert seulement selon les circonstances des fins de reconnaissance, comme d'ailleurs au *début* de toute analyse, on dira seulement le moins possible de ce que l'on croit savoir ou soupçonner. Dans les psychoses par exemple on ne dira en règle générale rien du tout et on n'utilisera l'interprétation fortuite que pour diriger, éduquer ou influencer psychologiquement de façon correcte le malade. Je renonce d'ailleurs fondamentalement à toute analyse *strico sensu* dans les psychoses puisque ici la part du trouble qui revient aux fonctions vitales résiste en règle générale à une intervention déterminante du côté de l'histoire de vie, en supposant qu'une telle chose soit possible. Tout particulièrement dangereuse est l'analyse des malades chez lesquels un processus schizophrénique insidieux s'abrite derrière un syndrome névrotique (hystérique, névrotique-obsessionnel, phobique, neurasthénique) et est ainsi *encouragé* alors qu'on combat ces symptômes analytiquement. Tout se passe ici comme lorsque l'on aperçoit soudainement après la prise de quelques remparts extérieurs l'artillerie lourde de la véritable forteresse. Dans de tels cas, les symptômes névrotiques représentent pour ainsi dire les digues de protection contre l'irruption de la véritable marche du processus dans l'histoire de vie, et si on ne sait pas cela, on peut échanger un symptôme névrotique relativement inoffensif contre une idée délirante ou une sévère décompensation schizophrénique. La tendance (« synthétique ») à l'amélioration, au sens d'une compensation créatrice d'une ancienne blessure psychique, qui se produit chez les psychopathes simplement névrotiques à la suite d'une analyse, sans évoquer l'intervention libre et active dans le cours de l'histoire intérieure de la vie, de prime abord comme reconnaissance, puis comme dédommagement par rapport à la situation interne, comme adaptation à cette situation, comme dépassement et transformation de celle-ci, etc. – tout cela, chez les schizophrènes, n'est plus possible, tout cela, le processus schizophrénique ne le permet plus ; il s'infiltre plutôt de façon délétère dans le cours de cette histoire de vie, empêchant la libre auto-détermination, et exigeant à sa place des liaisons rigides et indénouables et des déchirures subites de l'histoire de vie. Ce n'est que là où la fonction vitale modifiée par la schizophrénie, l'organisme modifié par la schizophrénie revient de lui-même de nouveau au calme, à la fin d'une crise catatonique par exemple, que l'on peut peut-être soutenir et stimuler la tendance débutante à l'amélioration avec un approfondissement analytique de l'histoire de vie.

Dans les dépressions purement endogènes, l'approfondissement de l'histoire de vie est pour cette raison dépourvu de succès thérapeutique substantiel, et possède même souvent un effet clairement négatif parce que la fonction vitale modifiée de façon dépressive empêche une élaboration normale des souvenirs et des pensées en elle-même déjà peu fluide[1]. Inversement, le matériel extrêmement fluide des maniaques et des hypomanes et leur besoin manifeste d'un intérêt croissant pour eux-même trompe souvent le débutant en cela qu'il s'agit ici seulement d'une analyse que l'on pourrait décrire comme fonctionnant *à vide*, en cela que la perturbation fonctionnelle maniaque empêche toute adhésion profonde à l'intervention sur le plan de l'histoire de vie.

Concernant l'épilepsie, je n'ai encore jamais vu de succès significatif de la psychothérapie. Un des travaux les moins fiables sur le sujet, celui de Binder[2], montre certes de façon claire que des moments ressortissant profondément à l'histoire de vie sont ici à poursuivre, mais il peut tout aussi bien servir de preuve de la rigidité et de l'absence d'influençabilité psychique du processus morbide épileptique lui-même. Au cas où il y aurait des complications liées à l'histoire de vie, on peut espérer de temps en temps des soulagements à propos desquels cependant seule la tentative d'essai peut être décisive.

Sur la psychanalyse chez les drogués, voir mon article « Alcoolisme » dans la *Nouvelle clinique allemande* (2e livraison, 1928). Comme on ne sait jamais quand le *savoir* qui s'accroît à propos de soi-même conduit à un plus grand *pouvoir* sur soi-même, on ne peut jamais se passer dans ces cas de la contrainte extérieure ou de l'éducation énergique et d'exercices énergiques à résister aux tentations.

Dans la théorie d'Adler, pour autant qu'elle entre ici en ligne de compte, je ne peux apercevoir qu'une direction particulière de l'*interprétation* de l'histoire de vie. Elle a l'avantage de demeurer totalement au sein de l'ensemble spirituel de motivations, ainsi qu'au sein de l'histoire de vie, et de ne pas, comme la psychanalyse initiale, passer très rapidement de l'interprétation de l'histoire de vie à l'explication fonctionnelle. D'un autre

1. À propos de sa liaison avec les moments de l'histoire de vie, voir plus haut la première partie de l'article.

2. « Kausale und verständliche Zusammenhänge in der Epilepsie » [Connexions causales et compréhensibles dans l'épilepsie], *Schweizer Archiv für Psychiatrie und Neurologie*, vol. 19, cahier 2.

côté elle utilise une explicitation de l'histoire de vie dogmatique et incroyablement rigide, ce qui est inadmissible d'un point de vue scientifique, comme lorsque, à l'instar de la psychanalyse des débuts, on utilise de façon trop rigide l'explication des fonctions vitales ; car la nature et le « nombre » des fonctions vitales sont limités de façon relativement stricte en comparaison de l'abondance manifeste des motifs. La restriction arbitraire des possibilités de motivations au sein de l'histoire de vie des psychopathes au sentiment d'infériorité, au sentiment de faute, à la protestation virile, à la recherche de prestige et de puissance, etc., si relativement fréquents que soient ces « motifs », ne fournit aucune raison valable en faveur d'une *théorie* des névroses et de la psychothérapie. Là où de tels motifs se tiennent au premier plan et où l'on croit avoir des raisons de devoir éviter toute incursion dans le domaine érotique, c'est-à-dire en même temps pouvoir se passer d'une méthode véritable et herméneutique d'explicitation, cet intérêt plutôt naïf, fortement réconfortant et porteur d'une grande pertinence, pour l'histoire de vie des malades sera souvent utile. Pour les limites de son champ d'indication dans les psychoses, il en va de même que pour la psychanalyse initiale ; son domaine d'action est d'autant plus étroit au sein des réactions psychopathiques, où l'on a besoin d'une authentique *méthode* d'explicitation, qu'il est large là où le facteur d'encouragement et d'éducation doit entrer en jeu et l'on peut impressionner le malade avec un programme préparé pour démasquer les fausses attitudes spirituelles.

La méthode *cathartique*, telle que Frank en particulier la diffuse aujourd'hui, se tient à la limite entre une petite et une grande psychothérapie, entre un approfondissement de l'histoire de vie et une influence momentanée, alors qu'elle représentait encore chez son fondateur Breuer une méthode impressionnante de grande psychothérapie. Elle peut toujours rendre de grands services au cours et en particulier au début d'une psychanalyse. Chez Frank, elle est devenue toujours plus une sorte de méthode psychique-somatique de détente au cours de laquelle on peut cependant en apprendre toujours un peu sur l'histoire de vie des malades. Je la laisse toujours appliquer là où une « prise en charge » intensive du malade semble nécessaire sans que l'on veuille prendre le risque d'une psychanalyse. Hormis l'effet rassurant et décontractant, on peut ainsi à tout moment, selon la sorte de matériel relatif à l'histoire de vie produit, se décider en faveur d'une psychanalyse. Je demeure sceptique quant à la poursuite fréquemment recommandée de la méthode à domicile et sans l'assistance d'un médecin, en particulier chez les dépressifs et les schizoïdes, en raison du danger de s'enfoncer dans les ruminations et l'autisme.

Je n'accorde à la *méthode* spécifique *de la suggestion*, comme il apparaît facilement à partir de ce qui précède, aucune signification psychothérapique positive *autonome*. Je ne peux l'admettre que dans le cadre de la recherche relative à l'histoire de vie, à savoir lorsque la poursuite de cette recherche se heurte à des obstacles insurmontables ou à des dangers, ou *à côté* d'un tel traitement. Nous devons toujours savoir au préalable à quelle sorte d'histoire de vie nous avons affaire avant de tenter d'influer sur elle de manière tellement grossière. Nous procéderons tout de même volontiers de manière suggestive là où des obstacles intellectuels ou moraux empêchent de pénétrer profondément dans l'histoire de vie. Lorsque par exemple l'analyse purement phénoménologique d'un sévère syndrome d'angoisse, à savoir l'angoisse selon laquelle ses propres enfants seraient ramenés morts à la maison, se heurte au fait que le patient déjà bien avancé en âge se refuse à se représenter les enfants morts, convaincu qu'il va ainsi les expédier [dans l'autre monde] et qu'il va ainsi réellement provoquer la mort des enfants, on ne voudra pas perdre de temps avec la tentative apparemment sans espoir d'apprendre au patient une autre conception du monde, et l'on aura rapidement recours à la catharsis et à la suggestion. Conformément à nos idées fondamentales sur la psychothérapie, la suggestion entre pour nous en ligne de compte en tant que moyen exclusif là où l'homme n'est pas capable d'une auto-détermination libre et il est toujours préférable qu'il se plie aveuglément à une volonté étrangère, comme cela est le cas dans les formes de suggestion *grossières* et dans l'hypnose, au lieu de souffrir lui-même et de faire souffrir les autres.

Nous conclurons ainsi nos remarques sur les indications particulières de la psychothérapie. Elles seraient mécomprises si l'on ne voulait pas y lire la *reconnaissance* de la situation psychothérapique présente, purement conditionnée historiquement, comme situation *profondément* nécessaire et fondée *sur les faits*. Il s'agit au fond ici d'une forme particulière conditionnée historiquement de l'idée psychothérapique telle que nous la trouvons partout et en tout temps dans la thérapie médicale en générale. On ne devrait pas cautionner pour ainsi dire officiellement de telles formes historiques de telle façon que nous exhortions le psychothérapeute à annoncer officiellement la méthode qu'il utilise si bien qu'il demeure constamment affublé d'une étiquette psychothérapique extérieure. Cela serait le cas si nous avions déjà réellement des indications fermes concernant chaque forme. Tout comme l'idée de la thérapie médicale doit se tenir au dessus de la caution et de la perpétuation d'une mode médicale changeant d'une année sur l'autre, l'idée de son métier doit demeurer pour le psychothérapeute au dessus du respect pour ses formes singulières actuelles. La façon dont le psychothérapeute singulier conçoit cette idée, s'en sert de façon générale et la réalise « en pratique » ne peut pas être saisie dans un mot d'ordre mais est plutôt en rapport avec la décision relative au traitement que la personne médicale doit assumer, ce qui est souvent plus important que la question de savoir à quelle méthode particulière il rend hommage « dans une obéissance ponctuelle ». Nous avons montré combien ces méthodes sont à hiérarchiser et à évaluer selon des critères psychothérapiques internes, c'est-à-dire combien fortement et clairement brille en elles l'idée de la psychothérapie.

ÉVÉNEMENT ET VÉCU [1]

À propos de l'article du même nom d'Erwin Straus [2]

A. Les considérations générales

Le thème autour duquel tournent les travaux non strictement neurologiques d'Erwin Straus est les formes et les « lois » dans et à partir desquels la construction et le développement de l'individu humain s'accomplit dans les moments de bonne santé et de maladie. Qu'il s'agisse de la recherche sur le temps et l'espace vécus, de la recherche sur la façon dont l'homme se comporte à l'égard du monde commun (*Mitwelt*), telle que la représente la relation de suggestion, ou qu'il s'agisse enfin de la recherche sur la manière dont l'homme s'explique avec le monde des événements dans lequel son destin se manifeste à lui, le regard de notre auteur atteint toujours les formes générales dans lesquelles le vécu de l'homme se déroule. De la même façon qu'on peut caractériser la construction et le développement de l'individu humain comme « l'histoire intérieure de la vie »[3], on peut distinguer au sein du thème d'intérêt principal de notre chercheur trois sous-thèmes : l'histoire intérieure de la vie concernant les formes spatio-temporelles du vécu, concernant les prochains (*Mitmenschen*) et concernant son destin extrinsèque ou son histoire extrinsèque

1. [Une version précédente de cette traduction est parue dans *Philosophie*, n°121, printemps 2014, p. 5-28. La traduction que nous proposons ici a été entièrement révisée.]

2. *Geschehnis und Erlebnis, zugleich eine historiologische Deutung des psychischen Traumas und der Rentenneurose* [Evénement et vécu, une interprétation historiologique des traumas psychiques et des névroses traumatiques], 129 p., Berlin, 1930 (réimpression Springer, 1978).

3. L. Binswanger, *Fonction vitale et histoire intérieure de la vie* [trad. fr. J. Verdeaux et R. Kuhn, *Introduction à l'analyse existentielle*, Paris, Minuit, 1971, p. 49-78].

de vie. La distinction de l'histoire intérieure de la vie et de la fonction vitale joue en outre toujours également un rôle plus ou moins net, mais devient un thème de premier plan presque seulement dans la polémique contre les identifications naïves ou les confusions des deux sphères conceptuelles, en premier lieu dans la psychanalyse, mais aussi dans le sensualisme largement dominant en psychiatrie et en psychologie, le positivisme et le biologisme en général. Ce qui nous intéresse ici surtout c'est le traitement du troisième sous-thème chez Erwin Straus.

Les concepts d'individu et de monde, d'histoire intérieure et d'histoire extrinsèque de la vie et les concepts de vécu et d'événement, qui résultent des mêmes antithèses, se tiennent dans un rapport dialectique dans la mesure où la pensée de l'un des concepts implique que l'autre soit pensé et inversement et dans la mesure où la construction effective de l'individu humain ne se laisse « concevoir » qu'à partir de la réalisation (*Durchdringung*) vivante de cette dialectique. Mais Erwin Straus fait plus que de se pencher sur ces questions principielles fondamentales. Il suppose que le divorce de l'événement et du vécu est accompli, en tout cas au niveau de la pensée naïve-réaliste préscientifique qui domine dans une large mesure le domaine de la psychologie empirique actuelle sur cette question fondamentale. Les deux concepts si dialectiques qu'ils en deviennent interchangeables d'« événement » et de « vécu » sont à peu près stabilisés par cette posture fondamentale, et cela amène maintenant à se questionner sur les « relations » existant entre événement et vécu. La réponse à cette question demeure naturellement seulement toujours *relative* à l'attitude fondamentale préscientifique et empirique-scientifique. Si l'on envisage par exemple cette attitude fondamentale de manière ontologique, cela transforme naturellement la question en celle des éventuelles « relations » entre ce que nous appelons « vécus » et ce que nous appelons « événements », et transforme complètement votre réponse. Mais cela n'est pas ici le propos. Si, sur la base de cette dichotomie acceptée sans réfléchir comme étant « stable » ou « absolue », les véritables pôles des relations dialectiques fondamentales en jeux dans la question doivent justement plus ou moins rester en suspens et cachés, certaines formes fondamentales de ces relations, comme Straus l'a montré, se laissent dévoiler avec succès et suivre jusque dans le vécu et l'événement concrets. Straus ne reconnaît lui-même qu'*une* telle forme fondamentale, le « temps », et de là il cherche à dériver tout le reste[1]. Comme il s'agit, en dernier lieu, avec la distinction de

1. *Cf.* aussi son article sur *Le vécu temporel dans la dépression endogène et dans la dysthymie psychopathique* (maintenant dans *Psychologie du monde humain*, Berlin,

l'événement et du vécu, de la question de savoir si et dans quelle mesure nous sommes en réalité en droit de différencier un « simple » événement existant en soi issu de la sensibilité et un vécu qui « apporte » à cet événement un sens ou qui l'en « dérive », Straus devrait d'abord montrer comment il est possible que quelque chose comme la compréhension d'un sens et d'une signification puisse résulter de la temporalité, comme l'a récemment fait Heidegger de façon si fine. Il devrait aussi, pour le dire vite, établir le « primat de la temporalité », au contraire de Nietzsche et Dilthey, qui ont souligné le « primat de la significativité » (Dilthey). Notre attention se dirigera en premier lieu sur la façon dont le vécu du temps et le vécu de la signification se comportent l'un envers l'autre chez Straus. Sa caractérisation langagière-conceptuelle de ces vécus est pour cela déjà caractéristique. Au lieu du vécu de signification il parle comme Cassirer de la *fonction* représentative ; il décrit d'emblée le vécu de signification dans son interprétation épistémologique-logique ; le vécu du temps est par contre d'emblée conçu comme une *modalité* générale du vécu (*Erleben*), à savoir comme la modalité historique. Au lieu du vécu de la signification et du temps se tiennent maintenant l'une en face de l'autre la fonction représentative et la modalité historique, de sorte que l'on peut parler « du vécu du temps et de ses transformations finalement comme du milieu (*Medium*) des vécus en général » (p. 77). Outre le fait qu'une forme de vécu ou un genre de vécu, qui est compris ici comme « le » vécu du temps, ne peut jamais constituer un milieu pour d'autres genres de vécu, nous devons soulever la question de savoir pourquoi, lorsqu'on parle d'un milieu, on ne peut pas en dire autant « du » vécu de signification ? Si nous parlons d'une fonction de signification et d'une fonction représentative, alors nous pouvons parler aussi d'une fonction temporelle ou d'une fonction historique (pour parler avec Husserl et Heidegger : temporalisante (*zeitigenden*)) ; si nous parlons d'une modalité historique, alors nous pouvons parler aussi d'une modalité représentative, d'une modalité de signification. Avec cela il doit être dit que le « temps » et la « signification », la « signification » et le « temps », comme Straus l'a démontré de façon si claire à la suite de son analyse, prennent part à la construction de notre monde de façon au moins *aussi originaire*, s'interpénètrent mutuellement dans chaque moment vécu et se trouvent en tout point « au même niveau ». Les conçoit-on avec Dilthey comme des *catégories* issues de la *vie* ou avec Heidegger comme des *existentiaux* appartenant à la totalité structurelle du

Springer, 1960, p. 126-140). Il croit devoir apercevoir dans le vécu temporel le lien entre fonction vitale et histoire intérieure de la vie.

Dasein, la compréhension de la signification et celle du temps sont toujours, comme le montrent déjà les philosophies de la vie de Nietzsche et de Dilthey, mais surtout l'ontologie fondamentale de Heidegger, dépendantes l'une de l'autre pour le meilleur et pour le pire.

Cet état de choses est seulement caché chez Straus, mais facile à reconnaître. Quand il croit pouvoir trouver dans le vécu du temps quelque chose « d'aussi grande importance que le fondement biologique », et qu'il aperçoit l'importance fondamentale du vécu du temps dans le fait que c'est seulement sur son fond que peut être vécu « le moment singulier comme moment, comme phase d'un devenir » (p. 118), c'est précisément dans le vécu de quelque chose *comme* quelque chose que l'essence du vécu de *signification* est à apercevoir, de sorte qu'il faut voir ici en toute clarté que le vécu du temps n'est pas concevable sans le vécu de signification, comme aussi inversement le vécu de signification sans le vécu du temps.

Concernant la nature de la relation entre vécu et événement, on trouve aussi chez Straus l'expression « événements psychiques », désignation avec laquelle la véritable opposition entre vécu et événement serait dépassée; car « comme » événements (*Geschehnisse*), les vécus sont *ré*interprétés ou objectivés en événements objectifs (*gegenständliche Ereignisse*) (*cf.* par exemple *Psychologie de la pensée* de B. Hönigswald, et mon *Introduction aux problèmes de psychologie générale*), ce qui a l'avantage de pouvoir les mettre sur le même plan que les événements « de la nature » et de pouvoir les relier avec eux de façon causale, mais ce qui a le désavantage irréparable de combler et de recouvrir en même temps le contenu complet du problème du concept de vécu. Chez Straus il ne s'agit, lorsqu'il parle d'événements (*Geschnehnissen*) psychiques (ou ça et là de l'effet des événements sur l'homme), que de petites imperfections; car il souligne justement, comme on pouvait s'y attendre de sa part, qu'il ne *peut* pas s'agir d'une relation causale à l'endroit de la relation entre vécu et événement, ni non plus d'une relation pensée selon le schéma biologique de type stimulus-réaction, mais d'une relation d'une tout autre nature dont l'élaboration est l'intention principale de son article. Que l'effectivité de cette relation soit toujours ignorée dans la psychiatrie, la psychologie et la psychanalyse et, bien qu'elle ait été démontrée ici, qu'elle ne soit généralement pas comprise, est un des exemples les plus significatifs de l'état de retard de ces sciences en ce qui concerne la compréhension de leur méthode. Que le vécu et l'événement, conformément à leur concept, ne puissent pas être conçus comme étant reliés de façon causale ne signifie naturellement en aucune façon que l'on ne puisse pas penser l'homme comme un être se tenant parmi d'autres êtres et en interaction causale «naturelle» avec eux, sinon toute notre médecine somatique, comme science et comme pratique, ne serait pas possible; mais avec cette observation on ne s'approche pas de l'homme comme personne *vivante*, comme individu, comme incarnation de l'histoire intérieure de la vie. D'autre part, l'histoire intérieure de la vie n'est pas pensable sans la fonction vitale, pour parler avec N. Hartmann, la catégorie du vécu est toujours fondée sur celle de l'organisme, celle-ci toujours sur celle du mécanisme, etc., mais chaque catégorie supérieure n'est jamais à comprendre à partir de celle qui lui est inférieure par suite de la nouveauté de sa composition.

Cela nous conduirait trop loin si je voulais montrer comment Straus concrétise dans le détail des concepts les relations entre événement et vécu en se fondant sur les catégories de signification et de temps et sur la différenciation régionale de ces dernières. Cela doit être lu à partir de l'original. De toute façon ces considérations supposent la connaissance de l'original. Tout d'abord il montre avec une grande habileté que et comment des prédicats comme la primauté, la soudaineté, la nouveauté ont dans l'histoire intérieure de la vie une autre signification que dans les événements extérieurs, que nous nous imaginons déjà à un niveau préscientifique si fortement quantifiés et mathématisés, et que et pourquoi un prédicat n'a pas du tout besoin de s'appliquer ici ou là «simultanément». Ici le concept d'histoire intérieure de la vie est doté de façon plus précise de caractéristiques particulières très précieuses et est ainsi nettement soutenu dans sa signification pratique. Quand Straus par contre veut dire qu'il pourrait s'agir avec l'approfondissement de l'histoire intérieure de la vie seulement d'une réflexion sur un *être* psychique, mais pas sur un *devenir*, et que le devenir de l'histoire de vie ne pourrait pas être le thème d'une recherche phénoménologique ou ontologique (p. 34), il n'a alors pas bien compris mon opinion à propos de l'essence et du concept d'histoire intérieure de la vie dans sa tendance véritable. Que le devenir psychique de l'individu (en tant que cet individu déterminé) ne puisse pas être exploré de manière phénoménologique ou ontologique est certes clair. Mon concept d'histoire intérieure de la vie, qui au mieux se laisse comparer avec le concept de «biographie» de Dilthey, n'est pas un concept phénoménologique, mais un concept historique. Quand, dans mes considérations à propos de ce concept, j'ai attiré l'attention sur le domaine des pures relations d'essence de la motivation psychologique et de leur exploration par l'herméneutique purement phénoménologique, cela fût accompli pour caractériser «la région particulière de l'être spirituel (*geistig*)» dans laquelle ces pures essences (*eidos*) se fondent, qui font office de «norme indépassable», comme Husserl l'aurait dit, pour la compréhension et même déjà pour la description des faits biographiques[1]. En confrontant l'*épanouissement* et la *formation* de la personne psychique individuelle et l'herméneutique *historique-psychologique* à cet être et à cette exploration, j'ai exprimé de façon nette qu'il ne s'agit, avec l'exploration de l'histoire intérieure de la vie, de rien d'autre que de l'exploration du devenir spirituel (*geistigen Werden*) de l'individu. Indépendamment de tout le reste, il ressort de cette caractérisation que la (libre) *décision* (*Entscheidung*) est un *phénomène originaire*[2] (*Urphänomen*) de l'histoire de la vie. Le devenir spirituel ne peut pas être mieux et plus précisément caractérisé que par le concept de liberté et de décision (positive ou négative). On ne peut en aucune manière confondre une pure totalité de sens (*Sinnganze*) idéale (pour laquelle il n'est pas pertinent de parler d'un intervalle temporel au dessus duquel elle « s'étend ») et le complexe de vécus particulier qui se structure de façon historique-temporelle, c'est-à-dire dans le cours de l'histoire intérieure de la vie, confondre le pur ensemble psychique de motivation ainsi que « le mouvement idéal » d'un « engendrement mutuel » d'une part, et le vécu (*Erleben*) de cet ensemble ainsi que le *devenir* de l'individu sur le fondement de ce vécu d'autre part. (L'exploration de l'histoire intérieure de la vie n'a lieu qu'avec le second membre de cette disjonction.) Le concept de série psychique (*psychischen Reihe*) dont parle Straus (p. 35) appartient dans cette mesure au concept d'histoire intérieure de la vie, quand personnellement j'aimerais éviter cette expression qui peut être mal comprise malgré sa particularité si nettement soulignée par Straus par rapport à la série des nombres ordinaux. Comme la série des vécus représente toujours une conséquence de l'histoire de la vie, c'est-à-dire aussi une conséquence à comprendre de façon purement motivationnelle (*motivationmässig*) et historique-effective, en d'autres termes un résulter-de (*ein Sichergeben-aus*) en vertu d'un sens *et* un succéder-à factuel, bien que complètement non déterminé d'un point de vue objectif-temporel, le mot série rend compte du *devenir* spirituel de la personne, dont les vécus ne décrivent toujours que des parties isolées et abstraites, de façon vraiment très incomplète.

Hormis cette différence apparente je suis d'accord avec Straus sur le fait que le véritable problème en question consiste à savoir quel *principe* commande la suite des vécus psychiques. Pendant que j'aperçois moi-même ce principe dans la libre décision (qui est à comprendre non pas comme « suspendue en l'air », mais toujours comme liberté de quelque

1. Ce rapport de l'eidos et du fait est à prendre en compte pour chaque interrogation scientifique.

2. *Ibid.*

chose et pour quelque chose, et dont le fondement même est selon moi le *Dasein* lui-même en tant que le mien), l'originalité de la tentative de solution de Straus consiste en cela qu'il a mis en place un nouveau principe à partir duquel il extrait justement la nature de la liaison de l'événement et du vécu. (Déjà dans les travaux sur la suggestion la particularité de sa recherche apparaissait dans le fait qu'il cherchait à dériver l'essence de la suggestion dans la relation entre le vécu et la sphère de l'objet telle qu'elle est vécue (*erlebte Gegenstandssphäre*) et pas dans l'une ou l'autre seulement, et il le fit avec succès). Avec ce nouveau principe, la liberté individuelle parait être nettement restreinte; car il y a, dit Straus, des événements dont le contenu thématique (il s'agit ici en grande partie des soi-disant contenus existentiaux, des situations limites au sens de Jaspers) est tel qu'inévitablement il « détermine » une expérience vécue humaine totalement « déterminée », ce qui fait qu'on doit parler d'une *contrainte* (*Zwang*) à une « prise de sens » (*Sinnentnahme*) déterminée.

Avons-nous ici, devrions-nous demander, vraiment devant nous la sorte de relation ou de liaison entre l'événement et le vécu qui peut être conçue comme « analogue à la relation causale » entre des événements et qui explique « que celui qui n'est pas préparé puisse être acculé à un vécu bouleversant qui continue d'agir comme un trauma psychique » ? (p. 96).

L'expression « contrainte à la prise de sens », que Straus utilise, nous laisse sceptique depuis le début. Elle ne doit ici pas seulement indiquer une contrainte, mais une nécessité, sinon l'analogie avec la « liaison causale » ne s'imposerait pas. Nous connaissons les railleries de Hegel sur la « nécessité » des lois psychologiques d'après lesquelles quelque chose est certes ainsi, mais dont le contraire pourrait tout aussi bien se produire, comme l'exige la nécessité innée de ne pas être méfiant d'emblée quand une telle nécessité s'impose du fait de quelque chose de nouveau.

Straus s'éloigne au cours de son argumentation de la théorie de l'indifférence et de la différence du monde de la perception, théorie que nous trouvons déjà développée de façon très claire chez James, mais sans que le moment de la signification, que seul Straus souligne de façon conséquente et claire, soit mis en évidence. Il montre, ce que nous savons aussi à partir de la théorie de la perception de Scheler, que le fait que quelque chose soit perçu ou non ne dépend pas du tout de l'intensité des stimuli perceptifs, mais du contenu de signification du perçu pour la personne qui perçoit. Comme l'a également prouvé Straus dans presque tous ses écrits, la perception est pour sa part déjà « motivée », c'est-à-dire guidée par l'histoire de vie. La perception doit également, selon Straus, être conçue comme un acte de prise de sens, à savoir comme l'acte premier par lequel elle peut être classée du côté du « système du temps immanent au vécu », et peut être conçue « comme une modification du déroulement de l'histoire individuelle ». À cet égard je suis tout à fait d'accord avec Straus; la question est seulement pour moi de savoir si le concept de « contrainte à la prise de sens » permet de « saisir » l'état de choses en question de façon réellement juste. Nous ébranlons de nouveau ici les fondements de la différence entre l'événement et le vécu (cf. *supra*). « Il n'y a » pas de « simples » événements en soi, c'est-à-dire sensibles et existants en soi. Même quand nous parlons d'événements naturels, ces événements ont, « en tant » qu'événements naturels, le sens ou la signification d'un événement « dans la nature ». De même quand nous parlons des événements « comme » de coups du destin, où ils reçoivent le sens ou la signification du destin, etc. Et même quand nous concevons l'événement de façon purement scientifique, il revient à l'événement le sens très complexe qui est en jeu dans le concept et la méthode des sciences de la nature. Le concept de « simple événement » est un non-concept. L'homme n'introduit pas seulement un sens dans un simple événement, mais dès que l'homme parle d'un événement, ou pense à un événement, ou « se confronte » à un événement, cet événement est déterminé, « explicité » ou « interprété » [1] dans une signification déterminée, c'est-à-dire « en tant que » tel ou tel événement.

Qu'en est-il de la contrainte de « tirer » d'un événement un sens bien déterminé quant à son contenu, à savoir un sens identique pour tous les hommes ? Straus exemplifie cela par la contrainte que l'incendie débutant d'un théâtre doit exercer de manière concordante sur toute personne présente, de telle sorte que l'événement de l'incendie, « le processus naturel », entraîne « une concordance de la perception, c'est-à-dire du sens premier : l'incendie, une concordance de la prise de sens profonde : un danger pour la vie, et une concordance des réactions : la fuite ». Straus s'explique cette contrainte par le fait qu'ici, « avant même que les flammes soient perçues en tant que flammes, elles se manifestent comme un événement dans la sphère de la perception ou dans la sphère de la réalité dans la mesure où l'homme est constamment confronté à l'interrogation ou à l'attente de la sphère de la perception » (p. 87). Il distingue, comme différentes formes de prises de sens, les relations de sens ascendante et collatérale. Un exemple de la première : l'élévation de la vue d'un mort à la

1. Il s'agit ici en fait du problème de *est* et de *signifie*, auquel s'est confronté Nietzsche toute sa vie et auquel il a finalement répondu par son « *nihilisme* » du sens. *Cf.* là-dessus la polémique courte et perspicace de Löwith contre Nietzsche et Klages dans *Nietzsche à la lumière de la philosophie de L. Klages. Problèmes de la théorie de la conception du monde*, publié chez Rothacker, Darmstadt, en 1927.

signification générale de l'existence de la mort en général, l'élévation de la vue des flammes à la signification générale : danger de mort. Un exemple de la dernière : l'anecdote de Newton qui illustre « comment un vécu fécond s'empare d'un événement, ne se laisse pas contraindre par lui à une prise de sens déterminée mais soumet celui-ci à un questionnement actif, repousse un processus indifférent hors de l'indifférence, découvre de nouveau la problématique de la quotidienneté ». Ce n'est qu'ainsi que Newton découvrit la problématique « contenue et représentée dans ce cas singulier, et que le vécu fut poussé en dehors de sa quotidienneté ». Avec l'incendie du théâtre, il y va par contre vraiment d'un processus extraordinaire, le fait d'y assister (*das Dabeisein*) et le concernement (*Betroffenwerden*) sont ce qui décide de la prise de sens et de la formation du vécu, personne ne pouvant échapper à la prise de sens. Ici cependant Straus s'éloigne immédiatement de la bonne réponse. Il ne dit plus maintenant que cette prise de sens univoque serait forcée parce que nous serions constamment exposés à la sphère de la perception ou à la sphère de la réalité, mais parce que nous serions constamment conduits à questionner et à prendre part à la sphère du fondement naturel de l'existence (p. 97 *sq.*). Mais on ne doit premièrement pas identifier l'une avec l'autre la sphère de la perception et de la réalité, et la sphère de l'existence, même si on restreint le concept d'existence au fondement naturel de notre être. Deuxièmement on ne doit pas non plus, même si on admet la (relative !) différence entre prise de sens ascendante et collatérale, ce que je fais facilement, parler chez l'un d'une contrainte à une prise de sens déterminée (pour ainsi dire *seulement* ré-active), chez l'autre d'une prise de sens pour ainsi dire libre, individuelle, purement active ou productive. De même que l'action est toujours « contenue » dans la ré-action, c'est toujours aussi l'individu qui « s'exprime » ou « se décide » dans la prise de sens du danger de mort et dans la fuite, et non « l'événement » et le simple fait d'assister et d'être concerné, lesquels décident pour la prise de sens et la formation du vécu (*Erlebnissgestaltung*). Soit on prend au sérieux l'individu, soit il nous échappe. « Sens et signification » n'ont de sens et de signification que pour l'individu, c'est-à-dire pour ce Je déterminé et son monde. Tout le reste n'est que de la théorie abstraite. La relative concordance de l'expérience vécue et du comportement de l'individu dans l'incendie du théâtre ne signifie pas que « l'événement » force ici à quelque chose – c'est une façon de parler figurée et impropre. Nous avons vu qu'il n'y a pas « l'événement », parce que tout événement et tout ce qui se produit *est* toujours déjà en tant qu'événement explicité ou interprété de telle ou telle façon ; c'est-à-dire qu'il est seulement dans et avec sa signification, qu'il a en même temps que son être un sens déterminé, ou, mieux, qu'il se tient toujours dans une connexion de sens déterminée, une totalité de signification ou de tournure déterminée. Mais rien ne nous force à caractériser cette totalité de tournure « de prime abord » comme étant celle de la nature ou du monde de la perception, à partir de laquelle alors seulement devraient se développer d'autres rapports de tournure ou de sens, plus élevés, comme le décrète la science de la nature, y compris celle de « l'âme ». Dans la vie nous ne nous « mouvons » pas « de prime abord » dans le domaine de la pure vision (*Anschauung*); scruter un objet comme un simple objet de la perception ou l'interpréter comme un processus naturel nécessite plutôt, comme Heidegger[1] encore une fois nous l'a inculqué avec tant de force, d'abandonner la posture vitale qui nous est « naturelle ». Straus ne me semble pas avoir radicalement surmonté le point de vue positiviste de la théorie de l'événement et du vécu, que Nietzsche aussi soutient. Et quand il parle de la signification différente que revêt un accident de voiture mortel pour le médecin qui y est appelé et pour l'« adolescent » qui se trouve là par hasard, il se fonde sur l'événement « accident de voiture » en tant que simple processus, qui serait aménagé sur la base du vécu des « significations générales », et seulement en ce qui concerne la signification, dans des directions différentes pour le médecin et pour l'adolescent. Cela serait justement le résultat de la « fonction représentative ». Mais le « simple processus » est une simple construction théorique préscientifique et scientifique ou une abstraction issue de la tournure infiniment variable en jeu pour chaque individu qui y a été « confronté ». Et les significations générales sont également des constructions, et même des constructions issues de la science de la logique, à laquelle seule elles conduisent un *Dasein*. « Dans la vie » nous n'allons pas « d'un donné intuitif à des significations générales fondées sur celui-ci », c'est déjà une construction théorique, et, quand on veut s'engager dans cette voie, c'est plutôt l'inverse qui arrive la plupart du temps. Au fond, les significations soi-disant générales ne sont rien d'autre que des modes d'ouverture de l'individu, des modes déterminés de son être et de sa compréhension de l'être, cette dernière « appartenant » également à l'être. Ce n'est pas « avec des significations générales que sont érigés les piliers de la construction individuelle du monde » (p. 75), mais c'est dans et avec le surgissement de l'individu que survient quelque chose comme des significations générales, sous lesquelles on doit justement comprendre les façons les plus individuelles, c'est-à-dire « les plus propres », qu'un individu a de se décider et

1. *Cf.* ici, et pour les autres passages où ce même nom est cité : *Être et temps I*, 1927.

de se résoudre concernant son être et sa compréhension de l'être. Et elles ne peuvent être nommées « générales » qu'en tant que *modes* du pouvoir-être et du vouloir-être de l'individu. Il s'agit ici d'accomplir résolument l'inflexion de la logique et de la théorie de la connaissance (et de la psychologie générale calquée sur elles) vers l'anthropologie et l'ontologie. Aucune science moins que la psychiatrie ne peut se dérober à cet « air du temps ».

Retournons à « l'incendie débutant du théâtre ». Ici apparaît de façon particulièrement claire que prendre pour point de départ les flammes comme processus naturel est artificiel ; car personne ne voudra ni ne pourra se forcer dans l'émoi général à adopter une façon de voir aussi scientifique ; *cette* prise de sens, et non celle du danger de mort, représenterait justement également une contrainte. Mais, comme il commence désormais à apparaître, nous ne devons plus parler d'une *prise* de sens à partir de l'événement, ni non plus d'un sens *reposant au cœur* de celui-ci, ni non plus dire que l'expérience vécue représente pour ainsi dire l'envers du monde qui nous fait face (Hönigswald), mais dire que la *nature* de l'expérience vécue et la *nature* de l'événement sont des concepts *corrélatifs*, raison pour laquelle la séparation de l'événement et du sens est aussi artificielle que celle de l'expérience vécue et du sens ! Mais « le sens » n'est pas non plus situé *entre* les deux pôles, le sens signifie plutôt toujours une manière de comprendre et d'expliciter le monde « du point de vue » d'un individu ; à ce propos il est à remarquer que l'individu et le monde ne sont pas des opposés « absolus », mais des opposés dialectiques conformément à la phrase lapidaire de Hegel : l'individu est ce que son monde est *en tant que le sien*[1]. Ce qui est décisif dans l'incendie du théâtre n'est pas l'événement des flammes (comme processus naturel) mais la tournure qu'a prise en premier lieu la situation (par exemple : être entassé ensemble en masse dans un espace limité avec des issues restreintes) ; « la situation » quant à elle n'est pas du tout une simple « configuration » externe, mais un *être dans* une configuration déterminée, et ce qui est là *dans* et *avec* cette configuration, c'est de nouveau l'individu. Dans et avec cette configuration, l'individu s'est déjà décidé pour un être déterminé, un être en tant que spectateur, en tant qu'esthète, en tant qu'un parmi ou avec beaucoup d'autres, en tant qu'ami avec l'ami, mais aussi pour un être dans une configuration relativement *menaçante*. L'être-dans-le-théâtre a aussi, parmi beaucoup

1. [La formule se trouve dans la *Phénoménologie de l'Esprit*, chap. V, A, b. Voir G. W. F. Hegel, *Phänomenologie des Geistes*, *Werke in zwanzig Bänden*, *Theorie Werkausgabe*, vol. 3, Francfort, Suhrkamp, 1974, p. 232 ; trad. fr. B. Bourgeois, Paris, Vrin, 2006, p. 290.]

d'autres significations telles que celles-ci, la signification d'être dans une situation relativement *menaçante*. Ce *sens* « possibilité d'un danger », qui est inhérent à la constitution ontologique fondamentale du *Dasein*, appartient aussi de façon caractéristique au sens d'être-au-théâtre. Si quelque chose pouvait contraindre au sens Danger de mort, ce serait cette situation, et non « l'événement », qui, comme Straus lui-même le sait naturellement très bien, n'est pas le même par exemple lorsqu'il se déroule sur scène, où il appartient à la pièce, et lorsqu'il a lieu là où sont les spectateurs. Mais la situation elle-même (de laquelle le « ici et maintenant » de Straus ne donne qu'un aperçu et un contour physico-théorique) ne contraint à rien. Si quelqu'un « contraint » à quelque chose, c'est l'individu lui-même. Mais en fait lui non plus ne contraint à rien ; il ne fait qu'ouvrir et déterminer son *Dasein* à une nouvelle situation, la situation « danger de mort *menaçant* ». La flamme n'est, ne fut et ne sera jamais dans cette situation une simple chose de la perception isolée « flamme », mais elle est d'emblée un élément signifiant déterminé : « signal d'alarme » d'une totalité de tournure déterminée : une situation de danger mortel. Dans cette totalité de tournure, la flamme brille certes « encore » de façon claire ; cette illumination n'est cependant qu'un élément partiel de la situation de danger mortel et *pas la propriété d'une simple chose* ! La tournure dont il en va avec le danger mortel est telle qu'« en » elle se détermine non pas seulement l'être de la flamme comme dangereux, mais, ce qui n'en est qu'une autre expression, l'être de l'individu comme en danger. Dans ce mode d'être l'individu se décide de façon relativement univoque parce qu'il en va ici de son être *le plus propre*, de son « être-pour-la-mort » (Heidegger). Cet être a cependant la caractéristique de « singulariser » les hommes, tout comme de les « rendre relativement égaux ». Ce que Straus appelle ici contrainte à la prise de sens du côté de l'événement ne se laisse comprendre que sur la base profonde d'une interprétation ontologique de l'être-pour-la-mort.

Mais enfin n'oublions pas que même cet être-pour-la-mort ne peut contraindre à rien, mais qu'ici aussi le phénomène originaire, ressortissant à l'histoire de la vie, de la libre décision garde sa validité. Dans cette décision, que l'individu a en commun avec les autres, l'individu ne se décide pas moins que s'il se décidait d'une manière différente des autres. Cela est d'ailleurs le cas dans notre exemple quand un homme, tenant tête à la mort et pourfendant la panique générale, intime à la foule de gagner calmement les sorties, quand un homme, tenant tête à la mort ou bien la recherchant, la cherchant pour lui ou pour sauver les autres, entreprend d'éteindre les flammes, à l'occasion de quoi ce que nous appelons à la légère « la flamme », par contre, se présente dans une toute autre totalité de tournure, que l'on peut maintenant exprimer avec les mots : une brutale puissance menaçant la vie, dont je ne peux venir à bout que par une *action* déterminée (éteindre l'incendie) et avec laquelle je m'implique dans un « combat à la vie à la mort » avec et pour les autres.

Ces exemples montrent dans une tout autre perspective, comme l'ont montré les « cas » de comportements concordants, qu'ici la contrainte et la nécessité n'ont pas leur place. De ce fait l'opposition à l'endroit de l'exemple de Newton s'estompe tout à fait. Cela devient encore plus clair si nous retournons les choses et montrons dans quelle mesure on peut parler de deux exemples de liberté aussi bien que de deux exemples de nécessité. Ce n'est que si on « prend » de façon dogmatique-psychologique la personne Newton « fermée » (et non, comme c'est le cas dans le concept dialectique d'individu, « ouverte au monde ») et qu'on construit théoriquement un processus naturel de la chute de la pomme de façon isolée, que l'on peut parler d'un vécu « fécond » d'un événement. « L'événement naturel survenant dans un espace et un temps donnés » (p. 98) est une chose de la pensée théorique très complexe, formée par les catégories scientifiques fondamentales de l'espace objectif, du temps objectif, de la causalité, etc., ou au moins une *pensée* préscientifique, purement théorique, mais en tout cas pas une pensée que l'individu Newton aurait vécue ainsi. La chute de la pomme n'aurait été ainsi « vécue » que si Newton, à son bureau, s'était « imaginé » la chute d'une pomme comme un exemple de chute particulière déterminée dans un espace donné et dans un temps donné, et par cet exemple avait trouvé la solution du problème de la gravitation. Si l'anecdote était vraie, alors on pourrait dire, de la même manière que pour la fuite hors du théâtre, que la chute de la pomme à ce moment-là et dans cette situation a *contraint* Newton à résoudre le problème de la gravitation. Ici aussi la situation ne signifie pas une simple configuration spatio-temporelle (à savoir que Newton se tient à une place déterminée et regarde tomber cette pomme déterminée), mais un être dans une certaine configuration, bien qu'il ne s'agisse plus ici d'un être relativement menacé (consistant à « *vivre* » dans un espace plein de danger), mais d'un être relativement en sécurité consistant à *penser* dans une « configuration » de l'existence caractérisée non par sa spatialité mais par son caractère intellectuel. Si le danger de mort – fuite appartient au sens de la configuration de l'incendie du théâtre, alors la sécurité – le prendre-le-temps-de-penser appartiennent au monde de la pensée, et particulièrement celui de l'état de choses physique de la « chute ». La totalité de tournure dont il s'agit ici est l'être calme, purement intellectuel, « auprès » du problème de la gravitation. Dans cet être, « la pomme », pour parler de façon imagée, tombe, mais non pas en tant que chose de la perception, mais comme un cas particulier de la loi de la chute. « La pomme » ne serait qu'une simple chose de la perception que si Newton, par exemple, l'avait ramassée et, oubliant complètement son problème, l'avait regardée « comme » une chose, c'est-à-dire avec la signification d'une simple chose de la perception. Le registre de la pensée – le problème de la gravitation – la légalité physique – la chute particulière sont ici les moments d'un ensemble singulier d'*être*, c'est-à-dire toujours aussi d'un ensemble singulier de *sens*, comme l'étaient la situation pleine de menace – l'existence menacée – l'événement menaçant. Dans la vie courante, nous exprimons l'état de choses constitué par l'anecdote de Newton en disant : la situation était « mûre », et la solution *devait* en sortir. La différence avec l'état de choses de l'incendie du théâtre ne tient qu'au fait que [dans le cas de l'incendie du théâtre] l'homme peut toujours et partout être *mûr* pour la solution du « problème de la vie » au sens de la considération existentielle de chacune de ces configurations « en tant que cas particuliers de la loi de conservation de la vie ». Il s'agit ici justement d'un problème en grande partie *vital* pour les hommes, et non pas d'un simple problème n'intéressant que la pensée. Le problème se situe dans une autre couche de signification que dans le cas de Newton. Malgré tout, comme nous l'avons vu, cette couche de signification n'a rien réussi à contraindre, de la même manière que la signification vitale n'est rien d'absolu, et, pour en rester aux mots de Straus, « peut être soumise » à d'autres significations. « L'homme » n'est pas « toujours et partout » mûr pour la solution du problème de la gravitation, mais l'homme Newton l'était bien à ce moment de cette « histoire intellectuelle » intérieure déterminée, moment dans lequel il était tout autant, et même si l'on veut, *encore plus* mûr pour la solution intellectuelle du problème de la « chute » que l'homme qui dans la panique de la menace vitale n'est pas au clair à propos de son moyen et de son chemin. Ici comme là-bas, nous prenons conscience de la « contrainte », non pas la contrainte à partir de la couche de signification principalement vitale (qui n'est jamais *seulement* « vitale »), mais à partir de la couche de signification principalement théorique, qui n'est jamais seulement théorique non plus. Nous pouvons encore très bien dire que la solution du problème de la gravitation était devenue pour Newton « d'une signification vitale », autant au sens de la vitalité de son existence théorique que de son existence vivante tout entière. La « signification représentative » d'abord productive ne met pas seulement un sens sur un simple événement naturel ; (en ce sens cela n'est « simple » que pour un troisième, qui y réfléchit à sa table de travail, mais jamais pour le paysan, qui se réjouit de la belle pomme, ou pour l'écolier, qui y voit un butin bienvenu; «l'événement» signifie pour ces deux là quelque chose d'autre, et dans cette mesure il *est* quelque chose d'autre); Newton ne s'empare pas ici, pour ainsi dire au moyen d'une signification générale, d'un événement sensible (à l'occasion de quoi on devrait alors seulement demander où et comment la signification ou l'esprit ou encore seulement l'homme pensant arrivent à atteindre en propre l'événement «dehors dans la nature»); l'individu que nous appelons Newton, à ce moment là de son itinéraire intellectuel, *s*'était plutôt si largement ouvert et s'était si largement résolu concernant l'explicitation compréhensive du problème de la chute, que « le monde » n'était pas pour lui comme pour la plupart des gens ordinaires un monde ambiant bien déterminé d'un point de vue spatio-temporel ou une nature avec ses bienfaits et ses dangers à l'égard de la vie, mais en grande partie un monde intellectuel physico-théorique davantage déterminé. Ce monde, comme chaque monde, contraint toujours les individus qui y existent à une «prise de sens» déterminée, ou plus justement contraint toujours à une direction de sens (*Sinnrichtung*) déterminée; car chaque «monde» est toujours une structure de sens déterminée provenant de la totalité de tournure générale de la « mondanéité » (Heidegger), et elle n'est cette structure de sens qu'avec et pour l'individu qui *est* dans ou auprès d'elle. Nous avons affaire avec l'exemple de Newton à une unité de sens qui détermine l'être concerné (*betreffende Sein*) de l'individu par le monde (en tant que le sien) tout aussi originairement et dans cette mesure, si l'on veut, de façon tout aussi «contraignante» que l'incendie du théâtre, en conséquence de quoi la « constitution » générale des pôles du Je ou du vécu, de l'individu, et des pôles objectif ou événementiel, du monde, devraient être conçus comme des corrélats nécessaires d'une seule et même constitution d'être. On voit avec ces remarques en forme d'aphorismes ce qu'il en est de la *liberté* de l'individu pour une tournure quand on peut tout aussi bien la décrire sous l'aspect d'une *nécessité*. Le phénomène originaire, ressortissant à l'histoire de la vie, de la libre décision, si l'on en vient là, est quelque chose de tout à fait différent d'un caprice.

En résumé : quand Straus parle à propos de l'incendie du théâtre d'une contrainte à la prise de sens, dont l'anecdote de Newton serait dépourvue, cela provient du fait qu'ici il se fonde *d'emblée* sur le pôle événementiel ou mondain, et là sur le pôle du vivre ou sur le pôle de l'individu. Il conçoit également la solution du problème de la même façon qu'il « s'attaque » au problème ici et là, toujours déjà d'avance. Assurément, personne ne niera la différence concernant *l'expérience vécue* réelle des deux situations; ces différences empiriques-réelles du *type d'expérience vécue* ne doivent pas être un critère pour décider d'une question fondamentale philosophique-anthropologique, et même fondamentale-ontologique, comme celle de la nécessité et de la liberté eu égard au problème de « est et signifie ».

Quand Straus combat avec la plus grande énergie et la plus grande conséquence la vieille psychologie avec son point de départ théorique de l'élément, le point de départ pratique-méthodique du vécu dépourvu dans la mesure du possible de tout sens, nous nous battons main dans la main à ses côtés. Mais ici nous nous montrons plus radical encore, en voyant dans le vécu singulier rempli de sens et dans son contraire, l'événement singulier, encore un élément, et en ne voyant le point de départ de la recherche que dans la problématique plus profonde de l'individu et de son monde *en tant que le sien*. Nous nous voyons ainsi de nouveau renvoyés à l'exploration minutieuse de l'histoire intérieure de la vie comme ouverture et résolution (Heidegger) de l'individu, laquelle exploration quant à elle n'est pas possible sans l'exploration concomitante de l'histoire extérieure de la vie ainsi que de la constitution individuelle comme incarnation de l'ensemble des fonctions d'un organisme particulier déterminé.

B. Les applications particulières

Tout d'abord une remarque préalable sur le sens et le but des discussions comme celles-ci pour la *psychiatrie clinique*, dont il est clair qu'autant pour la forme de vie médicale-pratique que pour la forme scientifique-théorique « du psychiatre », elle constitue de façon évidente le point de départ et le point d'arrivée de la question. Le sens et le but de telles discussions ne peuvent jamais être de vouloir ériger et isoler des formes cliniques morbides. Avant que notre bibliothèque ne soit remplie de volumineux papiers sur la *clinique* des « névroses traumatiques », comme elle est remplie par exemple par d'innombrables volumes sur la clinique de la paranoïa (pour employer l'expression de nouveau mise à l'honneur par Kolle), avant que nous n'ayons une connaissance empirique précise de l'hérédité, de la constitution, de la personnalité prémorbide, du cours de la vie et de l'histoire intérieure de la vie de ceux atteints de névrose traumatique, nous ne posséderons aucune clinique des « névroses traumatiques ». Pour quoi des discussions comme celles qui précèdent sont « bonnes » et utiles, de quoi font-elles absolument partie, c'est le « but » associé à toute recherche empirique de parvenir aux principes dont résultent *l'attribution de leurs question et de leurs recherches*. Ces attributions résultent toujours du jeu de l'expérience – dont le philosophe ne méconnaît pas le « fécond bathos » (Kant) – et de la connaissance relative à la méthode. Ces deux racines de l'expérience sont disposées en rapport si étroit que non seulement toute « nouvelle découverte » dans le domaine de la recherche pratique peut rendre « obsolète » l'ensemble de la bibliothèque, mais qu'un nouveau genre de connaissance relative à la méthode a le même effet, comme nous l'avons vécu par exemple avec les nouvelles connaissances méthodiques dans le domaine de la théorie des aphasies et de la physiologie et de la pathologie cérébrale en général.

Pour en arriver à notre sujet d'intérêt, la divergence entre ma position et celle de Straus en ce qui concerne la question de la contrainte à la prise de sens a ainsi pour conséquence pratique le fait que là où une « contrainte à la prise de sens », y compris la simple consternation provenant d'un événement bouleversant, semble suffire à l'explication des manifestations cliniques, nous ne pouvons jamais nous contenter de cette explication dans la mesure où par exemple la stricte *attribution* (*Anweisung*) se rapporte à mon point de vue, et nous devons même dans de tels cas interroger l'existence de moments particuliers de l'histoire intérieure de la vie et de moments particuliers constitutionnels, et les rechercher systématiquement. Et si, comme le dit très justement Hoche, l'héroïsme ne peut être *exigé* de personne, l'héroïsme, le mépris de la mort, le sacrifice de sa propre vie pour les autres, la force de caractère arrivent cependant (cela est caractéristique pour notre observation stratifiante (*nivellierende*) de l'homme, et l'on se doit d'y insister), et ces moments se laissent aussi lire et comprendre à partir de l'histoire intérieure de la vie, et de la même manière il y a des constitutions individuelles[1] qu'*aucun* événement bouleversant ne réussit à renverser. Ici aussi la connaissance fondamentale de la méthode nous donne une nouvelle impulsion pour continuer à prendre à cœur la vieille exigence de la recherche « de l'homme tout entier »[2].

Straus lui-même limite le moment de la « contrainte à la prise de sens » dans les névroses traumatiques à un « nombre très limité de cas », à savoir ceux pour lesquels surviennent ensuite des réactions phobiques et

1. Straus lui-même, aussi bien ici (p. 100 *sq.*) que dans son écrit sur *Le problème de l'individu* (1926), a conquis des vues considérablement éclairantes et exigeantes sur le concept de la constitution générale et individuelle.

2. Je remercie ici mon maître Eichhorst, auquel on pouvait présenter aux examens la plus belle observation neurologique d'un cas de tabès, laquelle observation rapportait une note insuffisante quand on avait oublié l'observation du foie ou de la rate. – En psychiatrie, les rapports sont plus compliqués, dans la mesure où ici on ne doit pas seulement ne pas oublier un organe, mais également n'oublier aucune des *méthodes* de recherche psychiatrique, ainsi le *pathos* clinique rigoureux d'Eichhorst doit nous rester ici bien en mémoire.

hypocondriaques et qu'il distingue des véritables névroses traumatiques. Si quelqu'un venait et tenait la divergence entre Straus et moi à propos de la contrainte à la prise de sens pour insignifiante eu égard à la clinique, ce qui ne me viendrait naturellement pas moi-même à l'esprit, un tel dialogue scientifique aurait cependant toujours *le* sens de faire apparaître de façon plus aiguë la connaissance méthodique en question que ne le peut le monologue de « l'original ». Comme les reliefs de la montagne semblent, de loin, petits et insignifiants au randonneur, mais se révèlent lorsqu'ils se rapprochent de la montagne, nos divergences doivent paraître insignifiantes au psychiatre qui considère ces questions seulement de loin; mais vues de près les choses paraissent différentes. Au fond Straus et moi nous situons vraiment sur la même ligne; cette ligne acquiert une forme plus claire pour ceux qui se tiennent au loin si la différence est révélée dans sa structure plutôt que quand elle est présentée dans son homogénéité.

La concordance de nos conceptions en ce qui concerne la névrose traumatique conduit au fait qu'on ne peut pas, nonobstant les relations causales et biologiques qu'on peut constater entre l'événement traumatique et la survenue d'une névrose traumatique, considérer « l'événement traumatique » comme *la cause* de la névrose traumatique. Nous sommes d'accord sur le fait qu'ici le primat de la recherche incombe aux vécus de temps et de signification. Que Straus n'ait pas seulement introduit le moment de la signification, jusqu'à présent tant négligé d'un point de vue clinique, dans son union avec la temporalisation de l'histoire intérieure de la vie dans le problème de la névrose traumatique, mais qu'il l'ait également poussé jusqu'à de telle conséquences, nous ne pouvons pas l'en remercier suffisamment, nonobstant notre critique de son utilisation de la fonction représentative et sa surestimation du vécu temporel en tant que tel. Il a ainsi élevé toute la discussion sur la névrose traumatique à un niveau qui est à la hauteur des exigences méthodologiques que notre époque impose à un tel problème. Tandis qu'il oppose les phobies post-traumatiques, à propos desquelles il dit des choses très pertinentes (*cf.* p. 75, 77 *sq.*), aux pures névroses traumatiques, pour lesquelles il fait intervenir la tendance à la déformation, comme pour les névrosés en général, il existe pour moi une échelle continue d'un pôle à un autre, si bien qu'à mon avis, il faut toujours se demander *dans quelle mesure* séquelle d'une expérience vécue bouleversante dans sa signification capable de retourner l'histoire intérieure de la vie, la faisant ainsi descendre ou monter, *dans quelle mesure* tendance à la déformation ?

En ce qui concerne cette tendance déformante, je dois malheureusement dire que je trouve barbare le terme de déformation. On peut déformer un fil de fer en le pliant, ou inversement déformer un chapeau en s'asseyant dessus, déformer un chien en lui taillant les oreilles et la queue; mais dans le domaine de la vie de l'âme et de l'esprit, un tel terme ne signifie, au mieux, qu'une indication analogique sans contenu (*Gehalt*) phénoménal véritable. Les expressions de renoncement à soi (*Selbstaufgabe*) et de tâche de la réalisation de soi, bien qu'elles concernent plus le soi que les formes pensées ensemble par Straus de la réalité sociale-historique au sens de Dilthey, sont bien meilleures puisqu'elles indiquent déjà un contenu de vécu phénoménal. Le mieux me semble être l'expression également utilisée par Straus *se-laisser-tomber* (*sich-fallen-lassen*), puisque le contenu phénoménal et la signification ontologique de la chute nous sont aujourd'hui un peu familiers[1] et puisque la direction de signification de la chute se laisse articuler aussi bien du côté de l'être-jeté (*Geworfenheit*) («passif») dans la disposition affective dépressive que du côté du se-laisser-tomber («actif») (ou, comme le dit très bien von Weizsäcker, du côté de la «situation de l'existence défaillante»). En particulier se laisse très bien comprendre à partir du se-laisser-tomber le «rechuter» et le «demeurer» (de purs concepts mobiles!) «dans la pure réceptivité (*Zuständlichkeit*)», c'est-à-dire «dans une simple existence incarnée»[2], que Straus a mis en évidence si fortement et à juste titre chez les drogués. La même chose est valable du «faire du sur place» et du «point mort» par lesquels nous nous voyons contraints avec Straus de concevoir la névrose. En raison de l'appartenance dialectique du soi et des institutions, de l'individu et du monde «en tant que le sien», de la personne et de l'œuvre, comme on aime toujours qualifier ces relations, le renoncement à soi, le *se*-laisser-tomber implique toujours aussi un laisser-tomber ou une «destruction» de la «structure de l'esprit objectif». Cela signifie aussi que c'est la «tendance à former une communauté» qui défaille ici, en d'autres termes que l'individu retombe «sans esprit» (*geistlos*) dans son monde privé (Héraclite), c'est-à-dire en dehors de la veille de l'esprit (*geistigen Wachsein*), de la participation et du prendre-part au monde commun, se laisse glisser dans le monde des «rêves», du simple et passif laisser-se-produire quelque chose[3]. Cette tendance joue

1. *Cf.* L. Binswanger, *Le rêve et l'existence* [trad. fr. Françoise Dastur, Paris, Vrin, 2012].

2. Les considérations de Straus concernant les modes de donation du corps qui manquent dans le vécu des drogués (p. 122 *sq.*) ne me semblent pas à modifier. Quoi qu'il en soit elles coïncident parfaitement avec mes propres expériences et observations.

3. Cf. *ibid.*

certainement un rôle chez beaucoup de patients atteints de névrose traumatique. Cependant, dans cette névrose, qui est la plus complexe car la plus puissamment liée à la culture en comparaison des autres, elle ne me semble pas jouer un rôle aussi important que pour les pervers et surtout pour les drogués. J'aimerai ici mettre au premier plan avec von Weizsäcker la perturbation du vivre en société (*Gemeischaftserleben*), de l'être-l'un-avec-l'autre. (Qu'en outre l'ensemble des facteurs cliniques restants jouent également un rôle doit être souligné eu égard à von Weizsäcker et en partie encore une fois avec lui). Cette perturbation du vivre en société joue certes un rôle central dans chaque névrose, plus central que le se-laisser-tomber, qui a très souvent, sinon toujours, son motif dans une défaillance déterminée du comportement à l'égard du monde *commun* (*Mitwelt*), et en premier lieu à l'égard de la famille. Concernant la névrose traumatique les choses se compliquent du fait qu'aux situations infantiles pathologiques auxquelles aucune névrose n'échappe s'ajoute un *conflit actuel* correspondant, à savoir la « situation pathologique » de la névrose sociale[1] avec son « destin historique manqué », comme le dit von Weizsäcker, à savoir cet « état de guerre avec transfert et contre-transfert de haine et d'agression ». Cette superposition de deux situations analogues dans les névroses traumatiques explique d'un côté la difficulté d'une psychanalyse dans de tels cas, puisqu'ici la situation actuelle avec sa « mésestimation et sa surévaluation » d'une « condition humaine » à l'encontre des exigences de la psychanalyse doit ici *d'abord* être résolue; mais cela n'est possible, comme l'a si bien montré von Weizsäcker, que par une voie complètement différente de celle de la psychanalyse. Cette superposition explique d'un autre côté également pourquoi avec la « thérapie de situation » préconisée par von Weizsäcker (dans laquelle du reste la personnalité du médecin comme médiation entre le patient et la société joue un rôle particulièrement important) des succès si étonnants sont obtenus. Il n'y a du reste pour moi aucun doute que les cas totalement réfractaires, en particulier ceux qui persistent malgré l'issue satisfaisante de la situation traumatique, pour autant qu'ils ne sont pas liés à une genèse organico-cérébro-traumatique passée inaperçue, « doivent » leur incurabilité aux circonstances constituées ici par une intrication particulièrement défavorable d'un « complexe nucléaire » infantile névrotique et d'une « situation pathologique » actuelle. Je suis globalement d'accord avec Straus (p. 127) quand il cherche dans les névroses traumatiques quelque chose de plus que la constitution,

1. *Cf.* von Weizsäcker, *Soziale Krankheit und soziale Gesundung* [Maladie sociale et rémission sociale], 1930; en particulier p. 12, 31 *sq.*, 42.

ce quelque chose étant apporté par « le vécu traumatique » ; mais je ne suis en revanche pas d'accord avec lui quand il en reste au « renoncement à la réalisation de soi » ; car justement, là où s'exprime ce renoncement, le principe de l'histoire intérieure de la vie requiert d'interroger et de dissoudre la « situation pathologique » actuelle et éventuellement *infantile* concernant le *monde commun* (*Mitwelt*).

Avec cela nous sommes conduits à parler des relations de Straus avec la psychanalyse. Son argumentation est caractérisée dans tous ses écrits par une attitude polémique à l'égard de la psychanalyse, et jamais si fortement que dans *Événement et vécu*, souvent au détriment de la vue d'ensemble et de la systématicité de son chemin de pensée. Mais je déclare sans plus tarder que je partage de part en part sa critique de la psychanalyse, aussi longtemps qu'elle concerne ses *conditions catégoriales* et *méthodiques de pensée* et ses erreurs fondamentales. J'ai moi-même déclaré que je vois certes dans la psychanalyse la tentative la plus proche, en même temps que la plus violente, d'une *réinterprétation* (*Umdeutung*) dynamique-fonctionnelle de l'histoire intérieure de la vie. Mais si nous abordons le domaine où la psychanalyse a *vu* indubitablement quelque chose de nouveau et de juste, serait-ce en raison de son principe général de recherche, serait-ce en raison de sa patiente recherche empirique d'une précision inespérée concernant l'histoire de vie, alors le manque d'expérience devient patent chez Straus. Cela sera montré pour finir à partir de deux petits exemples.

Autant nous devons à Straus des vues et des formulations pertinentes et presque inépuisables dans ce petit écrit sur les *perversions*, sur l'essence et le concept de la perversité, autant il me semble justement qu'ici il n'est pas rendu justice aux « découvertes » de Freud. Aussi juste que soit sa critique du concept de pulsion partielle, on ne peut pas dire qu'elle soit concluante. Comme cela arrive souvent, la critique est concluante quand on suit le contenu phénoménal visé de la sorte et accessible seulement à l'expérience propre. De la même façon qu'on ne peut pas battre Bleuler quand on critique son concept d'association parce qu'il a « vu » beaucoup plus que ce qu'on a l'habitude et la possibilité d'exprimer et de représenter avec ce concept, ainsi on ne peut pas non plus réfuter Freud quand on s'en tient au texte de son enseignement. Comme le concept d'association de Bleuler contient de façon implicite le moment intentionnel, si bien qu'il acquiert une acception si large que son contenu s'en trouve appauvri, de la même manière les faits qui sont désignés à travers le mot pulsion chez Freud contiennent toujours déjà un moment porteur de valeur, même s'il ne veut pas lui-même le reconnaître. Straus passe souvent à côté des faits réellement vus par la psychanalyse. Ainsi a-t-il certes largement raison contre Freud avec sa critique du concept et de la théorie de l'origine du *sadisme*, mais il manifeste une conception trop unilatérale du psychisme infantile quand il affirme que « les choses n'apparaissent à l'enfant que selon l'ordre du cassable ou de l'incassable en tant que possibilité d'exercer sa force », que « la destruction est la seule forme d'action sur les choses qui lui est accessible »; « sa joie à détruire est une joie à son action » (p. 112). Les choses ne sont pas du tout si simples, et la comparaison de l'enfant avec un jeune chien est complètement inadmissible. Un exemple : ces jours-ci m'a été rapporté lors de l'analyse d'un cas difficile d'hystérie d'angoisse un propos, certifié par les proches parents, que la malade aurait prononcé à l'âge de trois ans alors qu'elle allait à la gare avec ses parents et passait devant « une rangée de maisons laides et menaçantes », que la malade voit encore devant elle. Au grand dam des parents elle se mit dans une très grande colère : « détruire toutes les maisons ! ». Si l'on ne considère pas ce propos de façon isolée mais qu'on prend en compte dans tous ses détails le développement de l'histoire de la vie de la malade durant 30 années, alors il ne viendrait à l'esprit de personne de parler ici de la joie de l'enfant à la destruction comme d'une joie à son action, d'autant plus qu'il ne s'agit vraiment pas dans mon exemple d'un agir, mais d'une menace. On découvre plutôt dans cette pulsion destructrice le trait « néronien » qui traverse toute l'histoire de la vie et la névrose de tels malades et qui, si on ne veut pas les appeler sadiques, représente déjà une forme « inadéquate aux valeurs » (quoique non purement pulsionnelle) de volonté de possession. Je n'arrive plus à savoir si c'est la laideur des maisons pour l'enfant (plus tard devenu peintre) ou uniquement leur caractère menaçant qui a provoqué la haine. Mais je n'arrive pas non plus, d'un autre côté, à reconnaître que nous devions parler de « pulsions partielles » sadiques ou au moins agressives seulement là où l'essence et la valeur de l'objet sont *entièrement saisies* de manière subjective, et sont ainsi complètement conscientes. *La pulsion et la conscience de la signification ne se laissent pas non plus séparer chez l'enfant, ni de façon temporelle, ni de façon objective*; dès que nous parlons de l'un, nous devons aussi évoquer l'autre (ce que Freud de son côté ne voulait pas voir et ne pouvait pas voir avec son sensualisme dynamique). Je ne m'attaque pas à la critique que fait Straus de la théorie de la libido, théorie dans laquelle j'aperçois une doctrine théorique heuristique précieuse dont la construction est extrêmement réussie et qui inspire un grand respect quant à sa structure, mais je m'attaque à la méconnaissance de la psyché infantile. Nous devons ici complètement laisser de côté l'objection selon laquelle il aurait s'agit dans notre exemple d'un enfant prédisposé à évoluer vers la névrose et selon laquelle il en aurait été différemment chez un enfant normal, sans parler des réserves morales quant à l'affirmation chez l'enfant d'un penchant agressif. Il doit être seulement montré que dans de telles questions, seule la minutieuse connaissance empirique-historique de l'histoire intérieure de la vie peut se montrer déterminante.

Le deuxième et dernier exemple concerne la conception que Straus a conquise de l'essence de l'*avarice* (p. 31 *sq*.). L'essence du comportement avare ne consiste pas dans le fait que l'avare ne veuille rien donner, ce qui caractérise le mesquin, mais dans le fait « que toute passion est retournée jusqu'à empêcher que la possession soit conduite à son destin véritable, à travers lequel seulement elle reçoit sa valeur ». « La lutte contre la réalisation (*Verwirklichung*), la persistance dans l'état de possibilité est ce qui est déterminant dans l'essence de l'avare. C'est cela qui l'attache à l'argent ». Cela semble et est beaucoup trop rationaliste. Nous ne devons pas seulement analyser l'avarice de manière rationnelle, mais la considérer comme un mode d'explicitation compréhensive du *monde* par l'individu (où le comprendre est entendu au sens de Heidegger comme un existential, qui se trouve au-delà de l'opposition du comprendre et de l'expliquer). Cependant chaque explicitation de la compréhension du monde est ontologiquement liée à l'être-jeté dans une *disposition affective* (*Befindlichkeit*) (Heidegger) ou une tonalité (*Stimmung*) déterminée, à un *être-intoné* (*Gestimmtheit*) de l'individu, pour employer l'expression de Kronfeld dans un sens large. L'avare en tant qu'avare ne « comprend » pas seulement le monde comme ceci ou comme cela, mais, comme toute compréhension, celle de l'avare est également intonée (*gestimmt*) ou « sentie » (*befindlich*) d'une façon ou d'une autre. Cela, la psychanalyse l'a bien vu. Certes, quand elle « dérive » l'amour de l'argent de l'amour pour les excréments, elle se trompe; car les deux tendances à la possession proviennent d'une troisième, qui justement est plus proche d'une disposition affective fondamentale (*Grundbefindlichkeit*) compréhensive déterminée, ou de l'être-intoné de l'individu, que nous nommons avare et dont l'être-intoné n'est pas épuisé par des considérations rationnelles. Straus a seulement vu dans le comportement de l'avare quelque chose qui pouvait être compris, la psychanalyse y a seulement vu un moment affectif qui ne peut pas être compris. Mais les deux sont inséparables.

La remarque de Straus selon laquelle l'avare de Molière n'aurait objectivement pas été plus mal loti s'il avait eu un coffre vide est caratéristique ! Que signifie ici objectivement plus mal loti ? Plus mal loti en ce qui concerne son environnement extérieur, son logis, ses vêtements et sa nourriture? Mais l'avare, tout comme l'amoureux, ne sacrifie-t-il pas tous ces objectifs avec beaucoup de joie au bénéfice de son seul plaisir, sa «possession»? Cela n'est-il par exemple pas un «objectif»? Straus semble ne pas apercevoir la réévaluation de la valeur qui fait par essence un avec la disposition affective (*Befindlichkeit*) de l'individu avare. *L'objectif* est au mieux que «des bonnes choses arrivent dans la vie», c'est-à-dire pour l'avare: accumuler de l'argent (et pas seulement *avoir* beaucoup d'argent). Ici confluent le bien-être subjectif et l'être-bien-embarqué objectif, comme ils confluent pour l'amoureux dans la possession de l'aimé, pour le collectionneur passionné dans la possession d'un timbre ou d'un tableau pour lequel il est prêt à donner tous ses biens matériels et son honneur. Ce qui différencie la joie de la possession financière de la joie de la possession d'un autre collectionneur est lié à «la tendance à demeurer dans l'état de la possibilité» (p. 33), d'où cette possibilité «économique» déterminée est toujours à garder devant les yeux et à analyser économiquement. Straus finit par comparer l'avare avec les malades obsessionnels et leur «résistance contre le devenir historique». Je tiens la comparaison entre l'obsession et la passion pour non valable quand on ne veut pas voir *derrière* l'obsession la passion refoulée, ce que Straus pour sûr ne fait pas. La passion signifie effectivement dans un sens pulsionnel une résistance contre le devenir historique, complètement à l'opposé de la passion au sens de l'enthousiasme de l'esprit, la *mania* de Platon, qui déplace des montagnes.

L'avarice est une posture fondamentale (*Grundhaltung*) ou un être-intoné (*Gestimmtheit*) humain originaire, irréductible, que l'on ne peut pas décomposer autrement que dans ses configurations particulières et *leur* genèse, et qui porte avec elle sa propre explicitation du monde. L'explicitation compréhensive et l'être-intonné ou la disposition affective vont *ontologiquement* ensemble (comme l'a montré Heidegger); Nietzsche, Freud et Klages ont déjà, chacun à leur manière, souligné et analysé leurs interrelations *ontiques*. Regardons de plus près:

L'avare *remplit* des caisses et des caisses et des boîtes avec de l'«or». Le remplir précède le ne-pas-vouloir-donner à tous égards, pas seulement du point de vue du temps et de la chose, mais aussi en ce qui concerne le fondement émotionnel. Le bonheur et la joie de l'avare consistent dans le remplir et l'avoir-rempli, la passion lui appartient; le ne-pas-vouloir-donner et le ne-rien-lâcher n'est pas premier, mais en est la conséquence nécessaire. Ce remplir est le lien *a priori* qui conduit les excréments et l'argent à un dénominateur commun, dont résulte la *possibilité* qu'au cours du développement de l'homme singulier, la quête d'argent puisse être considérée comme « provenant » de la rétention des excréments. Mais cette dernière n'est pas du tout la « cause » ou le motif de l'avarice. Ce motif repose, comme nous l'avons dit, plus profondément et *derrière* ces deux éléments. Ainsi *devons nous toujours corriger les dérivations ou les « genèses » psychanalytiques*. Straus l'avait déjà vu; il se contentait cependant ici des significations générales, tandis qu'il négligeait la couche « irrationnelle » existentiale de la disposition affective, qui est *décisive pour la significativité* humaine générale (mais pas du tout à l'échelle individuelle !) *des significations*.

Concernant l'avare nous voyons également dans le devoir-remplir et le devoir-accumuler un des traits fondamenaux de sa disposition affective; il concerne aussi bien le corps en tant que caverne (*Höhle*) que les caisses et les boîtes, les bas de laine et les sacs. Cependant les cavités ne servent pas seulement à accumuler, mais aussi à protéger des regards et des griffes des prochains (*Mitmensch*); elles sont de ce fait bien fermées à clé et bien cachées. À cela appartient également le fait que l'avare *s'assoie* ou est *accroupi* sur son argent comme la poule sur l'œuf, le couvrant de sa propre chair et le défendant vis-à-vis de l'extérieur. La dimension de secret et d'isolement de sa possession, tout comme de sa relation avec elle, appartient par essence à la passion de l'avare. À la place de l'envie de dépenser ou de dispenser, ce qui n'est possible que par le contact avec le monde commun (*Mitwelt*), il en va ici de l'envie de contempler en secret, de palper ou de palper par l'esprit : le décompte. En ceci consistent les délices secrets et les orgies de cette sorte de disposition affective. Je ne crois pas que nous devions apercevoir là-dedans un trait fétichiste, dont von Gebsattel a, il y a peu, relevé de façon si claire le caractère pervers. L'argent peut *remplacer* presque comme un fétiche le pouvoir et le plaisir de la vie, comme par exemple la tresse peut remplacer la femme toute entière. La caractéristique irrationnelle de l'avarice est le « caractère tentaculaire (*Molochhafte*) » qui va de pair avec une explicitation *spatiale* déterminée du monde, comme nous l'avons vu, c'est-à-dire une puissante mise en relief de la significativité de l'espace rempli, clos, circonscrit et caché, et ainsi aussi du corps vivant « en tant que » *caverne*. Une sorte particulière de conscience corporelle appartient par essence à l'avarice. Cela, la psychanalyse l'a correctement vu. De la même manière appartient à l'avare une explicitation déterminée du temps. Le temps n'est pas aussi tranquille pour l'avare qu'il l'est pour le névrosé, qui se retourne sur lui-même d'une façon toujours « pulsionnelle », c'est-à-dire atemporelle et anhistorique[1]; il [le

1. Cf. *ibid.*

temps] ne conserve sa significativité que par la détermination de (l'arrachement et du) remplissement; il n'est pas compté en heures et en années, mais en possibilités de remplissement. Le temps immanent au vécu trouve en cela sa structure et son tempo. Le fait que l'on puisse aussi *être avare de son temps* montre qu'ici aussi « le temps » est spatialisé au sens du caractère tentaculaire, dans la mesure où de petits espaces-temps sont de manière assidue et constante imbriqués en de plus grands, sauvegardés et jalousement gardés. Le ne-pas-vouloir-donner-de-son-temps en est l'expression seconde. La temporalisation elle-même, c'est-à-dire le devenir historique, et en cela je donne raison à Straus, est effectivement rendue impossible par la monotonie de l'avarice et la monomanie de l'avare; cela vient, comme nous l'avons dit, d'une sommation temporelle additionnable de l'extérieur, morcelée ou spatialisée.

Comme pour l'espace et le temps, le rapport fondamental de l'avare vis-à-vis de la mort est aussi relativement clair. Tandis que la prolongation et l'utilisation après sa mort de ce qu'il a acquis tient encore à cœur à l'économe (et au bourgeois en général), et que dans cette mesure « tout » n'est pas perdu pour lui avec la mort, qu'il continue à exister dans ses « biens » encore « économiquement », « tout est fini » pour l'avare en règle générale avec la mort; car ce qui arrive ensuite avec ses biens lui est complètement égal s'il ne se préoccupe pas de faire en sorte (en enterrant et en cachant son trésor) que rien ne *puisse* arriver. *Une* forme d'avare manifeste certes un comportement particulier à l'égard de la mort: si l'avarice est toujours également caractérisée par un comportement particulier vis-à-vis du *monde commun* (*Mitwelt*), c'est bien de façon purement privative comme indépendance vis-à-vis de lui, comme absence la plus grande possible de relation interhumaine. Dans cette forme d'avarice, dont nous voulons maintenant parler, la mort conquiert une signification positive particulière par le fait qu'elle est le but secrètement attendu, par lequel la possession reçoit une signification publique (*mitweltliche Bedeuntung*), à savoir celle du triomphe sur la postérité quand celle-ci se rend compte « combien j'étais riche ». Ce triomphe peut être orchestré à la manière d'une recherche de prestige secrètement rongeante, mais aussi à la façon d'une duperie, d'une escroquerie et d'une moquerie vis-à-vis de la postérité. La surprenante apparition de « beaucoup d'argent » ayant fait son effet, il réapparaît de nouveau avec lui, ce qu'il veut. L'avare est « plus généreux » vis-à-vis de la mort que le bourgeois moyen; il ne sépare pas la possession de sa personne; quand c'en est fini de celle-ci, alors « tout est fini ». Ainsi le cours de la vie de l'avare conduit, sur le chemin escarpé de l'obsession démoniaque par une certaine « idée » du monde, certes extrêmement restreinte, pauvre en sens, et en constant dialogue avec ce démon, à la chute « commune » avec lui dans le Rien vide; au contraire d'un cours de la vie véritablement éveillé, riche de sens, de l'homme moralement « éveillé », dont le dialogue avec soi et avec le monde est en même temps un dialogue constant avec le *monde commun* (*Mitwelt*), qu'il « rencontre » encore même après la mort sous la forme du monde vécu en commun avec lui. Pour l'avare, le monde commun existe à peine comme vraiment partagé avec « l'autre homme »; il ne prend pas part à lui; dans cette mesure, un véritable *être-l'un-avec-l'autre* (*Mit-einander-Sein*) (Löwith) n'arrive jamais. Le prochain (*Mitmensch*) est ici considéré seulement comme un moyen en vue d'une fin, c'est-à-dire est réduit à un simple outil chosifié ou un étant disponible (*Zuhandene*). La forme du rapport de l'avare avec les prochains (*Mitmensch*) n'est pas, en un mot, celle du *prendre-part* à quelque chose émanant d'eux, mais celle du grossier les *prendre* par quelque chose[1], c'est-à-dire celle du rapport de simple utilité avec eux. Comme la cruche est saisie par l'anse, l'avare prend ainsi l'autre « au mot », « par l'oreille », par son « point faible », et procède avec lui comme avec un récipient que l'on peut « exploiter ». S'il n'a pas de « sensibilité à l'autre », cela n'est pas un signe de cruauté ou de sadisme, qui suppose la capacité de ressentir la douleur de l'autre, c'est plutôt le signe d'une tendance tentaculaire à un élargissement et à un comblement de soi purement quantitatif (duquel « le gain financier » n'est qu'un élément), relié à la conception utilitaire purement quantifiante-calculatrice du monde commun (*Gesamtwelt*), dans laquelle un concept comme celui de « prochain ressentant » (*fühlender Mitmensch*) ne peut tout simplement pas naître. Au fond, l'avare est seul au monde avec son démon.

Ainsi la vie de l'avare est un simple *commerce* (*Geschäft*), gouverné par les facteurs « sans âme » de la simple quantité, de l'étendue et du compte, et ainsi par la méthode froidement calculatrice. Cependant on aurait tort de croire qu'on a ainsi épuisé l'essence de l'avarice. L'avarice n'est pas seulement un commerce de la tête, mais, comme la psychanalyse l'a si bien vu, un commerce du « ventre ». C'est seulement quand la sphère vitale, et même un domaine bien particulier de celle-ci, est entrelacée dans l'analyse de l'avarice que l'image se précise. Au « ventre » appartient aussi le gosier et appartiennent les pattes, qui saisissent la proie, ne la lâche pas et « l'enfourne » dans le gosier. C'est tout cela que nous cherchions à réunir dans l'image de l'emprise tentaculaire, tandis que Balzac a besoin pour la

1. Je me réfère ici à une étude encore non publiée sur l'être-avec (*Mitsein*) (ensuite insérée dans mon livre *Formes fondamentales et connaissance du Dasein humain* de l'année 1942).

description de l'avare de deux animaux, le tigre et le boa : « il savait se coucher, se blottir, envisager longtemps sa proie, sauter dessus ; puis il ouvrait la gueule de sa bourse, y engloutissait une charge d'écus, et se couchait tranquillement, comme le serpent qui digère, impassible, froid, méthodique »[1]. Aussi l'utilisation que fait l'avare de son prochain (*Mitmensch*) se laisse déterminer plus précisément à partir de la tête et du ventre : le semblable devient l'objet d'un usage calculateur et d'un usage consumériste et digestible, en d'autres termes l'avare le *prend par* sa faiblesse et sa bêtise et par sa digestibilité. « Cet agneau », dit encore Balzac (dans *Eugénie Grandet*), « l'avare le laisse s'engraisser, il le parque, le tue, le cuit, le mange et le méprise ». Ce n'est pas par hasard que la langue parle à propos de l'avare d'une *faim* d'argent et de pouvoir. Dans cette mesure ce n'est pas la tête qui gouverne ici, mais « l'estomac » ; la tête (en tant que simple « intellect ») se tient ici complètement au service de l'estomac, c'est-à-dire de la contemplation et de la thésaurisation des proies. Pour cela il n'y a pas besoin du cœur ni de « l'idée », ni non plus de l'Eros au sens spirituel, mais seulement de la *méthode* purement intellectuelle et quantifiante du calcul. Ce que la vie propre apporte à cette *méthode*, lui donnant l'élan vital[2], c'est aussi une sorte de « réalisation de soi » de l'individu, mais une sorte de « réalisation de soi » en grande partie vitale, « sans esprit » (*geistlos*) ; je dis en grande partie, car « purement vital » qualifie l'homme seulement dans un état de perte complète de la conscience. Aussi règne dans le comportement de l'avare, comme nous l'avons vu, une sorte déterminée de *compréhension* du monde et des hommes et de leur *explicitation*, même si c'est une manière amorale, *sans*-esprit (*geist-los*). Mais même en elle le soi se « réalise », l'individu *a* le *monde* en tant que le sien.

1. [Toutes les citations de Balzac sont en français dans le texte.]
2. [En français dans le texte.]

ANTHROPOLOGIE, PSYCHOLOGIE, PSYCHOPATHOLOGIE

Par anthropologie nous n'entendons pas ici la détermination anatomique-ethnographique et la comparaison des races humaines et des étapes de leur développement sur la base de mesures crâniennes et osseuses, mais *la théorie des formes d'essence dans lesquelles l'homme vit son Dasein avec ses semblables, est dans le monde ou « existe »*. Il ne s'agit ici ni de chercher, de dénombrer ou de mesurer des caractéristiques, des qualités, des genres et des espèces, ni de typifier, de construire de façon hypothétique ou de théoriser. Tout cela n'est pas nécessaire à l'anthropologie, la seule chose qui compte pour elle, c'est de voir et de décrire les *possibilités* que l'homme peut réaliser dans la vie, dans lesquelles il vit de façon facticielle dans le monde et en vertu desquelles il aménage son *Dasein*. Il ne s'agit pas non plus ici d'une description psychologique ni d'une classification de processus dans un *sujet dépourvu de monde*, c'est-à-dire isolé de façon artificielle et théorique, mais de la compréhension des modes de *l'être-dans-le-monde* humain. Cette compréhension se structure, comme Heidegger l'a montré, selon la disposition affective (*Befindlichkeit*) ou l'être-intonné (*Gestimmtheit*), la temporalité, la spatialité et l'historicité (*Geschichtlichkeit*) du *Dasein*, c'est-à-dire selon son élévation (*Gehobenheit*) ou sa dénivellation (*Gedrücktheit*), son ascension ou sa chute[1], le tempo de son vécu, son étroitesse et sa largeur, sa distraction ou perte de soi, son rassemblement ou maturation de soi. Ce n'est qu'à partir de la façon dont l'homme est dans le monde qu'il est ici déterminé *comme le qui* qu'il est dans le monde (comme un homme indépendant ou

1. Voir L. Binswanger, « Le rêve et l'existence », *Neue Schweizer Rundschau*, Zurich, septembre-octobre 1930 [trad. fr. J. Verdeaux et R. Kuhn, *Introduction à l'analyse existentielle*, Paris, Minuit, 1971 ; nouvelle traduction par F. Dastur, Paris, Vrin, 2012].

dépendant, publique ou privé, inauthentique ou authentique, inconsistant ou véritable, comme malade mental ou sain, comme aventurier ou bourgeois, comme radin[1] ou dépensier, comme dandy ou saint, etc.); et de la même manière ce n'est qu'à partir de la façon dont l'homme est dans le monde qu'il est déterminé *comme le quoi* du monde qu'il *a* à chaque fois (comme outil à portée de la main, comme simple chose sous la main, comme objet théorique ou bien comme vie pratique ou politique, comme mythe, art, etc.). La structure de l'être-au-monde inclut aussi comme membres structuraux constitutifs le mode de l'être-sujet (du qui), le mode de l'être-au-monde en tant que tel (le comment du *Dasein*) et le mode de ce vers quoi le *Dasein* est dirigé (« intentionnellement »), la forme du quoi.

L'anthropologie moderne est gouvernée, tout comme la *phénoménologie* dont elle résulte, par une pensée de la structure, et non par une pensée de la mesure et du mécanisme. Aucun membre dans la structure d'ensemble de l'être-au-monde ne peut se modifier sans que le tout ne se modifie et inversement. Avec chaque transformation spatiale, temporelle, ou relative à l'histoire de vie, de notre *Dasein*, il s'agit, pour parler avec Paul Valéry, d'« une classification profonde qui se transforme », ainsi que de la transformation d'un *ordre* profond et systématique. Valéry a justement montré comment cette transformation concerne toujours aussi la forme du quoi du monde, par exemple lors de la description du *Dasein* humain *avant un départ*. Tandis que la psychologie se contente de décrire l'humeur de celui qui s'en va et fait ses adieux comme un sujet isolé, « ce qui se passe en lui » – ce qui, si l'on ne prend pas en compte la modification « concomitante » du « monde extérieur » ne peut aboutir qu'à quelque chose d'unilatéral et d'aléatoire, c'est-à-dire dépourvu de principe d'ordre directeur – Valéry met l'accent, avec une intuition fulgurante, sur la modification qui à cette occasion affecte « les choses » :

« De sentir que l'on s'en va, toutes choses encore tangibles en perdent presque aussitôt leur existence prochaine. Elles sont comme frappées dans les puissances de leur présence, dont quelques unes s'évanouissent ». Et à propos du prochain (*Mitmensch*) dont il prit congé hier, il écrit : « Hier encore, vous étiez près de moi, et il y avait en moi une secrète personne déjà toute disposée à ne plus vous voir de longtemps. Je ne vous trouvais plus dans le temps rapproché, et cependant je vous tenais la main. Vous m'étiez coloré d'absence, et comme condamné à ne point avoir d'avenir imminent. Je vous regardais de près, je vous voyais au loin. Vos

1. Sur ce thème, voir L. Binswanger, « Geschehnis und Erlebnis », *Monatsschrift für Psychiatrie und Neurologie*, vol. 80, 1931, p. 267-273 [*vide supra* « Événement et vécu »].

mêmes regards ne contenaient plus de durée. Il me semblait qu'il y eût entre vous et moi *deux* distances, – l'une encore insensible, l'autre immense déjà: et je ne savais pas quelle il fallait prendre pour la plus réelle des deux »[1].

Nous avons ici devant nous une description, certes sommaire, mais excellente, de la forme anthropologique d'essence du départ imminent, avec ses traits d'essence temporels et spatiaux caractéristiques, ses *doubles* distances et réalités temporelles et spatiales, ses interférences caractéristiques de la progression dans l'avenir, de l'arrêt et du retour en arrière du Je et du monde, ses interférences caractéristiques de la présence sensible (regarder, durée) et du lointain anticipé (voir, point d'avenir imminent). De cette manière on peut voir et décrire dans sa forme anthropologique d'essence tout ce qui se passe dans et avec les hommes sains et malades, et en particulier le monde affectif, pour lequel la psychologie nous offre tant d'abstractions et si peu de résultats effectifs.

La France possède une source précieuse de telles descriptions principalement psychopathologiques et concernant des phénomènes temporels dans le livre de mon ami E. Minkowski *Le temps vécu*[2] et dans ses analyses phénoménologiques très généreuses. À sa suite il y eut Erwin Straus et von Gebsattel avec leurs descriptions de la temporalité dans les dépressions[3] et en ce qui concerne le premier avec son article fondamental sur les formes du spatial[4]. Le dernier livre d'Erwin Straus, *Du sens des sens* (Berlin, 1935)[5] peut également être considéré comme une contribution à la direction de recherche anthropologique. Straus y examine, en reconduisant en direction du corps (*Leib*) tout le fatras de formules théoriques à propos « des sensations », la manière originaire dont l'homme, purement considéré en tant que celui qui éprouve, est dans le monde et a un monde. Dans le domaine de la schizophrénie, il y a les recherches de Franz Fischer sur les

1. Paul Valéry, *Monsieur Teste* [Paris, Gallimard, 1946, rééd. « L'imaginaire », 2001, p. 79-80].

2. Collection de l'*Évolution psychiatrique*, 1933 [rééd. « Quadrige », Paris, P.U.F., 2013] – Minkowski fut le premier à reconnaître l'importance de la prise en compte phénoménologique et anthropologique des moments temporels pour la psychopathologie.

3. Erwin Straus, *Monatsschrift für Psychiatrie und Neurologie*, vol. 68, 1928, et von Gebsattel, *Nervenarzt*, 1re année, cahier 5. Ce dernier a depuis consacré une étude très instructive aux phobies: *Nervenarzt*, 8e année, cahier 7. Voir également *Nervenarzt*, 2e année, cahier 1.

4. Erwin Straus, *Nervenarzt*, 3e année, cahier 11 [trad. fr. M. Gennart, dans J.-F. Courtine (dir.), *Figures de la subjectivité*, Paris, CNRS éditions, 1992, p. 15-50].

5. [trad. fr. G. Thinès et J.-P. Legrand, Grenoble, Millon, 2000.]

troubles schizophréniques de la pensée[1]. Je me suis moi-même exprimé sur «Le problème de l'espace en psychopathologie»[2] dans un exposé commandé en 1932 par la Société suisse de psychiatrie, à l'occasion de quoi E. Minkowski avait parlé du problème du temps en psychopathologie[3].

J'ai moi-même entrepris l'exploration anthropologique d'un groupe morbide psychiatrique-clinique déterminé, celui de la manie, dans mes études « Sur la fuite des idées »[4], dont le titre devrait plutôt être « L'homme aux idées fuyantes». Car c'est l'ensemble du *Dasein* humain que nous qualifions de diffluent d'un point de vue clinique et psychologique qui y est exploré dans sa structure anthropologique fondamentale, tout à fait indépendamment du fait qu'il s'agit d'un être pathologique. La seule chose questionnée et explorée, c'est comment est l'homme dans la forme de son être au monde qualifiée de diffluente, en d'autres termes dans quelle mesure, en tant qu'homme aux idées fuyantes, il est encore *avant tout* un homme (et pas un complexe de symptômes, un cas morbide, un trouble de la fonction cérébrale ou psychique, absolument pas une âme, pas un organisme, etc.). Cependant, à la différence de Minkowski, je ne me fondais pas sur les théories de Bergson, mais, conformément à mon point de départ purement phénoménologique[5], sur les théories de Husserl et les théories ontologiques de Heidegger, qui en sont issues. Avec ces instruments, il fut possible de découvrir dans l'ensemble des comportements des maniaques, de l'écriture jusqu'à leurs pensées et leurs comportements sociaux, une structure anthropologique unitaire qui fut caractérisée comme forme *bondissante* de l'être homme, fut décrite dans toutes ses composantes structurelles et observée jusque dans le domaine de la volatilité « normale » de la pensée, du «caractère grande gueule» normal et de la «joie festive normale du *Dasein* ». Il fut ainsi montré que cette direction de recherche ne peut entrer en conflit ni avec la direction de recherche psychopatho-

1. Franz Fischer, *Zeitschrift für die gesamte Neurologie und Psychiatrie*, vol. 121, cahier 3/4; *Zeitschrift für die gesamte Neurologie und Psychiatrie*, vol. 124, cahier 1/2, ainsi que *Schweizer Archiv für Neurologie und Psychiatrie*, vol. 31, cahiers 1 et 2.

2. L. Binswanger, *Zeitschrift für die gesamte Neurologie und Psychiatrie*, vol. 145, cahier 3/4 [trad. fr. C. Gros-Azorin, Toulouse, Presses Universitaires du Mirail, 1998].

3. E. Minkowski, «Le problème du temps en psychopathologie», *Recherches philosophiques*, 1932/1933.

4. Orell Füssli, Zurich, 1933 [trad. Fr. M. Dupuis, *Sur la fuite des idées*, Grenoble, Millon, 2000].

5. *Zeitschrift für die gesamte Neurologie und Psychiatrie*, 1923, vol. 82 [« De la phénoménologie », trad. fr. J. Verdeaux et R. Kuhn, dans *Introduction à l'analyse existentielle*, *op. cit.*].

logique-clinique, ni avec la direction de recherche psychanalytique; elle ne veut être ni une « théorie » clinique, ni une détection des connexions vécues inconscientes. Mais dans la mesure où, sans ménagement et sans égards pour les préjugés théoriques, elle examine les hommes jusque dans les plus fines mailles de leur être et dans sa structure anthropologique, elle ne réussit pas seulement à ouvrir aux directions de recherches sus-nommées de nouveaux domaines *matériels*, mais avant tout à leur procurer des bases *méthodiques*, *formelles* plus solides; car là où il s'agit du dévoilement d'une structure, il s'agit toujours en même temps aussi d'un principe méthodique, diaphane, de description scientifique et de recherche, d'un principe d'ordre scientifique qui n'abandonne plus rien au hasard et à l'aléatoire.

Dans la mesure où l'anthropologie est la théorie des formes d'essence dans lesquelles l'homme, comme nous le disions au début, est au monde ou existe *avec ses semblables*, les formes de comportements *sociaux* se tiennent complètement au centre de l'intérêt scientifique. L'être-avec (*Mitsein*) « publique » de l'homme avec ses semblables au sens des « autres hommes » et l'être-l'un-avec-l'autre (*Miteinandersein*) « privé » des hommes (amis ou amants) qui se lient profondément en tant que Je et Tu constitue un, et même peut-être *le* trait fondamental le plus intégrant de la structure de l'être-au-monde humain. L'homme ne peut d'aucune manière se laisser résoudre en dehors de ce rapport à autrui; même l'isolement, l'autisme, la misanthropie, etc. ne se laissent pas comprendre et décrire autrement que comme formes déterminées (« négatives ») de la relation inter-humaine. Que ces formes de relation constituent un problème de premier plan de la recherche anthropologique[1], cela ne conduit pas seulement dans la proximité immédiate de la psychopathologie, mais avant tout de la psychothérapie. Celle-ci requiert, pour la pleine compréhension de sa structure intersubjective aussi bien que de son « efficacité », une « fondation anthropologique »[2].

En lien avec tout cela un dernier problème anthropologique serait à évoquer, le problème de la *corporéité*. Avec cette expression nous ne désignons pas du tout un état de choses relatif aux sciences de la nature ou à la philosophie, ni surtout aucun produit conceptuel issu d'une *théorie* du corps et de l'esprit, mais l'archétype des formes fondamentales dans lesquelles l'homme est corporellement au monde, en d'autres termes, dans

1. Voir L. Binswanger, *Nervenarzt*, vol. 8, 1935 [« De la psychothérapie », trad. fr. J. Verdeaux et R. Kuhn, dans *Introduction à l'analyse existentielle*, *op. cit.*].

2. Voir Löwith, *Das Individuum in der Rolle des Mitmenschen* [L'individu dans le rôle du prochain], 1928 [rééd. Fribourg/Münich, K. Alber, 2013].

lesquelles il peut vivre son corps ou dans lesquelles son corps lui devient «conscient». Il ne s'agit pas ici non plus d'une sphère vécue isolée, mais d'un élément structurel au sein de l'être-au-monde total qui se tient dans une relation structurelle de proximité avec la sphère vécue sociale, avec l'être-avec et l'être-l'un-avec-l'autre. J'ai décrit cela à l'occasion de l'exemple de l'aphonie hystérique, en partculier du refoulement et de l'oubli [1]. Ce que la psychanalyse appelle l'inconscient ne se laisse *positivement* décrire et comprendre scientifiquement que s'il est réinscrit et éclairé à partir de l'ensemble de la recherche structurelle anthropologique, et en premier lieu ici du champ de problème de la corporéité.

Dans ce qui précède, et du fait de l'espace disponible, seule une esquisse très imparfaite du champ de problème et de recherche que le titre indiquait a pu être produite. Les références bibliographiques doivent montrer à celui que le thème intéresse où il peut se diriger. Mais seul celui qui ne ménage pas sa peine et se familiarise avec les bases de la direction de recherche *purement* phénoménologique de Husserl, de l'anthropologie philosophique (avant tout celles de Scheler et Jaspers) et de l'ontologie fondamentale de Heidegger (voir *Être et temps*, 1927), pénétrera véritablement dans la méthode et l'intention de cette direction de recherche. L'*abandon* de la théorie, le retour à la simple description des formes dans lesquelles notre *Dasein* se meut, doivent aussi être appris. Mais si l'on a appris à accomplir ce retournement de notre pensée moderne surchargée de théorie et si l'on réussit de nouveau à voir et à comprendre le *Dasein* humain dans l'ensemble structurel de la richesse originaire, multiple et inépuisable de ses formes, alors s'ouvre la voie vers un dépassement aussi bien de la fragmentation des sciences, qui toutes décrivent des faits anthropologiques et y «sont liés» du fait de leur racine, que de la fragmentation de l'homme moderne, qui ne peut être freiné dans sa course toujours plus rapide dans l'inconnu que par la connaissance de son essence propre et la plus authentique.

1. Voir «De la psychothérapie».

SUR LA RELATION ENTRE LA PHÉNOMÉNOLOGIE DE HUSSERL ET LA CONNAISSANCE PSYCHOLOGIQUE [1]

L'exposé qui va suivre à propos de la relation entre la phénoménologie de Husserl et la connaissance psychologique est tiré d'un livre non publié [en anglais] de l'auteur, et intitulé : *Le fondement anthropologique et l'essence de la connaissance psychologique*. Le fondement anthropologique qui est ici largement élaboré conformément aux principes phénoménologiques et ontologiques, s'est révélé être dans un premier temps l'amour, c'est-à-dire la communion aimante dans le « foyer » ou l'« éternité » ; et dans un second temps la relation discursive, ou plus simplement la coexistence et la coopération dans le domaine de l'espace et du temps. Basée sur ces fondements, et sur l'« existence », la connaissance psychologique s'est révélée être la tentative de surmonter la contradiction apparente entre l'« amour » et le « souci » ou, en d'autres termes, entre « l'être-dans-le-monde » et « l'être-par-delà-le-monde ». L'être de l'homme n'est pas compris lorsqu'il est décrit comme simple « souci » ou « être-dans-le-monde », ce qui est, comme on le sait, la doctrine de Heidegger. Il doit plutôt être conçu comme « être-dans » aussi bien qu'« être-par-delà-le-monde », à savoir comme une sorte d'aspiration à et de poursuite de l'infini (le foyer), ou comme le moment éternel de l'amour (éternité) au sein du monde fini du souci. En même temps il s'est révélé clair que et combien

1. [Cet article correspond à un texte (inaccessible) rédigé en allemand par Binswanger, mais traduit en anglais par le Dr Gauss de l'université de Bâle et publié dans cette langue. Nous avons retraduit à partir du texte anglais. Cependant, celui-ci se montrant parfois très imprécis, et le texte de l'article se révélant souvent extrêmement proche de celui d'un passage bien circonscrit des *Grundformen* (cf. *Grundformen und Erkenntnis menschlichen Daseins*, *Ausgewählte Werke*, Heidelberg, Asanger, 1993, p. 575 *sq.*), nous nous sommes référés à ce dernier texte pour arbitrer nos choix de traductions lorsque le texte anglais se révélait trop surprenant du fait des choix du traducteur anglophone.]

l'amour (c'est-à-dire le mode « dual » de l'être de l'homme) est ontologiquement plus originaire que le souci (à la fois en ce qui concerne l'autoconservation de l'individu et les problèmes liés aux relations sociales).

Nous ne souhaitons pas insister ici sur les divergences très importantes entre la phénoménologie telle qu'elle est conçue par Goethe et celle de Husserl autrement que dans la mesure où elles concernent le problème de la connaissance du *Dasein* et sont susceptibles d'avoir des conséquences considérables. La différence est en bref la suivante. D'un côté, nous avons affaire à une connaissance de la « métamorphose » ou du changement de forme, une connaissance qui s'établit sur la base d'une interrelation entre le sujet connaissant et la réalité, et qui est, pour ainsi dire, constamment « en mouvement ». D'un autre côté, nous trouvons l'« intentionnalité », ou la tentative unilatérale du sujet de comprendre le monde des « objets » comme s'il se trouvait dans une position de distance vis-à-vis d'eux.

Pour Kant, les néo-kantiens et le Professeur Hönigswald c'est un truisme qu'il y a autant (ou aussi peu) de connaissance qu'il y a d'objets donnés. La même chose, cependant, s'applique dans une certaine mesure à Husserl. Pour lui, l'objet est l'étalon de tout énoncé rationnel portant sur lui, et la connaissance, dans le sens le plus large du mot, n'est possible que comme connaissance de l'objet[1]. Bien qu'il souligne la constante corrélation entre la noèse et le noème jusque dans ses remaniements les moins remarquables, ce en quoi consiste la grande supériorité de ses *Idées* par rapport à ses précédentes *Recherches logiques*, persiste le fait qu'avec lui l'intentionnalité, qui se limite à la noèse et au noème, représente pour ainsi dire tout l'être. Être pour lui signifie toujours être un objet ou, pour parler de façon plus prudente, l'hypothèse fondamentale de la phénoménologie de Husserl repose dans la présupposition de la conscience originaire, comprise intentionnellement, comme accès véritable à l'être. Le problème

1. Note de l'éditeur [américain] : Il faut noter cependant que la constitution intermonadique telle qu'elle est décrite dans la cinquième des *Méditations Cartésiennes* de Husserl introduit et reconnaît dans l'*alter ego* un être qui « en lui-même » n'est pas simplement un *objet* de connaissance. La recognition de l'intersubjectivité transcendantale de Husserl va suffisamment loin pour autoriser le concept binswangérien de communauté aimante de vie. En fait, le problème en jeu dans la discussion qui suit ne semble pas tellement être le caractère d'objet de l'être (ce problème est en partie dû à des ambiguïtés de méthode) ni celui de la simple intentionnalité comme caractère distinctif de la conscience (l'intentionnalité peut être comprise dans un sens large comme incluant les principales fonctions en question) ; le problème réellement en jeu est la thèse idéaliste selon laquelle expérience veut dire synthèses objectivantes, et que l'unité et les unités de ce qui est soient constituées par l'unité de la signification dans la conscience transcendantale. À la suite de Heidegger, Binswanger pointe du doigt des expériences qui n'impliquent aucune activité d'objectivation.

de l'être est par conséquent réduit à une analyse de l'intention, et la phénoménologie devient une science de la conscience. Par suite, la théorie intentionnelle-analytique de l'auto-donation de l'étant peut apparaître comme la conception propre à la phénoménologie de Husserl qui la distingue de tout autre effort philosophique pour interpréter l'être au sein de l'horizon de la vérité[1].

C'est Joseph König[2], pour autant que je sache, qui le premier a clairement montré que le *Dasein* chez Husserl signifiait l'« être vivant d'un savoir ». « Il est », ajoute-t-il, « et il est connaissance; mais il n'est que dans la mesure où il sait et il ne sait que dans la mesure où il est ». Et « l'intentionnalité », conclut-il, « le problème de base de toute phénoménologie, n'est qu'un autre nom pour cette corrélation entre connaissance et être, qui est aussi la première caractéristique de la conscience ».

Il ne fait aucun doute que Scheler fut le premier à imprimer à la phénoménologie ce tournant ontologique particulier; mais la formulation de König nous semble plus claire, bien que nous ne puissions pas donner notre totale approbation à tout ce qu'il dit[3]. Que l'idée d'être ne soit pas totalement superposable à celle d'être un objet ou, en d'autres termes, que l'être et l'être un objet ne puissent être utilisés comme des termes interchangeables – pour adopter cette façon négative de s'exprimer – c'est bien la thèse fondamentale de l'ontologie de Heidegger ainsi que la nôtre. Positivement, Heidegger tente de montrer le caractère inadéquat de la conception husserlienne de l'ontologie en prouvant que l'intentionnalité n'est qu'un terme dérivé, qu'elle est un simple mode du « souci » ou de l'essence de l'existence humaine comme « être-dans-le-monde ». Il montre de plus que l'angoisse, l'autre concept très important dans sa philosophie, doit ontologiquement être décrite comme angoisse devant le rien abyssal, et pas simplement comme la peur de quelque chose, à savoir la peur d'un certain fait ou événement s'inscrivant dans l'espace et le temps. En plus de cela, il insiste sur le fait que l'angoisse, correctement comprise, ne manifeste aucune « production » intentionnelle et que, en conséquence, on ne peut jamais raisonnablement s'attendre à l'appréhender au moyen d'une

1. Voir Eugen Fink, « Le problème de la phénoménologie d'Edmund Husserl », *Revue Internationale de Philosophie*, vol. 1, p. 248. [trad. fr. D. Franck, dans E. Fink, *De la phénoménologie*, Paris, Minuit, 1974]. L'article mériterait d'être lu dans son entier.

2. *Der Begriff der Intuition* [*Le concept d'intuition*], Halle, 1926, p. 293.

3. Que ce problème concernant le développement de la phénoménologie ait récemment été mis en avant, la contribution de Fink à laquelle nous avons déjà fait allusion, ainsi que celle de Landgrebe dans la *Revue internationale de philosophie*, vol. 1, janvier 1939, qui est entièrement dédiée à la mémoire de Husserl, l'illustrent.

simple analyse de l'intention. Chez Husserl, l'auto-aperception de l'homme, sa découverte qu'il est tel ou tel être humain particulier avec sa propre place particulière au sein du monde, est en fait encore considérée comme un résultat produit par la conscience intentionnelle, dont il pense que, par la méthode de la régression, les moments constituants peuvent être explorés et étudiés. Mais une telle vue ne nous mènerait pas encore au-delà de l'orbe de la philosophie kantienne et néo-kantienne, comme il apparaît clairement lorsque nous pensons à la célèbre *Psychologie générale* de Natorp et à sa tentative de «reconstruire» la conscience à partir de ses productions. Il est vrai que Husserl ne perd jamais autant de vue l'homme que Natorp; mais il n'en demeure pas moins qu'il conçoit l'homme (c'est-à-dire chaque être humain particulier) de la même manière que toute autre entité empirique de l'univers, à savoir en le considérant comme un point de départ exemplaire pour une analyse phénoménologique qui au final doit nous mener à apercevoir de l'intérieur ce que l'humanité en tant que telle est vraiment[1]. De plus, c'est dans un état d'absolu détachement vis-à-vis de notre existence propre que Husserl aurait voulu que nous adoptions sa méthode phénoménologique pour l'investigation de l'être de l'homme ou, pour utiliser ses propres termes, pour l'investigation de la subjectivité et ses pouvoirs de constituer l'espace et le temps[2]. Il faut l'admettre, cette subjectivité, pour le répéter, ne peut, selon Husserl, être explorée que par la voie de la régression en rétrocédant du produit de la conscience intentionnelle qui est tenu pour acquis vers la façon dont il a été produit ou est produit continuellement par la conscience intentionnelle. Néanmoins, les produits ou les faits de conscience sont encore utilisés comme une sorte de «principe directeur» pour l'analyse phénoménologique; mais ne pourrions-nous pas dire que la méthode husserlienne d'analyse

1. Voir mon essai « De la phénoménologie », *Zeitschrift für die gesamte Neurologie und Psychiatrie*, vol. 82, 1923, p. 10-45 [trad. fr. J. Verdeaux et R. Kuhn, *Introduction à l'analyse existentielle*, Paris, Minuit, 1971, p. 79-118].

2. Note de l'éditeur: ce complet désintérêt de l'attitude phénoménologique est cependant, selon Husserl, à la fois la preuve suprême et la source la plus pure de rationalité libre et responsable. C'est pourquoi elle est considérée comme représentant et réalisant une véritable action révolutionnaire. Elle a la fonction productive de créer une nouvelle conscience de soi et ainsi de poser les fondations d'un nouvel état de notre être. Voir Husserl, *La crise des sciences européennes*, p. 93 *sq.* : « nous sommes donc, dans *notre* travail philosophique – comment pourrions-nous l'oublier ? – les *fonctionnaires de l'humanité*. La responsabilité tout à fait personnelle qui est la nôtre à l'égard de la vérité de notre être propre comme philosophes, dans la vocation personnelle intime, porte en soi la responsabilité à l'égard de l'être véritable de l'humanité » [voir trad. fr. G. Granel, *La crise des sciences européennes et la phénoménologie transcendantale*, Paris, Gallimard, 1976, rééd. coll. « Tel », p. 23].

intentionnelle peut simplement être décrite comme la méthode utilisant de tels « principes directeurs » (qui, à leur tour, devraient être considérés comme dérivant des faits donnés) ?

Dans le sens que lui a donné Heidegger, cependant, l'être-homme comme fait ne doit jamais être confondu avec la facticité de l'existence de chaque être humain particulier. Cette facticité s'annonce par ces modes d'être qui ne peuvent pas être atteints par la méthode de l'analyse intentionnelle adoptée par Husserl, à savoir des modes d'être tels que, par exemple, la « conscience morale », ou la « dette », et par dessus tout, l'« angoisse ». Dans tous ces cas nous ne pouvons pas désigner des objets sur lesquels on se focaliserait et à partir desquels, par la méthode de la régression, nous pourrions nous demander comment leur mode d'être doit être compris. Et cependant, ces entités sus-mentionnées, la « conscience morale », la « dette », et l'« angoisse », sont des modes de l'« être-au-monde » qui nous révèlent l'essence authentique de l'existence, c'est-à-dire l'existence dans sa forme réelle, et non comme une unité de la constitution intentionnelle. Pour toutes ces entités, donc, l'analyse intentionnelle doit être remplacée par une analyse « existentiale », pour utiliser cette expression, et cette dernière doit avoir la préséance sur la première [1].

Tandis que nous avons aussi affaire dans la philosophie de Husserl à l'activité constituante unilatérale de la conscience intentionnelle, dans la mesure où il nous demande de remonter en tant que spectateur désintéressé vers la « pure subjectivité » à partir de ses productions, et tandis que avons affaire dans la théorie de Goethe à la conception d'une infinité dédoublée et corrélative – corrélative dans la mesure où il ne s'agit pas seulement de dire que tous les objets contemplés d'un nouveau type requièrent un nouvel organe pour être vus, appréhendés et jugés, mais aussi que chaque nouvel organe ou chaque nouvelle forme d'appréhension nous donnera un autre type d'objet, et finalement que les deux mouvements se complètent et progressent l'un avec l'autre – nous avons dans l'analytique « existentiale » de nouveau affaire à un mouvement simple, bien que totalement différent de celui trouvé dans l'analyse intentionnelle, à savoir à un mouvement qui nous éloigne des différents modes plus ou moins inauthentiques du « *Dasein* » et nous conduit vers l'être authentique du *Dasein*. On peut dire que son but ultime est la « permanence extensive » contre le danger permanent de s'empêtrer dans les affaires du monde par l'acceptation de

1. Voir Landgrebe, « Husserls Phänomenologie und die Motive zu ihrer Umbildung », *Revue internationale de philosophie*, vol. 1, 1939, p. 277-316 [repris dans *Phänomenologie und Metaphysik*, Hamburg, M. von Schröder, 1949, puis dans *Der Weg der Phänomenologie*, Gütersloh, G. Mohn, 1978].

conventions impersonnelles. À la place du problème théorique de la mondanisation et de l'attitude passive consistant à contempler comment cette mondanisation peut être reconstruite par une analyse des éléments intentionnels à l'œuvre dans l'édification de cette mondanisation, nous sommes, dans l'analytique « existentiale », immédiatement plongés dans un tourbillon de problèmes en rapport avec les fondements de l'existence, une investigation, de plus, qui est une affaire des plus « personnelles » et qui affecte de la façon la plus passionnée (pour utiliser un mot de Kierkegaard) notre être et notre vie les plus intimes.

Dans notre propre enseignement, cependant, le mouvement corrélatif d'un double infini est mis en exergue, mais pas comme corrélation entre l'homme et le monde (ni entre l'homme et le monde commun), ni comme corrélation entre le sujet connaissant et ses objets (même si ces derniers devaient être compris comme objets personnels) ou *vice versa*, mais comme une corrélation d'une toute autre nature, à savoir comme une corrélation, pour ainsi dire, entre « Je » et « Tu ». Nous croyons que cette conception était déjà cachée derrière le double jeu des infinis de Goethe. Mais tandis que chez Goethe ce mouvement corrélatif était encore pensé comme étant essentiellement une sorte de « production » ou de « travail » de la nature, c'est-à-dire à partir d'un être doué d'une certaine spontanéité, et à partir d'une activité de la part de l'homme, qui interroge et qui cherche, consistant à « recréer » ce que la nature avait « créé », tandis que, en d'autres termes, il s'agissait encore d'une « construction » ou d'une participation spirituelle aux productions de la nature devant être considérée comme une sorte de pénétration permise par l'ingéniosité humaine dans le travail ingénieux de la nature, en bref, tandis qu'il s'agissait encore d'une « aventure de la raison », la connaissance psychologique telle que nous la concevons est essentiellement une « aventure de l'amour », bien qu'elle coopère avec la raison, en direction de l'esprit, une rencontre fondée sur la grâce, le don gratuit, ou le service comme condition *sine qua non* de possibilité de toute activité de la raison et des productions qui en découlent – ces dernières n'étant possibles que comme la conséquence provenant de ce service et de cette grâce.

C'est pour cette raison que nous nous aventurons à aller bien au-delà d'une simple analyse intentionnelle en mettant en œuvre ce qui peut être appelé une analyse du *Dasein*; mais ce que nous proposons de faire n'est plus une analyse du *Dasein* qui prend son point de départ et se focalise sur l'authenticité du *Dasein* en tant que le mien comme chez Heidegger, mais plutôt une analyse qui a comme point de départ et comme but la forme

« duale » ou « érotique » du *Dasein*. À partir de ce *Dasein*, toute existence humaine individuelle ne peut être comprise que comme un mode « déficient » du *Dasein*. Par conséquent, la « permanence extensive », qui préoccupe tant l'homme dans la philosophie de Heidegger, n'est pour nous qu'un cas particulier, une pure « temporalisation » *à outrance* par rapport à l'éternisation qui résiste à toute temporalisation. L'existence humaine individuelle comme cas exemplaire et point de départ pour l'investigation de l'être de l'homme, qu'elle soit prise en vue par un spectateur désintéressé comme chez Husserl ou ressentie comme une ascension passionnée lorsqu'elle tente de se tenir en Dieu comme chez Kierkegaard, ou expérimentée comme l'angoisse fondamentale éprouvée face au danger de l'être perdu dans le rien ou l'insignifiance du monde comme chez Heidegger, est de la sorte remplacée par l'amour en tant qu'« éternité s'accroissant elle-même » dans l'état de la nostrité absolue, de l'absolu de l'être-l'un-avec-l'autre aimant. L'accès au problème de l'être ne passe plus, d'après nous, par l'intentionnalité (la conscience) ou l'existentialité (l'être-soi), ni non plus par le problème de savoir comment un sujet connaissant peut atteindre ses objets, ou par les questions se rapportant à la temporalisation authentique ou inauthentique, mais par, dans le sens le plus large du terme, le problème « dual » du temps et de l'éternité, ou le problème de savoir comment il est possible de faire valoir anthropologiquement la communion aimante.

Nous devons insister sur le fait que, aussi bien ontologiquement qu'anthropologiquement, une préséance absolue doit être accordée à l'amour dans la mesure où l'amour ne peut jamais être compris ou dérivé à partir de l'angoisse ou de l'intentionnalité : tandis que, au contraire, l'angoisse peut tout à fait être comprise à partir de l'être rejeté du *Dasein* hors de la sécurité absolue que procurent l'amour et la communion aimante dans une existence remplie de douleurs et constamment soumise au danger de l'isolement ; et l'intentionnalité est justement à comprendre à partir de l'arrachement du *Dasein* hors de la signifiance (non objectale) absolue de l'être en direction de la seule signification, mondaine, prenant la forme de « l'objet » et de significations conflictuelles qui toutes sont susceptibles d'attiser les désirs d'un être humain individuel.

Nous voudrions ainsi suggérer que ce n'est que par cette triplicité de l'accès à l'être, les accès intentionnel, « existential » et « dual », que nous pouvons raisonnablement espérer conquérir un accès au problème anthropologique, ou au problème de l'homme en tant que tel. Ce problème s'est lui-même révélé être, comme nous avons tenté de le montrer dans le livre sus-mentionné, le problème de l'« éternisation » *et* de la « temporalisation », le problème d'une transcendance qui est purement « au-delà » (bien qu'incluant le monde simultanément) *et* d'une transcendance qui est ressentie comme conduisant « là-bas » et qui se replie en elle-même simultanément, le problème de l'indétermination absolue basée sur la grâce *et* de la détermination objectale (intentionnalité), le problème de l'amour *et* du souci, de la nostrité (dualité) *et* de l'ipséité, du foyer *et* du monde, de l'être-l'un-avec-l'autre *et* de la simple juxtaposition.

C'est uniquement à partir de ce problème anthropologique que le problème de la connaissance du *Dasein* peut raisonnablement être posé et qu'une position peut être prise à son propos; et ce n'est qu'à partir d'une telle prise de position que les diverses conceptions de la connaissance psychologique peuvent être classées en un certain ordre, de façon à ce que leur position au regard du problème dans son entier et leurs relations mutuelles puissent devenir claires.

Examinons brièvement quelques unes de ces conceptions relatives à la connaissance psychologique. La chose suivante apparaîtra : à un bout de l'échelle nous trouvons la conception dogmatique chrétienne de la connaissance psychologique, selon laquelle, pour parler avec Malebranche et Maine de Biran (au moins dans ses derniers textes), nous « voyons toutes choses en Dieu ». Les principaux représentants de cette conception sont Saint Augustin, Malebranche, Pascal, Böhme et Baader. En dépit de leur penchant pour les assertions spéculatives – nous pensons à cet égard à leurs diverses tentatives pour élaborer la signification de la Sainte Trinité – nous leur sommes profondément redevables pour leurs efforts. Dans la mesure où ils n'ont pas seulement « adoré en silence » le « secret » ou le « mystère » inscrutable et impénétrable de l'être mais où, avec l'aide de la doctrine chrétienne du salut, ils ont réussi à pénétrer profondément les questions psychologiques, ils ont pu dès le début employer quelques « principes directeurs » à partir desquels ils ont été capables d'apporter de précieuses contributions à la compréhension de la connaissance psychologique en ce qui concerne ses ultimes présupposés aussi bien que son aspect intentionnel et « existential ».

À l'autre bout de l'échelle, ou plutôt déjà au-delà d'elle, nous trouvons la psychologie naturaliste. Elle ne restreint pas seulement son travail de recherche à une connaissance objective et ne fait pas seulement qu'« inclure » l'être de l'homme dans le mode d'être des choses subsistantes ou d'une de ses variantes, comme par exemple dans la forme de l'« événementialité » ou de la « fonctionnalité », elle manque en outre complètement le *logos* de la *psyche*, parce qu'elle prend pour « principes directeurs » de sa méthode et de ses concepts ceux des sciences naturelles. En faisant cela, cependant, elle ne se barre pas seulement la voie menant à ses propres problèmes et même à ses propres sujets d'intérêt, mais elle favorise elle-même un nombre incalculable de problèmes psychologiques illusoires. Au mieux, sa tâche et sa méthode seront considérées comme la reconstruction du psychisme à partir des constructions et des intentions, comme cela a été fait par exemple dans la si instructive *Psychologie générale* de Natorp. Cependant, en dépit de ces critiques, on ne doit pas négliger le fait que nous devons beaucoup à la psychologie naturaliste en ce qui concerne la compréhension de la connaissance psychologique, en premier lieu en vertu de son travail pionnier et minutieux et de ses efforts pour mettre les choses en ordre, malgré le fait que ce travail, comme nous l'avons dit, a plutôt été exécuté de façon *pré*-psychologique que psychologique[1].

La méthode employée par Goethe peut légitimement être placée quelque part au milieu de ces deux extrêmes. D'un côté, elle reconnaît la « plénitude absolue de l'être » en empruntant à Spinoza l'idée d'un « *Deus sive Natura* » et en regardant toutes les choses comme émanant de la source divine; d'un autre côté, elle promeut l'expérience et une orientation étroitement scientifique, qu'il s'agisse de l'expérience empirique ou d'un niveau phénoménologique supérieur. Ce en quoi on peut peut-être dire qu'il a échoué dans sa tentative d'édifier un système des catégories psychologiques fondamentales. À cet égard il semblerait que Dilthey ait connu plus de succès, et cela probablement parce qu'il ne prit pas pour point de départ la nature « déifiée », mais plutôt la vie de l'esprit telle qu'elle se révèle dans la vitalité historique. Mais discuter plus avant de ce sujet nous mènerait au-delà de la portée de notre présente intervention.

Pour en revenir à la phénoménologie de Husserl, nous affirmons qu'elle n'est aucunement un type particulier de connaissance psychologique ou même une partie de celle-ci – une erreur vis-à-vis de laquelle il est toujours nécessaire de mettre en garde – mais que la méthode phénoménologique telle qu'il l'a adoptée est et demeure d'une importance capitale pour la connaissance du *Dasein* dans la mesure où elle est la forme la plus

1. Voir ma conférence intitulée « La conception freudienne de l'homme » faite à Vienne à l'occasion du quatre-vingtième anniversaire de Freud. *Nederlands Tijdschrift voor Psychologie*, vol. 4, p. 266-301 [trad. fr. R. Lewinter, « La conception freudienne de l'homme à la lumière de l'anthropologie », dans *Analyse existentielle et psychanalyse freudienne. Discours, parcours et Freud*, Paris, Gallimard, 1970, rééd. coll. « Tel », p. 201-237].

élaborée et la plus pure des méthodes de connaissance qui ne visent pas de simples connaissances des faits ou de simples hypothèses scientifiques, mais qui, comme celles de Goethe et dans une certaine mesure de Dilthey, mettent tous leurs soins à « respecter les phénomènes » dont elles veulent principalement dévoiler les caractéristiques d'essence. Dans la philosophie de Husserl, il n'y a pas de formation de concepts abstraits formés à partir d'énoncés langagiers ou de significations sémantiques destinés à passer de ceux-ci à l'élaboration de jugements qui, à leur tour, peuvent conduire à faire des inférences et à créer des théories soi-disant scientifiques ; les phénomènes ne sont pas compris par lui comme des sortes d'espèces pouvant ensuite servir à de plus amples développements théoriques. Il s'agit toujours et partout de déployer, d'approfondir et de purifier la teneur de signification, que contient et suggère l'expression langagière, dans l'horizon du phénomène considéré comme le fondement exemplaire, jusqu'à ce que nous prenions en vue son essence authentique, sa forme essentielle, en tant que quintessence de tous ses dévoilements possibles et de tous les énoncés à son propos. Il faut alors aller de la forme essentielle vers sa « variation essentielle » et ses « lois » d'essence.

Puisque Husserl conçoit le phénomène comme un phénomène de conscience (conscience n'est pas utilisé par lui pour indiquer la conscience de toute personne individuelle *réelle*, mais la conscience en général)[1], et puisqu'il nous enjoint à voir sa phénoménologie comme une science essentielle purement descriptive des formes immanentes de la conscience, il aurait raisonnablement dû fixer comme limite à son analyse phénoménologique intentionnelle le lieu où nous sommes confrontés à des phénomènes qui ne relèvent pas de la conscience intentionnelle, dirigée vers un objet – nous pensons à l'angoisse et à son opposé ontologique et anthropologique, l'amour.

L'angoisse, en tant qu'être dépourvu d'objet, au sens le plus plein du terme, puisqu'elle ne porte sur aucun objet déterminé ni sur rien qui pourrait possiblement être visé, est l'authentique négatif de l'intentionnalité, ou, encore mieux, sa négation complète ou son annihilation. Son essence ne peut jamais être un savoir et cependant il faut bien d'une manière ou d'une autre reconnaître qu'elle existe ! Par conséquent, elle ne peut être sujette à une analyse intentionnelle, mais seulement à une analyse « existentielle ». Avec cette dernière distinction, bien sûr, nous n'entendons pas la différence banale entre une action consciente et une action

1. Voir mon *Einführung in die Probleme der allgemeinen Psychologie* [*Introduction aux problèmes de psychologie générale*], Berlin, [Springer], 1922, p. 135-136.

inconsciente au sens empirique-psychologique; pour parler avec Husserl, la conscience ne désigne pas le fait de devenir conscient d'une certaine chose, mais plutôt l'être-dirigé intentionnellement vers un objet intentionnel[1]. Par conséquent, l'angoisse, dans le langage de la psychologie empirique, est consciente, mais elle n'est certainement pas un constituant réel de la conscience intentionnelle. Et puisque cette dernière est parfois décrite par Husserl comme une « mondanisation » (*Weltlichung*) ou une « universisation » (*Mundanisierung*), la première, c'est-à-dire l'angoisse, serait, d'après sa terminologie, une certaine « suppression de la mondéité », un « déracinement complet du monde », ou, pour utiliser une expression positive, une sorte d'« être-livré au néant du fond ». Il apparaît à partir de là que l'angoisse ne peut être comprise que comme un phénomène limite du mode singulier de l'être-homme, du *Dasein* en tant que le mien.

L'extrême opposé de cette « démondéisation » est, comme nous l'avons déjà remarqué, la « supra-mondéisation » de l'amour, du pur mode « dual » de l'être-homme. La « mondéisation du monde » n'est pas niée mais simplement élevée à un niveau supérieur de l'être-homme et ainsi « relevée » (*aufgehoben*) dans le double sens hégélien du terme, c'est-à-dire « détruite » dans son unilatéralité et cependant « préservée » dans un ordre supérieur. La « mondéité », le caractère de tournure, et l'objectalité, tous les trois sont relevés par l'amour dans la plénitude du « foyer » et de l'« éternité ».

La conscience intentionnelle et la méthode de son exploration, l'analyse intentionnelle, se tiennent par conséquent quelque part entre ces deux pôles. Nous avons défini et décrit ce lieu comme le domaine du commerce et de la coexistence dans le monde commun ou, en d'autres termes, comme le domaine de la personnalité et de la discursivité.

Il serait cependant erroné de croire que, pour cette raison, la méthode phénoménologique devrait être abandonnée dès que nous abordons des modes de l'être tels que l'angoisse et l'amour. Ici nous ne pouvons pas être d'accord avec les doutes de Landgrebe. L'analytique « existentiale » et l'analytique du mode « dual » de l'être-homme sont réalisées

1. Cette conception de la conscience n'a évidemment rien à voir avec la différence entre un acte « conscient » et un acte « inconscient », qui joue un rôle si important dans la psychologie empirique. Néanmoins elle a été adoptée, bien que de façon naïve, par la quasi totalité des psychanalystes lorsqu'ils se posent la question de savoir à quel point certaines productions et certains produits de l'« inconscient » doivent être distingués des productions et des résultats de la conscience, c'est-à-dire de la corrélation pleinement réalisée entre une expérience vécue et son objet.

phénoménologiquement dans la mesure où elles ne peuvent être réalisées en formant des concepts abstraits à partir de significations langagières dans le but de former à partir d'elles des jugements qui, à leur tour, nous permettraient de mener des inférences en vertu des lois du raisonnement syllogistique; elles visent plutôt à s'enquérir systématiquement de la teneur des formes d'être ainsi explorées, nonobstant le fait qu'elles ne résultent pas de productions intentionnelles, mais de modes d'être supra- ou infra-intentionnels. Indépendamment de cela, il n'y aurait eu aucun espoir de communiquer aux autres nos découvertes si nous n'avions pas cherché à découvrir de façon systématique ces formes essentielles d'être à l'aide de cas exemplaires, c'est-à-dire si nous n'avions pas essayé de les apercevoir dans leur être véritable.

Mais en dehors de cela, l'amour et la phénoménologie sont également intimement liés l'un à l'autre selon un autre rapport. Indiquons rapidement ce que nous voulons dire avec cette allusion.

Tandis que le « principe directeur » de l'anthropologie de Saint Augustin était de découvrir dans le reflet humain ce qu'il laissait voir de l'archétype divin, le « principe directeur » de la phénoménologie consiste à démasquer à l'aide des faits ce qu'il y a à voir dans le domaine des pures essences. Et de même que là-bas les caractéristiques du reflet révélaient les caractéristiques de l'archétype, ici les faits ou les événements s'avèrent eux-mêmes indispensables pour la vision de l'essence, parce que le fait ou l'événement est le fondement authentique (exemplaire) de la vision de l'essence. Ce n'est que par l'intermédiaire d'une analyse exemplaire du fait que nous pouvons raisonnablement nous attendre à apercevoir l'essence, tout comme de son côté ce n'est que par l'intermédiaire de l'*eidos*, ou de l'essence comme « norme indépassable » que le fait en qualité de fait peut avoir une quelconque signification. C'est bien connu, cette *eidos*, selon Husserl, n'est pas « divine », et ne doit pas être confondue avec l'idée platonicienne ou avec la réalité ou (pas besoin de le dire) avec n'importe quel objet naturel; elle est pour lui simplement une norme transcendantale pour une conscience transcendantale. Par conséquent il avait raison lorsqu'il prétendait que sa philosophie était une continuation de la pensée de Descartes et de Kant[1]. Cependant, nous ne croyons pas que cette conception de l'*eidos* soit totalement complète. Dans la communion aimante, pour parler le langage chrétien, l'archétype et le reflet, ou, pour utiliser des termes phénoménologiques, l'*eidos* et le fait, ou le « tu en

1. Voir *Méditations cartésiennes*, Paris, [A. Colin], 1931 [Paris, Vrin, 1947] ; ou le compte-rendu très détaillé de ce travail dans *Kantstudien*, vol. 38, 1933, p. 209 *sq*.

général » et le « toi » en tant que cas particulier exemplaire, coïncident et ne se distinguent plus l'un de l'autre. Au lieu d'*eidos*, par conséquent, et en suivant ici l'exemple de Goethe et de Hegel, nous préférons parler d'universaux concrets ou, avec Husserl, de formes essentielles; et au lieu de fait, parler de particulier concret ou, plus précisément, d'un « tu » particulier concret. De plus, dans cette réalisation imaginative de la vision de l'essence telle que l'amour et l'amour seul nous la procure, nous ne sommes plus des spectateurs désintéressés mais nous prenons une part active à la réalisation. Dans l'amour nous n'apercevons pas seulement l'essence du « tu » en général par l'intermédiaire de son cas exemplaire mais nous réalisons l'union de l'essence du « tu » et de son cas exemplaire. Le « tu », ce « tu » particulier, seul l'est le « tu » de l'amour; le « tu » n'est pas dans la mesure ou je vois l'essence du « tu », mais dans la mesure où je l'aime, tout comme d'un autre côté je ne t'aime vraiment que lorsque je trouve en « toi » l'incarnation et la concrétisation visible de l'essence du « Tu » en général. « et mon cœur vers toi vole, … ami, sache comment : non comme vers un bien, mais tout mon bien sur terre »[1]. Dans ces mots de la poétesse l'unité inséparable du « toi » particulier et de son essence trouve peut-être son expression la plus éloquente.

En ce qui concerne la connaissance du *Dasein*, finalement, l'amour, en dépit du fait qu'il en constitue la base indispensable, ne doit pas être confondu avec la *connaissance* du *Dasein* en tant que telle. Je ne peux *connaître* le *Dasein* que lorsque je « te » considère comme n'importe quel autre objet, lorsque, en d'autres termes, je suis dirigé vers quelque chose à propos de « toi », quel que soit le type d'être auquel ce « quelque chose » visé appartienne. Mais n'avons nous pas dit au début de ce discours que la connaissance du *Dasein* représentait le pari d'essayer de surmonter l'apparente contradiction entre l'amour (la communion aimante) et le souci, c'est-à-dire l'attitude discursive ou l'effort pour entrer en contact avec les richesses inépuisables de l'expérience? Là où il n'y a qu'un amour « aveugle » pour « toi », il n'y a pas non plus de *connaissance* du *Dasein*, tout comme là où je ne découvre que « quelque chose ».

Après tout cela, il sera fortement nécessaire d'insister sur le fait qu'il y a plusieurs degrés de connaissance du *Dasein*. Depuis son plus haut niveau il y a d'innombrables positions intermédiaires avant d'atteindre cette limite où « tu » es en danger d'être complètement perdu de vu, où je ne vois plus que l'essence du « toi » en général, et où cette essence ne coïncide plus avec son incarnation dans un « toi » particulier. Mais on ne doit pas oublier que

1. Elizabeth Barret Browning, *Sonnets portugais*, XXXIV.

je suis incapable d'aimer tout le monde et toutes les choses. Si, finalement, je vais jusqu'à ne pas tenir compte de l'essence du « toi », je cesse de penser psychologiquement et je rechute dans le domaine des simples objets. En bref, la connaissance psychologique s'arrête là où le « Toi » en général est remplacé par un « ça » en général.

LA FIGURE SPIRITUELLE DE BLEULER

Après les considérations affectueuses de mes prédécesseurs et les descriptions non moins affectueuses que Kläsi, Staehelin et Gaupp ont donné de l'œuvre et de la personnalité de Bleuler, il peut paraître presque présomptueux de vouloir ébaucher devant vous un autre portrait de Bleuler. Cependant, pour le dire avec Goethe : « comment arriver à tout dire d'un homme si riche en pure humanité, tout ce qu'on perçoit et qu'on ressent devant lui ? »[1].

Au lieu de procéder de façon biographique et de rendre hommage aux *exploits* scientifiques et pratiques de Bleuler, j'aimerais essayer ce soir d'interpréter la figure spirituelle de Bleuler. Ce sont mon amour infini et mon admiration sans borne pour le défunt, notre amitié constante depuis des décennies, les discussions sans fin à propos des problèmes théoriques qui nous occupaient tout aussi bien que ce que j'ai « perçu » et « ressenti » de lui qui constituent les bases de ma tentative.

Il y a des hommes dont les figures corporelle et spirituelle ne reçoivent leur empreinte définitive que dans la mort, lorsque le développement vivant semble définitivement terminé. Ce n'est pas le cas de Bleuler. Ses figures corporelle aussi bien que spirituelle n'étaient pas seulement très tôt forgées – si l'on en croit ses propres témoignages, déjà dans son enfance – mais elles s'étaient même clairement révélées ; et si nous devons naturellement parler à son propos d'un développement, ce développement ne montre ni incohérence, ni fluctuation, mais l'ensemble de l'histoire intérieure de sa vie apparaît plutôt comme le déploiement merveilleusement clair de la « loi qui l'animait ». Bleuler n'appartient pas à ces hommes dont le développement n'est à comprendre qu'à partir de l'aspiration à ce qui

1. [Voir Goethe, *Poésie et vérite. Souvenirs de ma vie*, trad. fr. P. du Colombier, Paris, Aubier, 1991, p. 486.]

leur *manque*, mais à ces natures qui se savent dès le plus jeune âge en possession de leur propre essence et dont le développement de la vie consiste à développer ce qu'ils possèdent déjà en germe, par le combat contre la résistance d'un monde engourdi, par l'action et par la connaissance. Ce n'est pas l'expérience de la vie, ni le métier dans sa dimension pratique, ni le dépassement théorique du monde qui pouvaient être ici déterminants ; nous devons plutôt chercher ces déterminants dans la prédominance d'une « direction » qui détermine d'emblée la place de l'homme dans le monde. Nous trouvons chez l'un cette direction dans l'attachement religieux au monde à travers Dieu, chez l'autre dans le regard philosophique sur l'unité et l'éternité du fondement de l'être par l'entremise de la problématique du monde, chez un troisième dans la satisfaction du charme et de la beauté du monde et de sa mise en forme artistique, chez d'autres encore dans la conscience immédiate que la vie n'a pas d'autre sens ni d'autre but que la réalisation du bien en pratique et en théorie. En d'autres termes, c'est l'éthique qui domine la vie de tels hommes, se manifestant dans la bonté, la sincérité et le sérieux et dans la rectitude inébranlable de la conduite de l'action. Bleuler était un tel homme. Le primat de sa vie était la *raison pratique*. C'est à partir de ce primat que nous comprenons non seulement ses exploits dans les sciences et dans la vie, mais aussi les bases les plus profondes de sa pensée théorique.

Je me suis moi-même longtemps efforcé de comprendre la pensée de Bleuler à partir de la théorie sans parvenir à trouver le lien entre sa personnalité et sa pensée. Ce n'est que lorsque j'eus l'idée de comprendre la pensée de Bleuler non pas à partir de sa théorie mais à partir de son éthique que m'apparut clairement l'unité de sa figure. Ce n'est qu'alors que je compris son sens pour l'univocité de tous les phénomènes de vie et leur domination par la *seule* idée du développement. À celui dont la vue sur le sens de la vie était déterminée de façon si univoque et si évidente par l'univocité et l'évidence de la conduite de l'action, le monde devait aussi lui apparaître en dernier lieu clairement compréhensible et seulement comme le développement d'une simple loi fondamentale. Ce n'est pas le fait que Bleuler était un chercheur des sciences de la nature qui lui a ouvert, selon moi, une vue claire sur les grandes lignes du développement de toute vie, de la matière animée jusqu'aux manifestations spirituelles les plus hautes. Même s'il s'était consacré à l'histoire, pensées qui l'occupèrent un moment, comme vous l'avez entendu, il se serait selon toute vraisemblance appliqué à poursuivre ici aussi les grandes lignes du développement de toute vie. Les quelques propos sur l'histoire que nous possédons de lui le confirment, ainsi que le fait qu'il ne ressentait manifestement plus le besoin de se consacrer aussi, à côté de l'histoire naturelle, à l'histoire spirituelle de l'humanité. La seule chose nécessaire, il la voyait dans la nature aussi bien que dans l'histoire, et c'était une question de second ordre pour lui de savoir où la trouver. Ainsi il ne se produisit pas, comme vous le savez, que lui, qui était si tôt en possession de sa propre essence et de l'idée de sa réalisation, fut aussi déjà en possession de la connaissance de la vie. Il aspirait à cette connaissance selon son propre témoignage dès l'âge de six ans en réfléchissant, en collectant et en cherchant. Son chef d'œuvre clinique, *Le groupe des schizophrénies*, et son chef d'œuvre didactique, *Le traité de psychiatrie*, qui ont diffusé son nom dans l'ensemble du monde, furent les fruits de cette aspiration continuelle. Ce qu'il posséda d'emblée et à propos de quoi rien ni personne ne put l'induire en erreur, ce fut la connaissance des lignes directrices unitaires du développement, la conviction que tout ce qui apparaît dans l'être vivant au cours de son développement était déjà contenu en germe. Là où cette conviction fondamentale était remise en cause, il était aussi implacable que là où il trouvait remise en cause l'éthique humaine. Son inflexibilité et son implacabilité se manifestaient justement dans le fait qu'il parlait au nom de l'éthique et non pas seulement au nom de la théorie. De cette manière, la diversité de ses comportements me devint compréhensible, selon qu'il s'agissait d'un échange verbal d'homme à homme, d'un échange épistolaire ou d'une polémique dans des journaux publiés. Aussi infiniment aimable et réceptif à toute idée qui contredisait les siennes qu'il l'était dans l'échange verbal, il devenait déjà plus obstiné et coriace dans les lettres, pour passer dans les publications à des attaques directes et sans ménagements. Mais même dans ce cas, ce n'était jamais l'ambition d'avoir raison, mais bien le sentiment de la responsabilité éthique qui accompagne l'obligation, qui croît pour chacun de ces moyens d'expression, d'affirmer avec la clarté et la netteté du réformateur scientifique ce qu'il tenait pour juste et vrai.

Sa pensée théorique devient alors compréhensible à partir du primat de la raison pratique. Vous connaissez tous par exemple son aversion pour les concepts stricts et les définitions issues de réflexions *purement théoriques*, une aversion qui semble de prime abord complètement incompréhensible chez un observateur et un esprit d'analyse aussi fin que Bleuler. Mais elle devient compréhensible si nous gardons à l'esprit qu'il se savait dès le plus jeune âge sur la bonne voie, c'est-à-dire en possession de la connaissance de la *ligne directrice de la totalité*, si bien qu'il lui était impossible de fixer de façon trop précoce le particulier par des définitions et de le disjoindre de la totalité. Le fait que ses concepts aient ainsi conduit à une certaine ambiguïté et que ses définitions, pour autant qu'elles n'étaient pas de simples définitions nominales, n'aient de sens et de justification que dans le cadre de sa *théorie* a fortement compliqué la juste compréhension de ses idées et lui a valu, comme il disait, une énorme quantité de mécompréhensions.

Avec le primat de la raison pratique, en raison duquel il apercevait dans toute vie, de la plus basse fonction vitale sur l'instinct jusqu'à la conscience de soi, une « impulsion » consciente du droit chemin, il me semble qu'un autre fait, à mes yeux cardinal et qui entrave la compréhension des choses théoriques, devient compréhensible. Le fait que tout dans la vie, dans le monde extérieur aussi bien que dans le monde intérieur, soit une forme seulement marquée par le développement, cette conviction l'empêchait de voir et de reconnaître la couche d'être ou le domaine d'objet particulier dans lequel la science occidentale depuis les Grecs a interprété et s'est approprié le monde, dans sa particularité phénoménale et structurelle. Que toute couche soi-disant « supérieure » manifeste une multiplicité structurelle inédite, beaucoup plus riche et variée que la couche « plus basse », et que sa connaissance, indépendamment de sa hiérarchisation selon le « haut » et le « bas », ait à s'orienter en premier lieu d'après les caractéristiques des *phénomènes* à étudier – un sujet sur lequel nos discussions s'étirèrent pendant des années –, était pour lui de peu d'importance. Si son essence profondément unitaire avait trouvé sa véritable expression dans l'exploration de la nature, il devait lui sembler impossible d'élever son regard de la considération unitaire, énormément simplificatrice à l'égard du monde, vers la structure phénoménologique si différente de ce domaine d'objet singulier. Que, pour n'évoquer qu'un exemple, le monde du corps soit caractérisé par la loi de la cause et de l'effet, la vie organique par la loi bien plus différenciée d'un point de vue phénoménal et structurel du stimulus et de la réaction, l'histoire intérieure de la vie par la loi structurelle de la motivation et de l'objet motivant, le monde de l'esprit par des connexions encore plus compliquées, il reconnaissait tout cela jusqu'à un certain point, mais son respect pour les phénomènes n'allait pas jusqu'à l'empêcher de comprendre et d'explorer le monde de l'esprit, de l'âme, de la vie et de la matière avec une unique méthode de pensée, une unique conceptualité fondamentale, ou si vous voulez avec un unique *a priori*.

C'est en cela que résidait le mérite de la théorie de Bleuler pour la psychiatrie et la pensée médicale en générale ; car où irions-nous si nous voulions par exemple « expliquer » de façon purement psychologique qu'un syndrome paranoïde puisse systématiquement s'apaiser lors de la baisse de la glycémie ! L'organisme et la méthode biologique est et demeure pour la pensée et l'action médicales la catégorie *fondamentale* d'être et de pensée. Nous avons dans l'action médicale autant que possible à influer sur la couche qui aura « le plus d'effet », lorsqu'elle s'avère être la couche inférieure par rapport à celle située en amont, nous avons en tant que médecins la vocation d'agir sur elle, c'est-à-dire là où nous nous attendons à obtenir l'effet le plus puissant. Ainsi Bleuler n'a-t-il pas du tout sous-estimé la relative autonomie et la valeur didactique de la « psychologie de tous les jours », de la connaissance et de la prise en charge pratique de l'homme en soulignant « que l'anthropologie psychique est encore plus importante que la mesure du squelette ». De la même manière il ne lui a pas été difficile, justement en raison de sa « théorie psychophysique de l'identité », de ne pas seulement s'en tenir à constater l'influence constante des processus psychiques sur l'organisme, mais aussi, comme il disait, de se la « représenter ».

Mais c'est une chose d'entretenir et de propager une conception de l'être qui ne soit pas seulement liée au souci pratique d'une discipline pratique mais qui « constitue » véritablement cette discipline, sans s'occuper des fossés catégoriaux existant entre ces couches et sans se soucier de traverser des limites, c'en est une autre de prendre pour base et pour critère d'une *théorie de l'être* prétendant décrire et comprendre la totalité des niveaux d'être le souci pratique d'une pensée et d'une action pourtant très limités au regard de la totalité de ce qu'est le monde et l'être humain. Nous ne pouvons certainement comprendre de façon ultime l'être que comme unité; mais tout autre que ce « monisme ontologique » est le monisme biologique qui (comme chaque monisme s'enracinant dans une science particulière) transgresse largement les limites de son domaine d'objet scientifique en cela même qu'il absolutise un domaine scientifique particulier et son *a priori* et ainsi nivelle et détruit les autres domaines d'objet en ignorant leurs structures caractéristiques d'être et de connaissance et en les « dérivant » à partir de cet *unique* niveau.

Que cette frontière entre science et philosophie, entre biologie et biologisme « n'existait pas » pour Bleuler et ne pouvait exister projette une lumière particulièrement éclairante sur sa figure spirituelle. Déjà en possession de sa « théorie de la connaissance » alors qu'il était jeune homme, confirmé en cela par l'exemple fascinant de Forel et par l'esprit du temps en général, et trouvant dans la recherche sur la nature sa véritable vocation, il était dès le début de sa carrière scientifique déjà conscient du droit chemin, et même de l'*unique* chemin que lui indiquait son éthique. Et si le but de ce chemin se perdait dans l'infini, sa *direction*, au sens d'un développement logique, était cependant déterminée « *a priori* ». Nous comprenons que celui qui aperçoit si vite, si clairement et de façon si inébranlable le but de sa vie pouvait affirmer que la philosophie est une « perte de temps » ; il n'avait pas besoin que son chemin soit « en plus » éclairé par la théorie philosophique, la pure vision. Bleuler ne connaît aucun « saut » de la connaissance d'un domaine d'objet à un autre, mais rien ne lui résiste, tout comme dans son action, partout et toujours, rien ne lui résiste. Le but de *sa* vie est pour lui « *a priori* » le but de *toute* vie, comme le but de toute vie est le but de la sienne. C'est, au sens authentique du terme grec, sa *méthode*, sa voie.

Le biologisme et l'éthique ne sont pas du tout sans lien l'un avec l'autre dans la figure spirituelle de Bleuler, ils s'entre-appartiennent plutôt l'un l'autre comme les deux parties interdépendantes d'une même figure. Certes, chez Bleuler, les choses ne se tiennent pas à la surface comme par exemple chez Fichte, pour lequel le non-Moi, la nature, ne signifie rien d'autre que le substrat nécessaire pour la réalisation du bien ; par contre, il ne fait pour moi, qui ai débattu pendant des années avec la figure spirituelle de son maître bien-aimé dans des conversations, des lettres et des publications scientifiques, aucun doute que sa conception du monde et les principes de son exploration du monde sont à comprendre uniquement à partir de la forme éthique de sa figure spirituelle, ainsi qu'à partir du primat de la raison *pratique*. La seule chose qui se révèle dans son biologisme est que chez Bleuler la personne humaine et la nature étaient dominées par un seul et même « *a priori* », à savoir celui du développement univoque selon des lois claires et indiscutables.

KARL JASPERS ET LA PSYCHIATRIE

Karl Jaspers constitue parmi les psychiatres allemands une figure unique et incomparable. Il n'a jamais dirigé d'établissement public ni privé, n'a jamais détenu de chaire psychiatrique, n'a jamais exercé de pratique psychiatrique privée. Il a pour l'essentiel collecté ses intuitions cliniques et son matériel d'expérience comme assistant dans une unique clinique universitaire. Il s'agissait d'ailleurs d'une clinique qui pouvait se prévaloir d'une brillante tradition et dans laquelle battait une vie scientifique vaste et prospère. Il a rapidement abandonné le cercle de ses activités psychiatriques pour ne plus jamais revenir à la psychiatrie. Déjà avant son départ de la clinique, il surprenait le monde psychiatrique avec sa description systématique étonnament mûre, cliniquement bien documentée, et finement réfléchie méthodologiquement, de l'ensemble du domaine de la *Psychopathologie générale*, qui représentait une innovation complète dans la littérature psychiatrique et n'a pas été remplacée, et encore moins dépassée, dans les trente années écoulées depuis sa parution. Ce à quoi la plupart des psychiatres ne s'intéresse pas ou très peu, ce pour quoi d'autres ont besoin de toute une vie, à savoir l'unification et l'exploration systématiques de la « pratique et de la théorie », le jeune chercheur y parvint d'un coup à partir de bases cliniques-méthodologiques restreintes quoique très signifiantes. À cette œuvre succéda, une année avant sa troisième édition (1923), l'étude exemplaire et sans équivalent sur Strindberg et van Gogh[1], dont plus tard les analyses sur la maladie de Nietzsche et ses relations avec son œuvre (dans le livre sur Nietzsche de l'année 1936)[2] devaient quant à elles se montrer dignes. Partout règne une

1. [K. Jaspers, *Strindberg et van Gogh : Swedenborg, Hölderlin*, trad. fr. H. Naef, Paris, Minuit, 1953.]

2. [K. Jaspers, *Nietzsche : introduction à sa philosophie*, trad. fr. H. Niel, « Tel », Paris Gallimard, 1950.]

rigueur clinique et historique indépassable, un jugement rigoureusement fondé, sage et bien pesé, une extraordinaire liaison de la formation en médecine-sciences naturelles et de celle dans les sciences de l'esprit, une séparation cristalline des systèmes de relation à partir desquels le diagnostic médical d'un côté, l'évaluation de l'« œuvre » de l'autre, doivent se produire, une représentation concise des relations empiriques possibles entre la maladie et l'œuvre. Le passage sur la thérapie médicale dans le premier volume de *Philosophie* (1932)[1], qui appartient à ce qui a été écrit de meilleur et de plus profond sur les « rapports du médecin avec les malades », doit également être mentionné.

Si Karl Jaspers n'est pas resté en psychiatrie, cela ne tient pas à lui – lui qui était psychiatre de tout son corps et de toute son âme –, mais à ce que la psychiatrie « ne voulait pas » de lui. Il se vit par conséquent dans l'obligation d'accepter le poste de professeur de philosophie qui lui était offert à Heidelberg. Karl Jaspers est une des plus grandes potentialités manquées dans l'histoire de la psychiatrie.

On pourrait se demander si Karl Jaspers doit vraiment être caractérisé comme un grand *psychiatre* et pas seulement comme un chercheur, un éducateur et un méthodologiste éminent en psychiatrie. Si nous répondons oui sans hésiter à cette question, c'est parce que ce n'est pas le hasard de la carrière qui détermine l'être et la valeur du psychiatre, mais la fidélité de son dévouement au service de la vérité psychiatrique et de l'humanité, en un mot, sa *culture psychiatrique*.

L'humanité psychiatrique se manifeste partout chez Jaspers. Lorsqu'il recommande dans la *Psychopathologie générale*[2] d'être d'une « amabilité indifférente »[3] à l'égard des hommes psychiquement anormaux, cela possède un intérêt pour la recherche objective. Il serait cependant remarquable que nous ne trouvions pas déjà dans sa période psychiatrique ce qui s'exprime dans la philosophie ultérieure de l'éclairement de l'existence et dans la communication existentielle, à savoir le besoin d'entretenir une « relation personnelle » avec le malade et la volonté d'avoir à son égard une attitude fraternelle. Ce que Jaspers exprime dans sa *Psychopathologie générale* et qui manque à d'autres auteurs, le « respect devant l'infinité de chaque individu, et pour les problèmes infinis de l'âme »[4],

1. [Voir K. Jaspers, *Philosophie*, *Livre I*, *Orientation dans le monde*, trad. fr. J. Hersch, Paris/Berlin/New York/Londres/Tokyo/Hong Kong, Springer, 1989, p. 94-99.]

2. La *Psychopathologie générale* est citée d'après la troisième édition de 1923.

3. [Voir K. Jaspers, *Psychopathologie générale*, trad. fr. de la 3e édition par A. Kastler et J. Mendousse, Paris, Alcan, 1933, p. 599.]

4. [Voir *ibid.*, p. 2.]

l'« étonnement », il l'a lui-même appris en grande partie des malades. Il parle encore dans sa *Philosophie* (II, p. 298)[1] de l'« immense point d'interrogation » que représente le monde propre des malades mentaux et « devant lequel l'homme sain se tient ». Ni le positivisme (que j'aimerais caractériser comme la maladie professionnelle philosophique du psychiatre) ni l'idéalisme ne viendront à bout de ce point d'interrogation ; « les maladies mentales, par exemple, ne sont pour le positivisme que des processus naturels à étudier scientifiquement, et pour l'idéalisme quelque chose qui ne les concerne pas : il les écarte comme des anomalies, ou bien, séparé du réel par ses représentations fausses, il en tire parti en termes édifiants et spirituels. Tous deux ont une manière particulière de liquider ce qui fait problème » (*Philosophie*, I, p. 232)[2]. Ce n'est qu'au-delà du positivisme et de l'idéalisme que « commence » le rapport et l'échange purement humains avec le malade. Cela vaut tout aussi bien pour l'aide médicale dans le commerce quotidien avec lui que pour le domaine particulier de la « pathographie » ; et justement cette compréhension des limites du positivisme et des œillères de l'idéalisme est ce qui élève les pathographies de Jaspers bien au dessus du niveau des pathographies purement psychiatriques comme des interprétations d'un processus morbide psychiatrique relevant purement des sciences de l'esprit. Mais il ne doit cependant pas s'agir d'une simple pitié à l'égard du malade. Nous lisons dans la *Psychologie des conceptions du monde* de 1919, « l'opposé le plus extrême de l'amour consiste à se complaire dans la pitié, dans l'amour universel des hommes, dans l'aide aveugle, partout où il y a de la peine. On ne pense alors à aucun individu ni à aucun absolu, mais toujours à soi. On en reste à l'attitude pour laquelle l'opposition des valeurs de la peine et du plaisir est l'absolu. On n'aime pas quand et parce que l'on est compatissant » (p. 112).

Le respect et l'étonnement devant les possibilités infinies de l'homme singulier et devant l'amour constituent la posture fondamentale du psychiatre à l'encontre de l'homme mentalement anormal. Il en résulte que le but le plus élevé de l'activité psychothérapique est l'appel à la personne du malade et la tentative de l'aider « à se rendre *transparent* à lui-même » (PG, p. 435)[3]. Le thème de l'éclairement de l'existence et de la communication existentielle affleure déjà dans la *Psychopathologie générale*. Devenir plus transparent vis-à-vis de soi-même est tout autre chose que d'apprendre à mieux se connaître, c'est quelque chose que même la technique psychanalytique ne peut pas atteindre. Nous aimerions suggérer

1. [Voir K. Jaspers, *Philosophie*, trad. citée, p. 497.]
2. [*Ibid.*, p. 178.]
3. [Voir K. Jaspers, *Psychopathologie générale*, trad. citée, p. 606.]

en bref que devenir transparent vis-à-vis de soi-même n'est possible qu'« en esprit » et « par l'esprit » – qui « n'est jamais esprit seulement, mais toujours esprit dans toute réalité » (*Philosophie* I, p. 195)[1] –, et cela n'est possible que dans la communication « historique » avec une autre existence. « Le médecin n'est ni un technicien ni un sauveur, il est existence pour l'existence, être humain éphémère avec l'autre être humain » (*Philosophie* I, p. 127)[2]. (Je parle ici toujours au sens de Jaspers – ce qui rappelle aussi la « libération » heideggérienne de l'existence – et non au sens de mes propres « théories »). Tout ce qui se trouve dans la littérature psychothérapique sur les tentatives « synthétiques » par oppositions aux tentatives « psychanalytiques » n'est conçu et représenté ici que dans son essence. Ce n'est qu'ainsi qu'un éclairage correcte peut se poser sur le concept de *santé* (mentale). « Quel est le désir du malade qui vient consulter le médecin neurologue ? »[3] demande Jaspers dans la *Psychopathologie générale*. La réponse montre qu'il en va de tout autre chose que ce qui apparaît aux malades comme étant la santé, à savoir par exemple une atmosphère de vie légère, pleine de bon sens, ou un sentiment de sécurité religieux, ou alors la dissimulation (malhonnête) de toutes les fautes de sa situation intérieure et extérieure « par l'intermédiaire d'un idéal trompeur » ou « d'interprétations illusoires »[4] (*Psychopathologie générale*, p. 436). Tout cela « se répercute » naturellement sur le médecin. C'est pourquoi il est indiscutable que le psychiatre doive avoir une « conception du monde ». Cela ne signifie pas pour autant que le médecin doive imposer « sa conception du monde » au malade. Au contraire ! Ce dont il s'agit ici, c'est de la « la largeur de vue, la faculté de s'abstraire de tout jugement de valeur, de se donner entièrement, d'écarter tout préjugé »[5], une capacité, ajoute Jaspers, qu'« on trouve seulement chez des hommes qui possèdent des valeurs originelles fortes et une conception du monde nette »[6]. Appliqué au problème de la « santé », cela signifie que le médecin doit être en mesure de *se rendre* philosophiquement *compte* de ce qu'il comprend par santé, de ce qui tient ici à un ordre hiérarchique, dans quelle mesure il peut et doit aller à la rencontre du malade pour satisfaire sa tâche de médecin et pour demeurer fidèle à lui-même (*Psychopathologie générale*, p. 439)[7]. Sur tout

1. [Voir K. Jaspers, *Philosophie*, trad. citée, p. 150.]
2. [*Ibid.*, p. 98.]
3. [K. Jaspers, *Psychopathologie générale*, trad. citée, p. 608.]
4. [*Ibid.*]
5. [*Ibid.*, p. 611.]
6. [*Ibid.*]
7. [Voir *ibid.*, p. 610 *sq.*]

cela, Jaspers n'est pas allé plus loin dans la *Psychopathologie générale*. Mais on voit bien cependant à partir de ses explications sur les différents « concepts de santé » qu'il a profondément éprouvé cette problématique médicale, qu'il en a souffert, comme c'est notre lot face à toute problématique authentique. Si court que soit le chapitre « Des tâches thérapeutiques »[1] dans la *Psychopathologie générale*, il me semble que le psychothérapeute y est approché dans son être le plus propre, que l'appel s'adresse aussi à *lui*. Celui qui est lui-même psychiatre se sent « interpellé » au plein sens du terme et cela signifie appelé à une *réponse*. L'apprenti qui veut aller naviguer sur les flots de l'océan périlleux de la prise en charge psychique prendra conscience de la profonde responsabilité qu'il doit alors prendre sur lui et porter.

Comme il s'agit pour Jaspers dans la *Psychopathologie* de se rendre compte – au plein sens du terme : de *savoir* ce que l'on *fait*, il s'agit pour lui d'abord « d'apprendre à distinguer ce qu'on sait et ce qu'on ne sait pas, de savoir comment, dans quel sens et dans quelles limites on sait quelque chose, avec quels moyens ce savoir est acquis et fondé »[2] (dans la préface à la troisième édition de la *Psychopathologie générale*, 1923). Cela n'est que la continuité de ce que l'on pouvait lire dans la préface à la deuxième édition, à savoir « qu'on ne peut comprendre une science qu'en étudiant ses problèmes centraux ou qu'on ne la comprend pas du tout »[3], c'est pourquoi l'enseignant doit contraindre les étudiants « à s'élever jusqu'à un état d'esprit scientifique »[4]. À côté de l'éducateur à l'humanité psychiatrique prend place l'éducateur à la vérité psychiatrique. (C'est l'un des mérites de la psychiatrie que l'humanité et la vérité n'y soient pas à séparer mais – dans la formation psychiatrique – soient instruites l'une à partir de l'autre).

Si Jaspers a réussit à élever la psychopathologie et la psychiatrie générale au niveau de la scientificité, il ne le doit pas seulement à sa vaste culture philosophique, psychologique, dans les sciences de la nature et dans celles de l'esprit, étonnante pour un jeune médecin, ni à la volonté de hiérarchisation critique conforme à une telle culture, mais avant tout à l'art d'orienter cette culture et ce savoir sur les problèmes fondamentaux de la psychiatrie générale, de vérifier le matériel psychopathologique issu de l'intuition, et d'illustrer avec des exemples cliniques. Sa P*sychopathologie générale* reste d'un bout à l'autre sur le sol psychiatrique. Cela semble

1. [Voir *ibid.*, p. 600-612.]
2. [*Ibid.*, p. I.]
3. [*Ibid.*, p. VII.]
4. [*Ibid.*, p. VIII.]

évident mais ne l'est pas. Nous pouvons nous imaginer une psychopathologie établie sur des bases purement phénoménologiques ou purement anthropologiques, et nous en possédons d'ailleurs déjà les prémisses. Ces directions de recherche sont importantes pour la psychiatrie; mais en s'éloignant volontairement des questionnements et des méthodes de recherche purement psychiatriques, elles ne peuvent y revenir que par un détour. La *Psychopathologie générale* de Jaspers, comme déjà ses travaux sur le délire de jalousie (1910), sur la direction de recherche phénoménologique en psychiatrie (1912), sur les connexions compréhensible et causale entre destin et psychose dans la démence précoce (1913), sur la conscience du corps (1913), tout comme ses « pathographies » sont tellement « légitimement psychiatriques » que si les psychiatres « n'en veulent pas », cela ne peut reposer que sur une mécompréhension et une incompréhension. Jaspers a toujours trouvé « grotesque » « de vouloir séparer le physique du psychique : ils ne peuvent être séparés que d'*un* certain point de vue; dans l'ensemble de la science, ils forment un tout »[1] (*Psychopathologie générale*, p. 33). Mais, dans la psychopathologie, il n'a ni, comme Meynert et Freud, vu uniquement une langue seconde ou « imagée » pour les processus neuroanatomiques, physiologiques et chimiques, ni non plus, comme Forel et Bleuler, expliqué de la même manière le psychique et le physique à partir des hypothèses d'identité et d'évolution – ce qui correspond à un transfert de convictions métaphysiques dans le domaine empirique –, il n'a pas non plus lutté avec les théories, devenues si peu intéressantes aujourd'hui, du parallélisme psychophysique et de l'interaction; il demeure plutôt strictement critique au sein de la systématique purement méthodologique, comme « ennemi de tout fanatismes »[2], en « lutte avec ses propres tendances fanatiques »[3], connaissant la condition pour concevoir une « totalité » toujours en mouvement, jamais achevée, une totalité « qui ne soit pas issue d'une idée particulière érigée en absolu »[4], ni non plus d'une simple accumulation de concepts forgés *ad hoc*. « La science critique veut en même temps des limites et de l'étendue, elle doit d'une part connaître les limites, l'importance de chaque manière particulière de voir, de chaque idée, de chaque fait, d'autre part posséder une conception vaste, péniblement acquise, perfectionnée pendant toute la vie à l'aide de tous les moyens possibles de connaissance. La conception relativement la plus

1. [*Ibid.*, p. 44.]
2. [*Ibid.*, p. 44.]
3. [*Ibid.*, p. 45.]
4. [*Ibid.*]

vaste et la plus claire quant à l'étude positive m'a paru pouvoir être atteinte par une systématisation *méthodologique*»[1] (*Psychopathologie générale*, p. 33).

La limitation critique à la systématique méthodologique préserve la *Psychopathologie générale* de Jaspers *premièrement* du danger d'un «système clos» (au sens de Bergson) et d'abord du danger de l'imitation d'un «système philosophique». Ce dernier point est particulièrement remarquable; le psychiatre flaire derrière toute volonté d'ordre systématique et tout besoin, qui lui est nécessairement lié, de clarification, de délimitation et d'approfondissement des concepts, des points de vue et des modes de connaissance –, de la «philosophie»! Ce faisant il confond en règle générale la méthodologie – en tant que cette partie de la logique qui a à éclaircir les différents visages que prennent les formes logiques et les normes dans les sciences particulières selon la nature formelle et chosique de leurs objets scientifiques, de leur manières de procéder et de leur problèmes (Windelband) – et la spéculation philosophique! Cette forte inclination de la psychiatrie à réfléchir sur les traits d'essence de sa propre recherche repose en outre, comme Hönigswald l'a déjà si clairement reconnu, sur la particularité de la psychiatrie et le fait que son concept ne se manifeste que dans «l'incessant jeu d'échange dialectique des motifs méthodologiques fondamentaux». Certes, dans la *Psychopathologie générale*, les influences de Kant, Dilthey, Husserl, Max Weber, Kierkegaard, Nietzsche, etc. sont faciles à reconnaître, cependant Jaspers ne s'y conduit ni comme chantre de la théorie de la raison critique ou historique, ni comme «pur phénoménologue» au sens de Husserl, ni comme penseur religieux ou se rattachant à la philosophie de l'existence. Que sa phénoménologie, en tant que théorie des manifestations subjectives de la vie de l'âme malade puisse être confondue avec la phénoménologie de Husserl et que la *Psychopathologie générale* puisse être considérée comme l'ouvrage de référence de la direction phénoménologique repose sur une pure ignorance et sur une mécompréhension.

La limitation à la systématique méthodologique préserve *deuxièmement* la *Psychopathologie générale* du danger d'un transfert naïf des méthodes de pensée et des concepts issus des sciences naturelles au domaine psychique. Que l'objet et la méthode d'une science soient interdépendants est une idée fondamentale de la méthodologie. Il était de la plus grande importance psychiatrique que Jaspers mette l'accent sur la «présentification intuitive», en montrant combien celle-ci est différente

1. [*Ibid.*]

dans le domaine somatique et psychique. Il passa, comme chacun sait, de la présentification statique ou phénoménologique du psychique à la compréhension génétique, la compréhension des connexions psychiques, afin de les comparer aux connexions causales, celles des sciences de la nature. Et bien qu'il ait repris la différence diltheyenne de la compréhension et de l'explication, il s'est éloigné de cette théorie sur un point important afin de la rendre totalement autonome pour la psychopathologie. Il en vint ainsi à la séparation extrêmement importante de la phénoménologie et de la psychopathologie objective, à partir de laquelle, dans la troisième édition, il fit de la psychologie de l'expression un domaine autonome. Combien il est difficile d'imposer de telles distinctions méthodologiques d'une importance fondamentale en psychiatrie, le fait qu'aujourd'hui encore celle-ci n'en tienne pas compte le montre bien – je pense par exemple à la littérature consacrée au test de Rorschach –, au préjudice de la vérité psychiatrique. Les distinctions de Jaspers sont d'ailleurs restées également précieuses pour les chercheurs en psychiatries qui ne partaient pas de la présentification intuitive d'un donné psychique singulier, mais de la présentification intuitive « de la personne », ainsi que pour ceux qui ont progressé en direction d'une interprétation phénoménologique-anthropologique des formes fondamentales psychopathologiques au sens des formes étranges de l'être-au-monde humain.

La limitation à la systématique méthodologique a *troisièmement* préservé la *Psychopathologie générale* du danger de confondre les concepts et le matériel dans le domaine de la psychopathologie, c'est-à-dire de faire violence au matériel par l'intermédiaire du concept, ou de faire disparaître les concepts en raison de l'inconstance et du caractère fuyant du matériel. Lorsque par exemple Forel explique : « la nature ne fait pas de sauts » ou « dans ce domaine il n'y a ni lignes ni plan », et ainsi, comme plus tard Bleuler, recule devant et met en garde contre les concepts et les définitions précies, c'est le mérite scientifique de la *Psychopathologie générale* d'un côté de mettre en garde contre les concepts embrouillés et d'insister sur des concepts clairs et sans ambages, d'un autre côté de se montrer très prudente avec les concepts et de ne voir en eux qu'un « principe heuristique » tant que le matériel issu de l'expérience ne confirme pas suffisamment leur valeur. Jaspers sait que des *limites conceptuelles* solides et claires ne sont pas du tout incompatibles avec la reconnaissance de « passages » dans la réalité[1]. Ainsi voit-il par exemple

1. Sa distinction stricte entre vie de l'âme susceptible d'intropathie et non susceptible d'intropathie (schizophrène) constitue une exception : « entre les phénomènes qui proviennent spécifiquement d'un processus schizophrénique et la vie psychique non schizo-

que l'on peut rarement décrire quelque chose phénoménologiquement « sans en venir d'emblée aux connexions compréhensibles », il voit des points de passage entre les réactions et les poussées ou les phases, il voit qu'il y a des cas où les distinctions cliniques si clairement soulignées par lui entre « développement de la personnalité » et « processus psychique » ne permettent pas à la discussion « d'aboutir à un résultat ». On voit ainsi que Jaspers n'identifie pas du tout le « processus psychique » avec le processus schizophrénique. (Combien cette distinction est encore aujourd'hui féconde et scientifiquement sujette à discussion, l'intéressant cas Hager décrit par von Gaupp (*Zeitschrift für Neurologie*, 174/4) le montre). La même chose vaut également concernant les distinctions si louables de Jaspers entre les vécus délirants primaires (« ambiance délirante ») et les images délirantes ou les idées délirantes, et au sein des premières entre les perceptions délirantes, les représentations délirantes (idées déliroïdes) et les consciences délirantes. Encore aujourd'hui, quiconque écrit sur le délire, ce problème central de la psychiatrie, ne peut se passer de la distinction de Jaspers. Nous n'avons ainsi évoqué que quelques exemples particulièrement marquants, naturellement sans pouvoir faire appel aux subtiles descriptions phénoménologiques que Japsers réussit si bien, ni aux documents cliniques qui sont si largement à sa disposition.

La production psychiatrique de Karl Jaspers ne se limite d'ailleurs pas du tout à l'élaboration d'une systématique méthodologique, il a plutôt élargi et approfondi celle-ci de façon extraordinairement forte et cliniquement durable au regard de la brièveté de son activité clinique.

Mais on ne doit pas apercevoir, dans la systématique méthodologique en tant que telle, uniquement l'ordonnancement critique d'un savoir clinique existant déjà. Indépendamment du fait qu'elle suppose un débat productif avec les motifs méthodologiques fondamentaux de la psychiatrie, et en particulier avec la part culturelle et naturelle au sein du concept de psychiatrie, elle est en et pour elle-même créatrice. Jaspers lui-même l'a exprimé : même le psychopathologue qui procède de façon méthodologique-systématique « procède d'une façon créatrice toujours variable à l'examen de chaque personne, appuyé sur des principes bien déterminés et fixant avec précaution des principes ou notions nouvelles pour les retenir lors de la communication des résultats trouvés »[1] (*Psychopathologie générale*, p. 426). Mais cet aspect créateur se distingue de

phrène, il n'y a aucun point de passage » (*Strindberg et van Gogh*, p. 56 [trad. fr. H. Naef, Paris, Minuit, 1953, p. 141]. Voir aussi *Psychopathologie générale*, p. 114 [trad. citée, p. 155]. On peut à ce sujet et en toute bonne foi être d'un avis différent.

1. [*Psychopathologie générale*, trad. citée, p. 594.]

l'aspect créateur d'un système clinique, de l'individualisation clinique d'un groupe de maladie, d'une nouvelle corrélation biologique-psychologique, d'une théorie psycho-pathologique ou neuropathologique, d'une nouvelle méthode psycho- ou somatothérapeutique, d'une nouvelle expérience psychopathologique, etc. Les deux sortes de capacités créatrices doivent être à l'œuvre pour qu'il puisse être question d'un progrès de la psychiatrie au sens de la vérité psychiatrique. Mais cependant, les deux vont rarement la main dans la main. Un antagonisme lié à l'essence de la science empirique se manifeste ici, l'antagonisme entre la volonté passionnée d'ordre, et la passion scientifique pour la découverte et l'explication. Lorsque « les psychiatres » « n'ont pas voulu » de Jaspers, cet antagonisme doit avoir joué un rôle, comme d'un autre côté le jugement de la systématique philosophique sur ces autres capacités créatrices n'est pas nécessairement lié à leur valeur créatrice intrinsèque, mais seulement à leur signification pour l'ensemble de la méthodologie systématique. Cela vaut en particulier du jugement concernant la psychanalyse, que Jaspers tient à distance, afin de pouvoir séparer le bon grain de l'ivraie, mais vaut également des jugements concernant l'« entreprise grandiose » de Wernicke ou le « petit manuel ».

Il est finalement d'un grand intérêt de clarifier la position qu'occupe la *Psychopathologie générale* de Karl Jaspers au sein de l'histoire la plus récente de la psychopathologie, par exemple depuis le tournant du siècle. La base sur laquelle il construit l'ouvrage est ici d'une signification déterminante. Nous l'avons déjà mentionnée. C'est la présentification intuitive du psychique par opposition à la présentification intuitive du non psychique. « Sans le désir et la faculté d'observer le psychique, de se le présentifier dans sa plénitude, la psychopathologie est impossible »[1], peut-on lire au début du livre (p. 17). La situation devient immédiatement claire lorsque nous apposons à cette phrase la formule suivante : sans la capacité et l'envie d'approfondir l'*histoire* de vie de ses malades, de progresser dans toute la richesse de leurs connexions de motivation conscientes et inconscientes et de les présentifier, il n'y a pas de possibilité de réaliser une psychopathologie. Ce n'est pas comme si Jaspers n'avait pas eu cette capacité et cette envie ; ses travaux sur le délire de jalousie, sur les connexions compréhensibles entre destin et psychose, le passage de la *Psychopathologie générale* sur la personnalité et en premier lieu sur les *buts* de l'*examen* des malades prouvent le contraire. De là il ressort que la présentification intuitive du psychique et l'approfondissement de l'histoire

1. [*Ibid.*, p. 23.]

intérieure et extérieure de la vie ne peuvent pas être pensées, et encore moins utilisées l'une sans l'autre. Mais ce qui est en question ici, c'est le lieu à partir duquel on édifie la psychopathologie, à partir des « éléments » ou de la « totalité ».

Le point de départ de la présentification intuitive du psychique conduit à ce que Jaspers explique de façon fort conséquente que si utiles que soient les concepts de « mécanismes extra-conscients », « la phénoménologie comme la psychopathologie compréhensive restent, elles, dans la conscience »[1] (p. 204). La conscience, ou encore mieux, la consciosité (*Bewusstheit*), est, au contraire de Freud, le point de départ et le point d'arrivé des considérations psychopathologiques. « L'homme doit, pour rester homme, passer par la conscience » lisons-nous plus tard dans *La situation spirituelle de notre époque* de 1931 (p. 128)[2]. L'appel à « aller de la conscience vers l'inconscient du sang, de la foi, de la terre, de l'âme, de l'histoire et de l'indubitable »[3], cette appel est trompeur. L'attitude spirituelle fondamentale de la *Psychopathologie générale* me semble déjà contenir cette prise de position. Cela ne contredit pas du tout le fait qu'il soit évident pour Jaspers « que notre vie consciente ne forme, pour ainsi dire, que la couche superficielle d'un domaine vaste et profond *d'existence sub- et extra-conscientes* »[4] (*Psychopathologie générale*, p. 435), et que le psychothérapeute, dans de nombreux cas, ait à en tenir compte : « les germes qui sommeillent dans l'inconscient doivent être développés » (*ibid.*). Mais tandis que chez Freud l'accent de la recherche pratique et des réflexions théoriques échoit comme chacun sait à l'« inconscient », il échoit chez Jaspers à la consciosité. Alors que Freud pouvait expliquer que l'humanité était certes consciente du fait qu'elle avait un esprit mais qu'il devait lui montrer qu'il y a aussi des pulsions, Jaspers aurait déjà pu dire avec raison en 1913 que les psychiatres savaient certes déjà qu'il y a des pulsions (inconscientes) et qu'il devait leur montrer qu'il y a aussi de l'esprit. (Si nous n'identifions pas du tout l'esprit avec la consciosité, il n'en demeure pas moins que l'esprit n'est possible que pour autant qu'il y a la consciosité. Sur la conception et la théorie de l'esprit propres à Jaspers, voir ses leçons de Groningen sur « Raison et existence » de 1935)[5]. Encore aujourd'hui, après 30 ans, cette démonstration est toujours nécessaire,

1. [*Ibid.*, p. 283.]
2. [Voir K. Jaspers, *La situation spirituelle de notre époque*, trad. fr. J. Ladrière et W. Biemel, Paris, Desclée de Brouwer, 1951, p. 167.]
3. [*Ibid.*]
4. [*Psychopathologie générale*, trad. citée, p. 607.]
5. [K. Jaspers, *Raison et existence*, trad. fr. J. Hersch et R. Givord, Paris, Bayard, 2003.]

voire même encore plus nécessaire qu'à l'époque. Une chose, dans tous les cas, est établie : Karl Jaspers – en tant qu'auteur de la *Psychopathologie générale* et du texte sur Strindberg et van Gogh – a montré à la recherche psychiatrique la direction et le chemin de l'« esprit ». Déjà pour cette raison nous apercevons dans l'interruption de sa carrière psychiatrique la plus grande possibilité manquée dans l'histoire de la psychiatrie contemporaine. La science de la psychiatrie, nonobstant le fait qu'elle est une branche de la médecine clinique, ce qui conduit à la déterminer comme l'exploration des causes et des possibilités de rétablissement des maladies mentales et des manifestations psychiques anormales en général, signifie bien plus que la médecine, elle est en effet la compréhension scientifique des hommes psychiquement malades. Cela n'est cependant atteignable que sur la base d'une compréhension totale de l'être humain en général. Seule une telle compréhension préserve le psychiatre du franchissement non scientifique et irréfléchi de certaines limites, comme celles de l'interprétation et de l'évaluation des capacités psychiques et de leur valeur à partir des conditions morbides « causales ». Cela revient de façon générale « à ne voir et à n'apprécier la valeur d'une création qu'à partir du contenu de ce qui se produit de façon spirituelle : la causalité sous l'influence de laquelle quelque chose survient, ne dit rien de la valeur de ce qui s'est produit » (*Nietzsche*, p. 85)[1]. Cela ne fait pas que ne pas empêcher, mais *rend possible* de montrer dans un cas particulier « que la maladie n'a pas seulement pour effet d'interrompre et de détruire : on peut être productif non seulement malgré la maladie, mais celle-ci est la condition nécessaire de certaines productivités »[2] (*Psychopathologie générale*, p. 7). Dans sa *Philosophie* (III, p. 231)[3] Jaspers a crée les concepts importants de destruction « productive » et « ruineuse ». Ce n'est que lorsque le psychiatre connaît et prend en compte la différence pleinement scientifique entre l'interprétation de la valeur, du contenu et du style d'un côté, et de l'explication génétique ou causale de l'autre côté, qu'il peut réussir à étudier les questions de la « coïncidence temporelle » entre la survenue d'apparitions morbides et les transformations des styles de langage et de pensée, la survenue de nouvelles pensées fondamentales, en bref le « développement psychique du mécanisme » avec des méthodes scientifiques. Ce n'est qu'ensuite que l'on peut approcher la question des « relations avec l'esprit » (voir les développements éloquents dans *Strindberg et van Gogh*,

1. [K. Jaspers, *Nietzsche. Introduction à sa philosophie*, trad. fr. H. Niel, Paris, Gallimard, 1950, p. 104.]

2. [*Psychopathologie générale*, trad. citée, p. 10.]

3. [*Philosophie*, trad. citée, p. 791.]

p. 80-84[1]. Aujourd'hui nous comprenons les schizophrènes jusqu'à un certain point dans leurs relations avec les pulsions. Nous n'arriverons à une pleine compréhension de cet « immense point d'interrogation » que lorsque nous aurons conquis une vue plus pénétrante de leurs relations à l'esprit.

Tout cela ne concerne pas seulement la « pathographie » des grands hommes et des artistes, mais déjà l'observation et l'examen quotidien de nos malades, la constatation des transformations des « conceptions du monde », la compréhension de leurs tentatives artistiques, et même les simples gestes ou actions. Lorsque par exemple une de mes malades[2], en présence de son père bien aimé mais tyrannique et qui tourmentait jusqu'au sang la mère, plonge si profondément la main dans un foyer ardent qu'elle se fait une méchante brûlure du troisième degré pour montrer au père « ce que peut l'amour », afin de le pousser à adopter un autre comportement à l'égard de la mère, et qu'elle souffre un an plus tard d'un délire schizophrénique de relation, je n'ai pas rempli ma tâche, *y compris de psychiatre*, lorsque j'explique qu'une telle action « donne une impression de schizophrénie » ou qu'« elle manifeste clairement l'empreinte de la présomption schizophrénique », et lorsque je *diagnostique* chez cette femme le début d'une schizophrénie; je n'accède à une compréhension de la personne malade que lorsque je réussis à juger la valeur ou le contenu de cette action en tant que telle à partir d'un tout autre système de rapports, par exemple du point de vue éthique du sacrifice. Concernant la compréhension de la « personnalité » de tous nos malades, il ne s'agit pas seulement de connaître leurs « complexes » et les raisons de leurs « refoulements », mais de tenir compte aussi du contenu spirituel qui s'impose dans le « retour du refoulé ». Ce n'est qu'alors que nous pourrons nous « présentifier » une *histoire* de vie dans toute sa plénitude et l'ensemble du contenu de ses « connexions de motivation », dans sa relation aux « pulsions » *et* à l'esprit. La même chose vaut par exemple pour l'analyse scientifique du test de Rorschach, qui se place de plus en plus au premier plan de notre intérêt. Il ne montre pas seulement comment l'homme « perçoit et interprète », mais également comment il se tient dans le monde, quel monde il a. Cet avoir-un-monde ne se laisse pas du tout comprendre seulement à partir des pulsions, mais doit toujours aussi être compris à partir de l'« esprit », à partir de cette « instance » à partir de laquelle seule le sens et la forme de

1. [Voir *Strindbergh et van Gogh*, trad. citée, p. 257 *sq.*]

2. [Voir L. Binswanger, « Le délire comme phénomène de l'histoire de vie et comme maladie mentale. Le cas Ilse », trad. fr. L. Hebborn et P. Jonckheere, dans P. Jonkheere (éd.), *Passage à l'acte*, Bruxelles/Paris, De Boeck Université, 1998, p. 23-51.]

tout monde, serait-ce celui d'un seul homme, serait-ce celui de toute une époque culturelle, est à comprendre et à déterminer.

Nous voyons ainsi que le progrès de l'humanité psychiatrique et de la vérité, de la psychiatrie en tant que science, n'est possible que si *les deux* directions sont poursuivies plus avant : la direction dont le plus éminent représentant nous semble être Freud, et celle dont Jaspers est le représentant. Les deux nous ont montré ce que signifie « aborder scientifiquement un fait psychique », mais tous les deux d'une façon différente, l'un dans la direction de l'inconscient et ainsi de la puissance de la *pulsionnalité* dans le *Dasein* humain, l'autre dans la direction de la consciosité et ainsi de la puissance de la *spiritualité* dans le *Dasein* humain, lui conférant ainsi « sens et totalité ».

S'il n'est pas habituel dans un recueil d'hommage d'esquisser un portrait de celui-là même qui est célébré et de son entreprise scientifique, le caractère d'exception de ce que nous avons fait se justifie par l'intention de contribuer à rembourser la dette intellectuelle de la psychiatrie à l'égard de celui qui est célébré à la mesure de ses propres forces. À cela se joint une raison personnelle, qui est la joie de devoir témoigner de deux choses envers un auteur avec lequel on a croisé le fer tout au long de sa vie, la considération pour la personne et le respect pour la production. Et pour finir, notre contribution doit signifier un salut adressé par la psychiatrie suisse à celui qui est célébré. La psychiatrie en Suisse, comme d'ailleurs la science suisse, a toujours été d'une grande ouverture à l'égard du monde, et dans ce cas d'une grande ouverture pour les directions de recherches psychiatriques différentes, et même *divergentes*, et pour les personnes qui les représentent. C'est cette ouverture au monde que l'on doit remercier pour le fait que la psychiatrie suisse ait accueilli scientifiquement aussi bien les théories sur l'hypnotisme et la suggestion provenant de France que les théories de Janet, ou encore celles de Kraepelin et de la psychanalyse, et le fait qu'elle ait ouvert ses portes à une œuvre si sérieuse et originale que l'est celle de Jaspers. Puisse notre contribution témoigner du fait que son œuvre est encore vivante aujourd'hui en Suisse et qu'elle porte des fruits.

SUR LA FORME DE VIE MANIAQUE

Avec le thème « la forme de vie maniaque », que j'ai choisi pour notre leçon d'aujourd'hui, je me rattache immédiatement à l'enseignement clinique; mais j'aimerais en même temps vous introduire dans les présuppositions méthodiques et la structure méthodique de la psychiatrie.

Ce qui doit frapper le jeune étudiant en médecine lorsqu'il est appelé pour la première fois auprès d'un cas dans la salle de psychiatrie, c'est la forme langagière avec laquelle le maître clinique habille son exhortation. Tandis que l'interniste ou le chirurgien vous dit : examinez le malade, le psychiatrie dit : mettez-vous en relation avec le malade. La différence entre la psychiatrie et le reste de la médecine, mais aussi leur cohésion, se laissent déduire à partir de l'expression langagière de ces exhortations ; car – pour anticiper sur la cohésion – dans l'exhortation à se mettre en relation avec le malade est déjà contenue l'exhortation à l'*examiner* de façon psychiatrique-médicale ! Mais tandis que vous examinez le malade somatique en testant ses sens, en l'observant, en le palpant, en le percutant, en le flairant, vous examinez le malade mental en vous mettant *vous-mêmes* en tant que personne, en relation *avec lui* en tant que personne. Le malade est ici d'emblée tout autre chose qu'un *objet* d'examen, il ne se tient pas à l'accusatif de la perception et du jugement, mais est le *partenaire* d'une relation inter-humaine, d'un rapport de communication ; en un mot : là il fait dès le départ fonction d'organisme, ici de prochain (*Mitmensch*). Mais nous ne devons pas dépasser les bornes à propos de cet examen : dans le reste de la médecine aussi, vous *interrogez* le malade et attendez de lui une réponse, vous ne le considérez pas *seulement* comme un organisme ; en psychiatrie, l'examen somatique est également indispensable, et ici aussi la pensée de l'organisme, en tant que but ultime de toute recherche médicale, plane toujours devant vos yeux. Ce qui différencie au final la médecine somatique et la psychiatrie, ce n'est pas du tout le *but*, mais le *chemin* pour arriver à ce but. Si nous disions qu'en psychiatrie ce chemin est différent, plus long et plus sinueux, que dans le reste de la médecine, alors nous dirions deux choses : d'abord que celui qui veut le parcourir doit posséder en tant que *médecin* une capacité ou un don particulier concernant la mise en relation avec l'autre homme (*Mitmensch*) malade, et ensuite qu'il doit être au clair en tant que *chercheur* avec les méthodes et les problèmes scientifiques qu'il a à maîtriser et à surmonter sur ce chemin. Il doit avant tout être au clair avec les processus de réduction et de transformation malheureusement simplificateurs que la pensée et l'action psychiatriques doivent endurer, pour parvenir de son point de départ, la relation avec l'autre homme malade, jusqu'à son but, l'examen des processus morbides dans l'organisme.

Je ne peux pas, en une heure, exhiber devant vous ce processus de transformation. Je me limite essentiellement à notre point de départ, à l'examen (au sens du se-mettre-en-relation) de l'autre homme malade et à la conception (qui en découle) du type de forme de vie qui est la sienne, et secondairement à une forme particulière de l'autre homme malade, à savoir l'homme maniaque aux idées fuyantes.

Comme dans le reste de la médecine, la psychiatrie part uniquement de l'*expérience*. Mais ce que vous expérimentez ici au lit du malade, ce ne sont pas des modifications de ou dans l'organisme, mais des modifications concernant la communication, la mise en relation et le maintien d'une relation avec le malade. Habituellement vous expérimentez ces modifications comme des entraves, des complications ou des obstacles sur le chemin de la communication, quand bien même elles seraient de nature affective, intellectuelle ou purement langagière. À partir de là, vous comprendrez que l'on a catégoriquement expliqué que les symptômes psychiatriques relèvent en premier lieu de troubles de la communication ou, pour employer un autre terme, de l'*entente* (*Verständigung*), ils *seraient* ainsi des faits de l'entente. Ce mot ne doit pas seulement vous faire penser à l'entente langagière, mais à l'ensemble des possibilités de communication entre les hommes, à savoir à toutes les formes du *commerce* quotidien aussi bien qu'à la communication soi-disant *existentielle* et à la communication soi-disant *sympathétique*. Il s'ensuit que, pour traduire les dernières expressions en allemand, vous ne devez vous attendre à examiner de façon vraiment psychiatrique que lorsque vous vous engagez à l'encontre de l'autre homme malade avec tout votre *être* et tout votre *amour*. Ce n'est qu'ainsi que vous pouvez espérer que l'autre homme malade s'ouvre à vous et parvenir à entrevoir les connexions les plus secrètes de son vécu et de sa maladie.

Qu'en est-il en ce qui concerne l'entente ou la communication avec l'homme *maniaque aux idées fuyantes*? Il semble qu'il *ne* s'agisse *pas* ici d'une entrave à la communication, mais d'une facilitation et d'une stimulation de la prise de contact.

Il n'est vraiment pas difficile d'entrer en relation avec les malades, ils vous répondent volontiers et rapidement, et même vous interrompent, vous prêtent une attention pleine de vivacité, s'émerveillent de votre allure ou de votre toilette, de votre intelligence ou de votre courtoisie, vous pressent de questions à propos de votre vie, de votre passé, de votre famille, vous promettent monts et merveilles, vous racontent de façon prolixe alors que vous ne leur avez rien demandé les détails les plus intimes à propos de leur vie et de leur entourage, vous saisissent la main, examinent et palpent votre alliance, votre montre, etc. Mais cette facilitation de la communication n'est qu'une apparence, elle demeure à la surface. Qu'une deuxième ou une troisième personne fasse irruption et le malade se détourne de vous aussi rapidement qu'il vous avait prêté attention pour s'occuper de la nouvelle personne. Vous voyez alors que vous ne pouvez justement pas « approcher » le malade et que vous devez vous donnez beaucoup de mal si vous voulez aller au-delà de la conversation superficielle et apprendre quelque chose qui soit en lien avec son histoire de vie. Vous avez alors rapidement l'impression que le malade lui-même n'est pas proche de lui-même, mais qu'il vit pour ainsi dire à distance de lui-même. En outre, comme nous l'avons déjà dit, rien ne parvient à capter son intérêt. Certes il range une foule de choses dans le bâtiment et la chambre, cherche constamment le contact social, aborde une foule d'hommes, jette pour ainsi dire l'argent par les fenêtres, doit toujours avoir, découvrir, manigancer, entreprendre quelque chose de nouveau. Sa « curiosité » étonnante n'est qu'un cas particulier de sa *soif générale* et infatigable du nouveau. Au contraire de l'homme véritablement occupé, qui « a » toujours le temps, le maniaque éparpille son temps et ne s'occupe pas véritablement. Sa soi-disant impulsion à l'occupation, au début de la maladie souvent encore un stimulant pour des activités et des entreprises valorisées, des œuvres scientifiques ou artistiques de toutes sortes, devient progressivement un affairement vide, dépourvu de but et de sens. Ce que nous appelons le sérieux de la vie se transforme en jeu. Le malade « prend tout à la légère », ne voit résistances et difficultés nulle part ou seulement telles qu'il est convaincu de pouvoir les surmonter « en jouant »; il s'attaque aux choses difficiles qui pour lui ne sont plus un obstacle mais deviennent légères, douces, mobiles, en un mot fuyantes ou volatiles. De la même façon, on peut dire qu'il « se trompe » à propos des choses : tout d'abord l'ensemble de l'atmosphère dans laquelle les choses « flottent » est rose; ce qui pour nous est gris, sombre, flétri, et même fade lui apparaît coloré, clair, radieux et plein de vie, ce sur quoi je reviendrai tout à l'heure. Il y a toujours plus de vie, de lumière, de soleil, de prospérité; l'ensemble de l'espace de vie est rempli de sons et de musique; il voit, comme le dit l'adage populaire « le ciel plein de contrebasses ». Ce qui vaut pour le monde ambiant, les choses, vaut aussi pour le monde commun, les autres hommes. Personne ne peut se mesurer à lui, il pense qu'il est facile de venir à bout de n'importe qui, tout le monde est proche de lui, il voit en chacun son ami et son proche. Avec lui-même non plus il n'a pas de difficultés, tout lui tombe facilement dans la main, il peut tout; il n'y a pas de problèmes; ce qui est à peine pensé est déjà dit et déjà fait. Il est incapable de garder une distance, de différer ou de se fixer sur quelque chose. Tout lui est à portée de main, tout est immédiatement pris en main et « liquidé de façon ludique ». Il est ainsi « éternellement en mouvement ». Il ne s'assoit pas, mais reste debout, il ne marche pas, mais il sautille, danse ou saute.

À partir de toutes ces expériences séparées à propos du malade, il vous apparaît clairement que l'entente avec lui n'est pas aussi facile que ce que vous croyiez au début. Vous devez accomplir un gros effort pour fixer, rassembler et embrasser du regard vos expériences avec lui. Vous parvenez à la conviction que ce malade vit dans un autre monde que vous-même, un monde dans lequel vous ne vous y retrouvez pas et qui vous fait une impression inédite et étrange. Et même si l'un ou l'autre d'entre vous dira qu'il a déjà vécu quelque chose de semblable à la suite d'une bonne nouvelle inattendue, et en premier lieu après un bonheur amoureux, ou bien lors d'un séjour en haute montagne, d'un vol en haute altitude, d'une ivresse alcoolique, au début d'une narcose, dans un état de grand épuisement ou d'une hyperthyroïdie, à l'endormissement ou en rêve, cela ne fait que repousser le problème. Car il ne s'agit plus ici de savoir si nous pouvons nous mettre à la place de ou en intropathie avec le malade en question, ce qui est une affaire subjective très vague, mais il s'agit de comprendre et de décrire *le monde* dans lequel vit un tel malade (*et* parfois aussi nous-même dans certaines conditions), laquelle compréhension du monde peut aujourd'hui être atteinte avec des moyens purement scientifiques et par un chemin purement scientifique. Aucune tâche, à mon avis, n'est plus urgente pour la psychiatrie que de parvenir à comprendre et à décrire les mondes et l'être-au-monde des malades. Ce n'est qu'ainsi que nous *saurons* ce qui les sépare de nous (et dans certaines conditions nous de nous-même), pourquoi nous avons du mal à les (ou nous-mêmes) comprendre et dans quelle mesure cette compréhension est possible.

Vous parvenez à la même volatilité, la même perte des contours et au même flou du monde, ainsi qu'au même flottement, au même sautillement et au même bondissement dans le monde si nous nous tournons vers le monde ambiant et le monde commun des expressions langagières de ces malades et de leur monde de pensées.

Puisque le malade maniaque ne prend pas non plus au sérieux le langage, nous avons également du mal à le comprendre. À la place d'une construction de phrase hypotactique, c'est-à-dire structurée en une proposition principale et une proposition subordonnée, il y a une parataxe, une simple juxtaposition de phrases, laissant le soin à l'auditeur ou au lecteur de déterminer s'il a ou non affaire à un lien logique entre les phrases. Le verbe qui anime ou habite véritablement le discours ou la production écrite disparaît toujours plus, et là où il continue à exister, il apparaît presque exclusivement au présent, plus rarement au passé et très rarement au futur.

Cela montre de la façon la plus claire que ces malades vivent presque exclusivement dans le présent et encore un peu dans le passé, mais plus dans le futur. Là où toutes les choses et tous les hommes sont à portée de main, sont « là à disposition » (*gegenwärtig*), là où il n'y a pas de distance, il n'y a pas non plus de futur, mais tout se déroule « dans le présent », dans un simple ici et maintenant. Cela éclaire le soi de tels malades. Un soi qui ne vit plus dans le futur, qui se meut de façon ludique dans le ici et maintenant et qui au mieux vit encore un peu du passé est un soi disposé (*gestimmt*) sur le mode de l'instantanéité, mais pas un soi qui mûrit, se développe ou évolue de façon continue, pour le dire avec un mot étranger, il n'est pas un soi existentiel. Par conséquent toute communication existentielle, toute entente d'être humain à être humain est dorénavant impossible; même le simple commerce avec lui est transformé. Les malades ne peuvent pas être pris au mot, ce qui signifie toujours une incursion dans le futur; ils se laissent d'autant plus facilement impressionner et influencer que l'on sait les prendre, volatiles comme ils sont, eux-mêmes aussi légers et flexibles que le monde dans lequel ils vivent. Il y a cependant une chose qu'ils ne supportent pas: la contradiction, et la limitation de leur liberté de mouvement. Dans leur monde il n'y a ni limites ni obstacles. Là où ils rencontrent effectivement de telles choses, ils s'emportent, ils deviennent irrités, très grossiers, en viennent même aux mains et deviennent très dangereux dans la furie maniaque.

Mais revenons au langage :

Avec le retrait du verbe, le nom prend le dessus, plus ou moins affublé d'adjectifs, si bien qu'on en arrive finalement au soi-disant style télégraphique maniaque. Mais bien souvent ce style, duquel émerge encore un sens, se fracture et les mots ne se succèdent plus selon leur sens mais seulement selon leur sonorité. Cela aboutit à des associations de sons, des rimes, des jeux de mots et des ludismes langagiers, ce qui apparaît clairement à l'heure actuelle dans les expériences d'associations. À la fin, les mots sont démembrés en syllabes et caractères. Cela aboutit à des interjections multiples comme eh, ah, bah, oh, etc. Le maniement ludique des mots et même des sons remplace la pensée guidée par les significations des mots. En ce qui concerne le commerce continuel avec les autres hommes, les adresses, les joutes, les questions, les demandes, les ordres constants, le pronom vous ou tu joue un grand rôle. Il ne s'agit naturellement pas du vrai Tu de l'adresse aimante, car une communication aimante est ici tout aussi impossible qu'une communication existentielle.

Si nous jetons un regard sur la *pensée* de ces malades, nous avons déjà préparé le terrain en ce qui concerne la dépendance constante du langage par rapport à la pensée et de la pensée par rapport au langage. La psychopathologie a raison lorsqu'elle parle à propos du maniaque d'une impulsion au *discours* et non d'une impulsion à penser. Les malades dispensent beaucoup d'éléments langagier, mais très peu d'éléments de pensée. S'ils nous rapportent être à la poursuite d'une *pensée*, cela ne signifie pas du tout qu'ils pensent beaucoup – ce qui signifierait une maîtrise, une hiérarchisation et une liaison intentionnelles rigoureuses de multiples thèmes de pensée –, mais seulement que beaucoup de choses leur viennent à l'esprit, les envahissent et même les agressent. Ils n'ont ni le temps ni le sérieux nécessaires pour réfléchir et considérer à fond ces idées subites. Mêmes les unités de signification logiques, et aussi les pensées, sont volatiles ou fuyantes; elles se mélangent les unes avec les autres de façon floue et sans contours ou elles flottent sous la forme de simples fragments, perdues dans l'espace de la pensée. La pensée n'est par conséquent pas continue, mais bondissante ou, comme le dit la psychopathologie, *diffluente*. Et vous avez ici devant vous un exemple parfait de la dépendance du concept du symptôme en question par rapport au type et au degré de difficulté d'entente : si vous n'avez que relativement peu de peine à relier les sauts conceptuels de ces malades à votre propre pensée, alors nous parlons de fuite des idées ordonnée, si vous n'y parvenez que difficilement ou plus du tout, alors nous parlons de fuite des idées non ordonnée ou incohérente (Wernicke) ou de confusion aux idées fuyantes (Kraepelin). Mais vous ne devez plus aujourd'hui vous contenter de n'apercevoir dans les fragments de phrase, de mot et de pensée ou dans les bribes de pensées de tels malades qu'un amas désordonné de décombres, une simple image de destruction, notre tâche est bien plutôt de nous mettre en quête du nouveau principe à partir duquel ce désordre est à comprendre. Mais ce n'est plus au sein des manifestations langagières et de l'expression animée d'un sens, de la pensée elle-même que nous trouvons ce principe, mais seulement dans la *forme totale de vie*, dans le style de vie flottant, bondissant, sautillant de ces malades, comme vous l'aurez déjà remarqué.

Là où nous parlons de forme de vie et de style de vie, nous parlons de la manière dont un homme ou un groupe d'hommes, un peuple, une classe, une profession, mais aussi d'abord un groupe homogène d'hommes malades *sont dans le monde*. Et c'est même selon le comment de leur être-au-monde que se forme le comment de leur soi ou, comme nous le disons de façon fallacieuse, de leur je. Le soi et le monde ne se laissent ici pas séparer, mais ne sont que des concepts limites polaires au sein d'*un* être-au-monde.

Vous comprendrez encore mieux pourquoi je disais que, pour comprendre la pensée diffluente, nous devons nous référer au style total de vie des malades, lorsque je vous aurai montré que nous tombons chez les maniaques sur des expressions langagières qui sont certes complètement correctes d'un point de vue langagier-grammatical, mais qui doivent malgré tout être caractérisées comme diffluentes.

Une malade écrit ainsi à un parent éloigné : « l'un de vos sept fils aurait-il la grande amabilité de rester en permanence aux côtés de ma mère ? Je ne peut malheureusement plus le faire et j'en suis très attristé ». Indépendamment des caractéristiques formelles dont je ne parlerai pas, ces phrases pourraient tout aussi bien être écrites par un homme sain. Qu'elles soient diffluentes, nous le voyons déjà lorsque nous comparons leur contenu ou leur sens avec la situation effective de la mère et de la fille : premièrement la fille, en raison de sa psychose maniaco-dépressive récurrente et évoluant depuis très longtemps, n'a jamais été en mesure de rester aux côtés de sa mère, deuxièmement la mère est âgée de quatre-vingts ans et elle bénéficie depuis longtemps d'une accompagnatrice permanente, et troisièmement il est hors de question qu'il s'agisse d'un homme et jeune qui plus est. Nous constatons le caractère diffluent de cette requête lorsque nous nous donnons la peine d'explorer quel rapport le thème langagier-intellectuel entretient avec le thème total de la situation à laquelle il « fait référence » ou, comme nous le disons de façon raccourcie, avec la « réalité ». Nous constatons ainsi que la malade est certes reliée à la réalité, mais qu'elle établit une liaison de pensée qui nous paraît absurde entre l'accompagnement de la mère et les sept neveux éloignés, à l'occasion de quoi, toujours considéré de l'extérieur, elle balaye, dans un optimisme sans limites, tous les obstacles que lui oppose la mise en application de ces pensées. Nous ne comprenons cette liaison de pensée que si nous remontons au style de vie de la malade, à la façon dont elle est dans le monde.

Nous connaissons depuis longtemps cette manière, c'est la forme de vie *optimiste-ludique*, le s'attaquer à ce qu'il y a de difficile et de sérieux dans les choses comme dans les problèmes, le se-méprendre sur les contours et les limites des choses aussi bien que sur les contours et les limites des pensées. C'est une sorte particulière de pensée « floue » que nous rencontrons ici, un flou qui ne correspond pas à une incapacité intellectuelle, mais à un style de vie optimiste-ludique en général, dont le jeu avec les pensées ne représente qu'un trait particulier. « La pensée » ne signifie *pas seulement* le thème, mais l'élaboration thématique sérieuse d'un état de choses ! Que le jeu se soit éloigné du sérieux, cela vaut pour la pensée de nos malade aussi bien que pour le commerce avec les choses, les hommes et le langage. Il n'y a pas que la pensée qui est fuyante, mais aussi l'ensemble de la forme de vie. Vous comprendrez alors pourquoi je tiens la tentative de vouloir localiser la fuite des idées comme système psychopathologique individualisé dans le cerveau ou le tronc cérébral pour déplacée. La même chose vaut pour l'impulsion à l'activité et au discours. La projection sur le cerveau n'est ici que la transformation de la forme de vie en tant que telle, la disposition affective perturbée maniaque dans sa totalité.

Si nous qualifions la forme de vie, la sorte d'être-au-monde du maniaque, de jeu diffluent, il s'agit alors d'un jugement qui a encore un arrière-goût légèrement moral. C'est notre tâche en psychiatrie d'éviter tous les jugements de valeur moraux avec lesquels nous classifions et étiquetons le comportement de nos malades et de ne pas seulement comprendre, mais aussi de décrire leur comportement à partir de leur *Dasein* ou de leur être-au-monde. Du point de vue du malade maniaque lui-même, le *Dasein* n'est pas un jeu frivole, mais une *fête* constante, c'est pourquoi il devient si irrité lorsque le chercheur ou le médecin, qui n'arrive pas à embrasser le rôle de participant à la fête et à communiquer avec lui de façon festive, perturbe la fête. Mais la fête signifie la joie non problématique, irréfléchie et qui ignore la problématique de la vie, du *Dasein*, ou pure *joie du Dasein*, qui peut s'élever jusqu'au vertige du *Dasein*.

Si nous avons tout d'abord aperçu l'essence de la forme de vie maniaque dans la joie festive du *Dasein*, nous comprenons aussi la connexion d'essence entre les formes de vie *maniaque* et *dépressive*. La vie quotidienne nous apprend déjà qu'un trait « démoniaque » imprègne le vertige festif du *Dasein*, cette activité exubérante et turbulente, ce chanter, ce danser, ce sauter, ce sautiller. La même chose apparaît clairement dans l'activité masquée festive-turbulente lors du carnaval, dont les relations au culte totémique sont bien connues. Là où la vie célèbre ses fêtes, la mort n'est jamais loin. Plus haut, plus vite et plus sauvage s'élève la vie, plus proche est la mort. Ce que nous caractérisons comme folie maniaque-dépressive n'est qu'un accroissement et un développement morbide de ces principes généraux de vie et de mort, de l'intrication générale de la mort dans la vie et de la vie dans la mort. Il n'est d'ailleurs pas étonnant que déjà le grand fondateur de la psychiatrie moderne, Griesinger, qui travailla aussi ici au « Burghölzli », avait remarqué que « bien souvent l'abattement perce pendant toute la période maniaque, tel un arrière-plan sombre, à travers l'orgueil le plus vif». La vérité de cette phrase se laisse aujourd'hui clairement démontrer. Vous n'avez qu'à prêter une oreille attentive aux descriptions naturelles de ces hommes, d'autant plus lorsqu'elles adoptent une forme poétique, vous n'avez qu'à étudier leurs rêves ou les protocoles de leur Rorschach pour voir, à côté des phénomènes de la vie qui *s'élève* – la floraison, la croissance, l'illumination, la teinte, l'alouette qui jubile et s'élève et l'aigle qui s'envole dans l'éther ivre de soleil –, des phénomènes de la vie qui *descend* – le flétrissement, le pourrissement, l'extinction, l'être-déformé ou l'être-détruit, le gris, le sombre, le laid, le sale, le puant, le ver qui s'enfonce dans la terre, la tête de mort, le squelette, le masque rigide ou la grimace crispée, les débris jetés ou les petits morceaux de papiers éparpillés, etc. – De la même façon vous découvrez souvent dans les protocoles des manifestations langagières de la fuite des idées la plus confuse, à votre étonnement, dans le tourbillon de ses exclamations, de ses propos, de ses questions, de ses ordres, un thème dépressif qui perce à travers le tourbillon sous une forme langagière remarquablement ordonnée et de la plus profonde signification relativement à l'histoire de vie.

Puisque l'antinomie de la vie et de la mort, inhérente à la vie, trouve dans la folie maniaque-dépressive son expression drastique, nous devons en ce sens caractériser l'homme maniaque-dépressif comme l'*homme antinomique* par excellence. Cet homme est celui avec lequel vous êtes invités à entrer en relation avec tout votre être et tout votre amour. Que votre amour en règle générale échoue n'invalide pas cette exigence. Car indépendamment du fait que dans cet échec de l'authentique communication Je-Tu vous vous approchez plus que jamais de la forme de vie du malade, vous devez de votre côté en tant que médecin sauvez votre amour pour le malade de cet échec.

Nous avons jusqu'ici caractérisé la joie festive du *Dasein* de la manie de façon exclusivement négative, c'est-à-dire par opposition à la problématique du *Dasein* et à la réflexion. Si nous voulons la caractériser de façon positive, nous devons la décrire comme une affirmation *autonome* du

Dasein, comme un être-intoné du *Dasein* dans lequel « tout est évident ». Le langage courant, dont nous avons déjà fait un usage répété, qualifie une telle évidence constante, qui n'est pas contredite par l'expérience de vie, d'*optimisme*, et même d'optimisme délirant ou en bref de délire. À la place de toutes autres considérations additionnelles, je veux vous citer un passage de Goethe qui éclaire cet état de choses :

> Jamais je ne crus que quelque chose dût être atteint, je pensais toujours que je le possédais déjà. On aurait pu me coiffer d'une couronne, et j'aurais pensé que cela allait de soi. Et cependant je n'étais par-là même qu'un homme comme un autre. Mais parce que je m'efforçais d'étudier à fond ce que j'avais saisi et qui dépassait mes forces, parce que je m'efforçais de mériter ce que j'avais obtenu et qui dépassait mon mérite, par cela seul je me distinguais d'un vrai fou [1].

Que le maniaque « ait » déjà tout, que rien ne lui semble à atteindre parce qu'il a déjà tout obtenu, n'est qu'une autre expression du fait que tout lui tombe dans la main, qu'il croit n'avoir qu'à tendre la main pour avoir une couronne sur la tête. La peine appartient à la constitution de notre *Dasein*, et son absence signe le délire.

Ce que j'ai appelé l'*optimisme de la connaissance* n'est qu'un trait particulier de l'optimisme. La même chose vaut pour l'optimisme de la connaissance maniaque ainsi que pour l'optimisme de la connaissance du rêve, du vertige, de la fièvre, de l'ivresse, etc., à savoir qu'à chaque fois il *a* déjà su tout ce qui vient à lui, que rien n'est trop difficile, rien n'est trop loin, aucun problème ne demeure insoluble pour lui, comme nous l'avons vu dans le cas de la requête concernant l'accompagnant de la mère et comme nous l'expérimentons toujours dans le rêve. Le rêve et la manie s'attaquent de façon comparable à ce qui est difficile dans le problème de la connaissance. Ils sont une « connaissance » sans peine de ce qu'il y a à connaître. Le rêveur et le maniaque « embrassent » une foule de thèmes qui sont « au-delà de leurs forces », mais ne font ainsi qu'effleurer leur surface sans réussir à parvenir jusqu'au fond. À l'opposé de ce mode de pensée ingénument optimiste, plein de vie, qui s'empare de toute esquisse de pensée de façon superficielle dès qu'elle apparaît dans la conscience, se trouve la forme de pensée et de vie dépressive de la vie qui décline, qui ne se tourne plus fondamentalement que vers un seul problème, celui de la mort; mais celle-ci non plus ne parvient pas à utiliser sa pensée autrement que pour envisager violemment son suicide : ainsi l'autonomisation extrême de la *seule* joie festive du *Dasein* et de la *seule* problématique du *Dasein*

1. [Voir Goethe, *Goethes Werke*, vol. 10, *Autobiographische Schriften II*, Münich, C. H. Beck, 12e édition, 2002, p. 530.]

conduit d'un côté au délire, et de l'autre, lorsque nous ne pouvons pas la prendre en charge à temps, à la mort.

Je vous ai conduit sur le chemin de l'examen psychiatrique de la manie depuis les faits des difficultés de l'entente avec les malade jusqu'à leur être-au-monde et leur possession du monde tel qu'il se décrit sur la base de ces faits. Cette *première* étape de l'examen est, dans la manie comme dans la dépression endogène, particulièrement facile et simple, parce qu'en règle générale nous pouvons nous passer de l'histoire intérieure de la vie des malades et pouvons nous limiter à ce que nous expérimentons dans la communication immédiate avec eux. C'est la principale raison pour laquelle j'ai choisi la manie pour thème de mon exposé. Si nous avions affaire à la schizophrénie, les choses seraient plus compliquées. Il y a alors besoin d'une communication durant depuis des mois, et même parfois des années, avec le malade pour comprendre les transformations progressives ou subites de son être-au-monde. Car tandis que le maniaque comme le dépressif vit de façon purement conforme à une tonalité affective et dans cette mesure de façon *non historique*, l'histoire de la maladie d'un schizophrène ne peut pas se comprendre sans la connaissance la plus précise de son *histoire de vie*, extérieure mais surtout intérieure. Que la connaissance de l'interprétation psychanalytique de l'ensemble de l'histoire de vie soit *sine qua non* pour la compréhension de l'histoire de vie requiert à peine une indication.

La *deuxième* étape sur le chemin de l'examen psychiatrique est la réduction *diagnostique* de l'être-au-monde et éventuellement des transformations de l'histoire de vie en caractéristiques de la maladie ou *symptômes*. La triade maniaque : impulsion à l'activité, fuite des idées, humeur exaltée, est le résultat de ce « processus de réduction diagnostique ». Ici le malade a cessé d'être le partenaire d'un rapport de communication ; car là où nous parlons de symptômes de maladie et de diagnostic de maladie, il est déjà un *cas* clinique, c'est-à-dire un individu clinique appartenant à une espèce *clinique* déterminée, une classe clinique déterminée. Le malade est ici caractérisé selon des caractéristiques données sur la base du système de la pathologie psychiatrique, tout comme une plante est « caractérisée » par le botaniste selon des caractéristiques données sur la base d'un système botanique. Vous faire connaître et vous rendre familier de ce système est l'ultime but de l'enseignement psychiatrique-clinique. Il s'agit ici de la colonne vertébrale de la psychiatrie en tant que science médicale.

Et maintenant la *troisième* étape de l'examen psychiatrique. Là où nous parlons de symptômes de la maladie et de diagnostic de la maladie, nous parlons déjà d'*organisme*, ce qui ne pourra pas être envisagé davantage ici. Les jugements diagnostiques au sens de la médecine, qu'ils visent des états de faits psychique ou somatique, sont des jugements dirigés par des buts et des valeurs *biologiques*, à la mesure de la norme de l'intégrité des capacités et des fonctions d'un organisme. Dans notre cas il est manifeste que nous concevons la triade maniaque comme l'expression d'une hyperfonction de l'organisme et en particulier du système nerveux. Au contraire de la médecine somatique, nous avons affaire en psychiatrie à un dédoublement de l'organisme en un organisme psychique et un organisme somatique. Je parle d'un organisme psychique parce que, par nécessité, nous objectivons et réduisons aux catégories des sciences naturelles la vie de l'âme, qui en tant que pure « subjectivité » ne supporte, en raison de son essence, aucune réification ou objectivation, à tel point que nous pouvons parler ici de processus, de fonctions, de mécanismes, etc., ce qui est impossible sans l'idée d'un organisme psychique. À partir du moment où nous avons fait de l'être-au-monde une objectité biologique ou un objet, tous les problèmes apparents se rassemblent autour du principal problème, que nous connaissons sous le titre de parallélisme psycho-physique, de l'action réciproque ou de l'identité, et qui a conduit et conduit encore à des disputes aussi vaines que sans espoir.

À propos de la triade maniaque, nous parlons également d'une hyperfonction de l'organisme psychique, que nous laissons à la *psychopathologie* le soin d'examiner plus avant. Et ce n'est qu'à partir de cet examen que nous en venons à la *quatrième* étape de l'examen psychiatrique, à la question de la « localisation » de la fonction psychique et du trouble de la fonction dans l'organisme somatique. Nous ne pouvons pas discuter ici plus amplement des problèmes particuliers que posent les difficultés et les limites inhérentes à une telle localisation. Vous avez vous-mêmes remarqué qu'il s'agit alors de réduire la troisième étape, la psychopathologie, à la pathophysiologie et l'anatomie pathologique des psychoses.

Ce qui m'importait, c'était, comme je l'ai dit au début, de vous illustrer par un exemple la longueur et la complexité du chemin que l'examen psychiatrique doit parcourir pour parvenir au point où il débouche sur l'examen et la recherche générale-médicale, sur les questions des causes et du déroulement de la maladie, de l'hérédité et de l'eugénisme, ainsi que de la thérapie causale. Vous ne serez psychiatres au plein sens du terme que si vous n'apercevez dans aucune des étapes singulières de ce chemin la totalité de la tâche psychiatrique, si vous ne sautez aucune de ces étapes singulières comme étant de peu d'importance ou accessoire, et si vous cheminez d'une étape à l'autre, et que vous vous sentez *chez vous* au cours de ce cheminement; car dans cet être-en-chemin se dévoile à vous aussi bien la véritable *méthode* de la psychiatrie que l'*être* véritable du psychiatre.

SUR LA PHRASE DE HOFMANNSTHAL : « CE QU'EST L'ESPRIT, SEUL LE SAISIT CELUI QUI EST DANS LA DÉTRESSE »[1]

Dans cette phrase, Hofmannsthal semble nous avoir livré le secret de son existence, et même de sa forme artistique de *Dasein* en général. La structure langagière rappelle des phrases telles que : « ce qu'est la santé, seul le saisit le malade» ou «ce qu'est la liberté, seul le saisit le prisonnier» ; malgré tout, cette phrase nous dit quelque chose de tout à fait différent. Nous croyons entendre immédiatement qu'elle exprime un sens plus profond, plus essentiel que l'opinion selon laquelle seule la *perte* d'un bien nous met en état de saisir (correctement) la valeur de ce bien, quelque chose en nous rechigne à appréhender l'esprit et la détresse comme des *contraires*.

D'un point de vue purement langagier, la détresse (*Bedrängnis*) ou l'être-harcelé (*Bedrängtsein*) signifie plus que l'être-embarassé (*Befangensein*) et moins que l'être-prisonnier (*Gefangensein*). Le plus ou moins se rapporte au degré de limitation de notre liberté. La langue allemande distingue ces degrés de limitation de la liberté de façon très subtile, en disant : nous sommes embarrassés *à l'égard de* quelqu'un, nous sommes harcelés *par* quelque chose ou quelqu'un, nous sommes prisonniers ou avons été prisonniers *de* quelque chose, par exemple d'un délire. Dans l'être-prisonnier de quelque chose, nous sommes *totalement* dépossédés de notre liberté, « toutes les issues nous sont barrées », dans l'être-embarrassé le plus petit *tour* suffit pour nous libérer de celui à l'égard duquel nous sommes embarrassés, dans l'être-harcelé par quelque chose toutes les

1. H. von Hofmannsthal, *Der Buch der Freunde*, éd. de R. A. Schröder, Inselverlag, 1929, 2e édition, p. 44 [trad. fr. J.-Y. Masson, *Le livre des amis*, Paris, Maren Sell, 1990, p. 41 : « Ce qu'est l'esprit, seul celui qui est dans la détresse le conçoit »].

issues ne nous sont certes pas barrées, nous ne sommes certes pas totalement dépossédés de notre liberté, mais nous ne sommes plus non plus en mesure de nous *détourner* simplement de l'oppresseur (*Bedrängende*) et de nous tourner vers une issue. L'oppresseur est – en tant qu'oppresseur – *ce dont on ne peut se détourner, ce qu'on ne peut esquiver*, ce qui non seulement nous regarde et s'adresse à nous, mais bondit sur nous, nous attaque, nous crie dessus, ce qui se rue sur nous ou s'introduit en nous, nous accable ou nous impressionne, nous blesse ou nous irrite, nous échauffe ou nous glace, nous assombrit ou nous éblouit, nous surcharge ou nous vide, nous pousse ou nous coince en *un* point, nous « fait sortir de nous-mêmes » ou nous ennuie (« à l'infini »). Alors que celui à l'égard de qui l'on est embarrassé nous regarde et s'adresse simplement à nous (*ansprechen*), l'oppresseur abuse de nous (*be-anspruchen*), c'est-à-dire qu'il nous dépossède (*in Anspruch nehmen*) ou nous déloge de l'ensemble de notre *Dasein*. La spatialité de l'être-harcelé est la *proximité* immédiate, sa temporalité l'urgence absolue du *hic et nunc*, l'*urgence* des Français. Dans l'être-harcelé, « nous ne voyons pas plus loin que le bout de notre nez » et nous ne vivons plus le temps comme passé et futur, ni non plus comme présent *authentique*, mais seulement comme « instant » totalement rempli par l'oppresseur, qui ne se mesure par en heures.

La structure spatio-temporelle particulière de l'être-harcelé et les modifications si nombreuses et si opposées avec lesquelles il nous apparaît (de façon corporelle-psychique-spirituelle), indiquent qu'il doit s'agir, avec l'être-harcelé, d'un mode déterminé de l'ensemble de notre *Dasein* ou être-au-monde. C'est le mode de l'*être-non-familier* dans et avec le monde[1], un mode du *Dasein* dans lequel notre liberté est en question et est mise à l'épreuve par une revendication (*Anspruch*) non-familière, à savoir inappropriée et unilatérale de la part du monde, par un rapport non symétrique (= démesuré), comme disent les Grecs, du soi et du monde. Cette absence de symétrie se montre clairement dans les expressions citées pour les formes de détresse. Nous sommes harcelés lorsque cela devient *trop* froid ou *trop* chaud pour nous, *trop* bruyant ou *trop* silencieux, *trop* clair ou *trop* sombre, *trop* difficile ou *trop* facile, *trop* plein ou *trop* vide, etc., en bref, lorsque la *mesure* familière de la correspondance du soi et du monde est dépassée. Comme le soi ne dispose pas de cette mesure, et qu'il est même constamment menacé par le monde ambiant (*Umwelt*), le monde commun (*Mitwelt*) et le monde propre (*Eigenwelt*)[2], l'être-harcelé est un

1. L'expression Monde signifie ici partout l'étant en totalité.

2. Comme chacun sait, nous caractérisons tout simplement l'oppression en lien avec le monde propre comme *impulsion* !

trait *d'essence* de l'être-au-monde. La détresse s'avère être après tout cela d'un côté un *souffrir*, et même un souffrir de la correspondance dépassée du soi et du monde, et d'un autre côté une sollicitation de l'ensemble de notre *Dasein* en faveur d'un rétablissement de lui-même, c'est-à-dire d'une reconquête de notre liberté.

Cette sollicitation signifie plus qu'un simple *tournant* et demi-tour vers une *issue* (libre), à savoir une *mise en branle* (*Aufbruch*) au double sens du terme : le forage (*Aufbrechen*) d'une issue à la situation d'oppression par l'intermédiaire de la mise en branle du *Dasein* lui-même en direction de la reconquête de sa liberté dans un nouveau rapport « approprié » ou « correspondant » au monde. Là où cette mise en branle du *Dasein* n'est pas (plus) possible, l'être-harcelé-par se transforme en un être-prisonnier-de, à savoir de la « démesure » du soi et du monde, c'est-à-dire du désespoir, du fanatisme, du délire. Ici, le soi n'est plus libre, mais il est *déchu* au monde.

De quelle nature est la « *saisie* » (*Erfassen*) caractéristique de l'être-harcelé ? Est-elle un concevoir (*Begreifen*), un comprendre, une simple aperception (*Innewerden*) ou interrogation (*Vernehmen*) ? Le concevoir (discursif) est un mode de l'être-en-face-de, la compréhension dépend des significations qu'on lui donne, tantôt de l'être-en-face-de, et tantôt plus proche de l'être-harcelé. En revanche, l'aperception immédiate ou interrogation n'est pas à détacher de l'être-harcelé. Tandis que la « conduite » du concevoir nécessite « du temps et du calme », l'aperception nous tombe dessus « soudainement », à partir du monde. Ce tomber-dessus prend le caractère de la détresse en particulier lorsque cela conduit, comme ce fut le cas de Rousseau en son temps – lorsqu'il lut le sujet du prix de l'Académie de Dijon dans le *Mercure de France* et qu'il aperçut immédiatement en lui sa solution –, à des états de défaillance[1]. La saisie caractéristique de l'être-harcelé est donc plus un subir (*Erleiden*) qu'un agir (*Tun*), plus un *devoir*-interroger qu'un *vouloir*-concevoir, plus le s'imposer d'une *significativité* que l'ouverture à et la compréhension d'une *signification* déterminée.

1. Voir avant tout Kierkegaard : « Je suis ainsi fait ; au premier frisson du pressentiment, mon âme a déjà parcouru la chaîne des conséquences dont la réalisation tangible exige souvent beaucoup de temps. L'on n'oublie jamais cette intuition qu'est la concentration du pressentiment. C'est bien ainsi, je le crois du moins, que doit être un observateur, mais il est alors condamné à beaucoup souffrir. Il faut que le premier moment l'accable presque jusqu'à la défaillance ; mais l'idée le féconde dans ce saisissement et il est désormais en passe de découvrir la réalité. Faute de cette aptitude féminine où l'idée entre avec l'homme dans un commerce pour ainsi dire charnel, l'on ne saurait prétendre être un observateur, car si l'on ne découvre pas tout, on ne découvre proprement rien » (*La répétition*, *Gesammelte Werke*, vol. 3, p. 134 *sq.*) [trad. fr. P.-H. Tisseau et E.-M. Jacquet-Tisseau, dans *Œuvres complètes de Søren Kirkegaard*, vol. 5, Paris, Éditions de l'Orante, 1972, p. 18].

Dans l'être-harcelé, nous saisissons le monde dans des significativités s'imposant à nous, faisant intrusion en nous, des significativités nous revendiquant immédiatement, et cela de façon si immédiate, si « nue », si « pressante », que nous ne pouvons pas leur échapper par la simple pensée, qui signifie toujours un être-en-face-de.

Si ce qu'est l'esprit, seul celui qui est dans la détresse le saisit, alors Hofmannsthal doit aussi comprendre parmi la quiddité (*Wassein*) de l'esprit quelque chose que nous n'apercevons qu'intérieurement et de façon immédiate, que nous n'interrogeons qu'en *subissant*, mais que nous ne pouvons pas concevoir de façon discursive, quelque chose qui nous tombe dessus en tant que simple significativité, mais n'est alors pas du tout une signification. Nous appelons cette saisie intuition ou encore mieux inspiration. Toute véritable intuition ou inspiration est née de la détresse, et est même un mode de l'être-harcelé ! Cela signifie que l'intuition ou l'inspiration ne sont pas seulement des modes de la transcendance subjective, mais qu'il s'agit ici d'une « coïncidence » des transcendances subjective et objective. Dans de tels modes de *Dasein*, les *projets de monde*[1] familiers deviennent non familiers, inédits, « le monde » prend un autre visage, il nous revendique d'une autre façon, le monde et le *Dasein* prennent un nouveau départ (*Aufbruch*). *Cette éclosion* (*Aufbrechen*) *toujours nouvelle du monde et du Dasein à partir de la détresse est la quiddité de l'esprit.* L'esprit, c'est l'endurance de notre non-liberté et de l'éclosion de notre liberté qui la surmonte. Dans cette mesure, l'être-spirituel ou « être dans l'esprit » est la possibilité d'être la plus haute du *Dasein*, cette puissance de l'être qui le détermine en tant que *Dasein* humain. Mais la question de savoir dans quelle « région spirituelle » l'éclosion se produit, dans celle de la religion, de la philosophie, de l'art ou de la science ou, comme le montre « L'Homme difficile » (*Der Schwierige*)[2] de Hofmannsthal harcelé de tous les côtés, dans « l'esprit de l'amour », demeure alors complètement indéterminée.

Il est facile de montrer à partir de quelques exemples qu'Hofmannsthal a compris la quiddité de l'esprit telle qu'elle a été présentée ici. L'esprit signifie de prime abord pour Hofmannsthal un projet de monde, la différence des esprits une différence des projets de monde, ce qui se manifeste déjà dans les projets de monde du langage : « Que nous, Allemands, nous caractérisions le monde qui nous entoure » note-t-il dans *Le livre des amis*

1. Nous appelons (avec Heidegger) projets de mode les horizons de compréhension et d'interprétation de l'étant en totalité.

2. [H. von Hofmannsthal, *L'Homme difficile*, trad. fr. J.-Y. Masson, 2e éd. rév., Lagrasse, Verdier, 1996.]

(p. 95 *sq.*) « comme quelque chose qui agit (*ein Wirkendes*) – la “réalité” (*Wirklichkeit*), tandis que les Européens des langues latines le désignent comme la “choséité” (*Dinglichkeit*), voilà qui montre la différence fondamentale entre nos esprits, et qu’eux et nous habitons ce monde de manières complètement différentes »[1]. Hofmannsthal exprime ici quelque chose de très important, à savoir le fait que c’est le projet de monde qui nous permet d’*être chez nous* « dans ce monde », si bien que ce sont les différences de projets de monde qui décident de *la façon dont* nous *sommes chez nous* « dans ce monde ». L’être-chez-soi dans le monde n’est qu’une autre expression pour l’*être-dans-son-foyer* en lui ou de l’*être-familier* avec lui. L’être-familier avec le monde est le contraire de l’être-harcelé par le monde. L’être-harcelé menace notre être-chez-soi dans le monde dans la mesure où il met en question notre projet de monde actuel et, ce qui revient au même, nous-mêmes, c’est-à-dire déracine « spirituellement » notre soi. Dans l’être-harcelé se décide si nous sommes vraiment chez nous dans notre projet de monde, si nous nous sommes en nous-mêmes consolidés en tant que soi, ou s’il est pour nous nécessaire de *partir* (*aufbrechen*) de notre « chez nous » à la reconquête de notre liberté, de nous mettre en route, dépourvus de foyer, et de chercher un nouveau chez-soi dans un nouveau projet de monde. C’est le sens du bouleversant *Rêve d’Agur* dans *Chemins et rencontres*[2].

Avant de passer à autre chose, nous devons encore évoquer une autre constatation véritablement philosophique dans *Le livre des amis* (p. 48). « *Une chose est une signifiance insignifiable* » (*Ein Ding ist eine unausdeutbare Deutbarkeit*)[3]. Cette phrase exprime également que toute « chose » ne nous devient interprétable que dans un *projet* d’interprétation déterminé, c’est-à-dire dans un *projet*-de-monde déterminé, dans un horizon apriorique de compréhension et d’interprétation, comme l’a

1. [Voir H. von Hofmannsthal, *Le livre des amis*, trad. fr. J.-Y. Masson, Paris, Maren Sell, 1990, p. 83.]

2. [H. von Hofmannsthal, « Les chemins et les rencontres », trad. fr. J.-C. Schneider, dans *Lettres de Lord Chandos et autres textes*, Paris, Gallimard, 1980, rééd. coll. « Poésie », p. 113-121 ; voir également *Chemins et rencontres*, trad. fr. P. Deshusses, Paris, Rivages, 2002.]

3. [Voir H. von Hofmannsthal, *Le livre des amis*, trad. fr. J.-Y. Masson, *op. cit.*, p. 45 : « Une chose s’éprouve et ne se prouve pas ». Ce traducteur propose également une traduction alternative : « Une chose définie reste infinie », et remarque que « de nombreuses traductions seraient possibles ». Nous reprenons quant à nous la traduction proposée à plusieurs reprises par Henri Maldiney. Voir « De la transpassibilité », dans *Penser l’homme et la folie*, 3e éd., Grenoble, Millon, 2007, p. 302, et « Naissance de la poésie dans l’œuvre d’André du Bouchet », dans *L’art, l’éclair de l’être*, Paris, Cerf, 2012, p. 79.]

montré l'adage qui précède. Que cette signifiance de toute chose ne soit pas seulement insignifiable, que « l'esprit » représente aussi un « horizon » inépuisable, illimité ou infini, pour la signifiance duquel il n'y a plus d'interprétation –, que « l'esprit » ne soit à « saisir » que comme « l'horizon » ou le projet de monde singulier –, cela montre combien Hofmannsthal a profondément « saisi », expérimenté et subi l'être-spirituel ou l'être dans l'esprit, ce « ce qu'est l'esprit », comme un *départ* (*Aufbruch*) toujours renouvelé, comme un *voyage* « infini ».

Dans l'inépuisable petit livre *Chemins et rencontres*, « l'agitation sourde de l'énorme débâcle »[1] est décrite de façon vivante dans le remarquable rêve (réel ou imaginé?) d'Agur. Agur est le « roi régnant sur un puisant peuple de nomades, un peuple sans nom »[2]. Nous savons par la psychanalyse, mais aussi grâce à la nouvelle de Dostojewskij *L'éternel mari*, que plus grand est le déploiement du « peuple » dans le rêve et dans l'imaginaire onirique, plus prodigieux sont ses mouvements, et plus intimes et plus intenses sont les bouleversements qui se déroulent dans le dormeur lui-même. « L'agitation (*Aufbruch*) de tout un peuple »[3], le silencieux « démontage des tentes », est la façon dont le rêve représente le silencieux départ (*Aufbruch*) du *Dasein* du rêveur hors de son chez-soi dans le monde. Mais – et Hofmannsthal exprime ainsi de nouveau une profonde vérité philosophique – le départ n'est pas seulement un adieu silencieux au chez-soi, mais tout autant une *marche*, une *quête*, et une *rencontre* de la nouveauté. « Mais il est sûr que le chemin et la quête et la rencontre sont de quelque façon au nombre des mystères d'Eros. Il est sûr que sur nos chemins en lacet nous ne sommes pas poussés en avant par nos seuls actes, mais toujours attirés par quelque chose qui, semble-t-il, toujours nous attend quelque part et toujours reste voilé. Il y a comme un désir amoureux, une curiosité d'amour, dans notre progression, lors même que nous cherchons la solitude de la forêt ou la quiétude des hautes montagnes, ou bien un rivage vide au long duquel la mer, comme une frange argentée, se défait dans un faible murmure. À chaque rencontre solitaire se mêle comme une grande douceur, ne fût-ce que la rencontre d'un grand arbre isolé ou celle d'un animal de la forêt qui s'immobilise en silence et dont les yeux nous fixent dans l'obscurité »[4].

1. [Voir H. von Hofmannsthal, « Les chemins et les rencontres », trad. citée, p. 119.]
2. [*Ibid.*, p. 118.]
3. [*Ibid.*, p. 120.]
4. [*Ibid.*, p. 116-117.]

Que dans le départ du *Dasein*, l'esprit et l'Eros aillent ensemble, autant comme « force motrice » pour le départ que comme son but attrayant, autant comme démontage des tentes que comme quête d'un être-chez-soi, que l'esprit soit toujours aussi esprit de l'amour, Hofmannsthal ne s'est pas moins emparé de cela que le Platon du *Banquet*. Nous ne pouvons pas nous attarder sur cela plus longtemps. Il est clair que c'est l'amour qui ouvre de nouveaux horizons à l'esprit, qui lui laisse rencontrer toute chose de façon nouvelle, la forêt et la montagne, le buisson et la mer, l'arbre et l'animal, qui lui permet de nouvelles possibilités d'interprétation au sein de la signifiance insignifiable des choses et ainsi rend possible un nouvel « être-chez-soi dans le monde ». Cela doit être devenu clair depuis longtemps : tandis que l'être-harcelé par *quelque chose* signifie la détresse au sens de la *proximité*, la signifiance insignifiable des choses signifie la détresse de la *distance* illimitée, infinie. Même à cet égard, l'homme est « l'être du milieu » par excellence, à savoir l'être qui doit chercher son chemin entre l'être-harcelé par le monde, ce qui signifie toujours par l'étant en totalité ou par quelque chose *issu* de cet étant (auquel le *Dasein* particulier appartient en tant qu'étant), et l'être-harcelé par « l'esprit » en tant que plurivocité « interminable », inépuisable des projets de monde, des possibilités de *prendre pied sur un sol* (*Bodenfassen*) pour le *Dasein* (comme dit Heidegger) dans chaque projet de monde. La considération suivante montrera si la détresse qui seule permet de saisir ce qu'est l'esprit est la détresse de la proximité, ou celle du lointain, ou encore les deux.

Dans *Le poète et l'époque présente*, Hofmannsthal parle du « mystère de l'esprit »[1], « il y a des esprits capables de vivre sous l'immense *pression*[2] de toute l'existence rassemblée – comme le font les poètes »[3]. Et comme le héros d'une légende bien connue, le poète gît « comme un spectre dans l'*obscurité* »[4], chaque vécu est, pour qu'il « brille un jour du rouge éclat d'une escarboucle sur sa tunique céleste »[5], « une *blessure ouverte* dans son âme »[6]. Le poète souffre de toutes les choses, « et, souffrant d'elles, il en jouit »[7]. « Aucune pensée qui l'assiège, il ne doit la chasser »[8]. « Le poète en passant devant la maison du potier ou devant celle

1. [H. von Hofmannsthal, « Le poète et l'époque présente », trad. fr. A. Kohn, dans *Lettres de Lord Chandos et autres textes*, *op. cit.*, p. 91.]
2. Tous les mots soulignés dans les citations le sont par moi.
3. [*Ibid.*]
4. [*Ibid.*, p. 94.]
5. [*Ibid.*]
6. [*Ibid.*]
7. [*Ibid.*, p. 95.]
8. [*Ibid.*]

du cordonnier et en jetant un regard par la fenêtre s'éprend tellement du métier du potier ou du cordonnier qu'il ne quitterait jamais la fenêtre si ce n'est qu'il doit ensuite recommencer à regarder le chasseur ou le pêcheur ou le boucher »[1]. Le poète est aussi harcelé par les « choses » et par ce qui est saisi dans le constant départ (*Aufbruch*), par la *nécessité* de la constante mise en branle (*aufbrechen*). Ainsi, il est « chez lui » partout et nulle part. Même sa détresse psychique, ses heures sombres, ses dépressions, ses moments de confusion, ses douleurs sont des « constellations, des configurations des choses en lui qu'il n'a pas la force de déchiffrer »[2]. La détresse de la proximité (de son monde propre) est tout autant ici la détresse issue de la signifiance insignifiable des choses, de l'esprit. *Cette* détresse est d'autant plus grande que les poètes « ne supportent pas de donner forme à ce à quoi ils ne croient pas »[3], à ce qu'ils n'ont pas « saisi » « au plus profond de leur âme »[4], à ce qui pour eux ne signifie pas « un *repos* » « dans le tourbillon de l'existence »[5]. Nous pourrions également dire qu'écrire des poèmes est un être-harcelé non pas seulement par la proximité, mais aussi par le lointain, par la signifiance insignifiable des choses, la mise en branle (*Aufbruch*) constante du *Dasein* et l'éclatement (*Aufbrechen*) du projet de monde par l'*aspiration* passionnée à un *repos* dans la confiance de la foi, dans la *rencontre aimante* avec l'étant en totalité dans le « poème », dans l'adresse et la réponse confiante-croyante de l'étant qui fait encontre – *comme poème*. Mais « le poème » ne peut jamais tout exprimer; il peut seulement être un repos au cours du voyage éternel, au cours de la détresse éternelle de l'esprit hors du monde et hors de lui-même. Par conséquent, le voyage du poète n'atteint jamais de but, chaque poème signifie, tout comme chaque œuvre de l'artiste en général, tout aussi bien un être-chez-soi et un départ (*Aufbruch*).

Tout cela devient encore plus clair dans la lettre sans doute autbiographique de « Philipp Lord Chandos » (« Une lettre »). Ici le projet de monde se décompose, les termes abstraits, « dont la langue pourtant doit se servir de façon naturelle pour prononcer n'importe quel verdict » se décomposent « tels des champignons moisis »[6]. Tous les jugements actuels

1. [H. von Hofmannsthal, « Le poète et l'époque présente », *op. cit.*, p. 97-98.]
2. [*Ibid.*, p. 99.]
3. [*Ibid.*, p. 107.]
4. [*Ibid.*, p. 108.]
5. [*Ibid.*]
6. [H. von Hofmannsthal, « Lettre de Lord Chandos », trad. fr. J.-C. Schneider, dans *Lettres de Lord Chandos et autres textes*, *op. cit.* p. 42.]

deviennent « scabreux »[1], « l'esprit » contraint l'auteur, « à regarder toutes les choses qui se présentaient au cours de tels entretiens à une distance *inhabituellement proche* »[2] ; il ne parvient plus à saisir les hommes et leurs actions « avec le regard simplificateur de l'habitude »[3]. Les mots *flottent autour* de lui, deviennent des *yeux* qui le *fixent* et qu'il doit *fixer* en retour. « Des tourbillons, voilà ce qu'ils sont, y plonger mes regards me donne le vertige, et ils tournoient sans fin, et à travers eux on atteint le vide »[4], et même le rien !

À l'encontre de cette détresse de la proximité et de son arrière-plan étrangement vide se tiennent les « moments heureux »[5] (du dérobement hors de la détresse au sens du *départ*) dans lesquels « quelque chose qui ne possède *aucun nom* et d'ailleurs *ne peut guère en recevoir* », « s'annonce à moi, emplissant comme un vase n'importe quelle apparence de mon entourage quotidien d'un flot débordant de vie exaltée »[6]. Nous nous rappelons ici la « vue plus haute sur les choses » dont parle Ibsen dans son grand poème « Sur les hauteurs » et dans lequel il décrit le départ et l'ascension abrupte hors de la « marche quotidienne » vers la hauteur du point de vue et de la mise en forme artistique « de la vie ». « Un arrosoir », écrit Hofmannsthal, « une herse à l'abandon dans un champs, un chien au soleil, un cimetière misérable, un infirme, une petite maison de paysans, tout cela peut devenir le réceptacle de mes révélations »[7]. Et cette révélation, cette nouvelle rencontre avec les « choses » et les « créatures »[8], ce nouveau projet de monde de nouveau se fonde dans une « participation contre nature »[9], une « intrusion au-dedans de ces créatures, ou le sentiment qu'un fluide de vie et de mort, de rêve et de veille s'est écoulé en elles l'espace d'un instant – d'où venu ? »[10]. Ici aussi c'est l'Eros qui se dérobe à la détresse de la proximité, qui exhorte et pousse le *Dasein* au départ, « démonte les tentes » et accomplit le bouleversement spirituel, part en voyage spirituel, « dans lequel cette conjoncture de données futiles m'expose à une telle présence de l'infini, me traversant de la racine des cheveux à la base des talons, que j'ai envie d'éclater en paroles dont je sais,

1. [*Ibid.*, p. 43.]
2. [*Ibid.*]
3. [*Ibid.*, p. 44.]
4. [*Ibid.*]
5. [*Ibid.*, p. 45.]
6. [*Ibid.*]
7. [*Ibid.*]
8. [Voir *ibid.*, p. 47.]
9. [*Ibid.*]
10. [*Ibid.*]

les eussé-je trouvées, qu'elles auraient terrassé ces chérubins auxquels je ne crois pas »[1]. Nous voyons : le néant actuel, quotidien, se fracture en une nouvelle significativité, se fracture de façon si harcelante qu'il nous « pique au vif », qu'il nie notre projet de monde, notre séjour dans le monde et nous remet au « présent de l'infini ». La chair et l'âme, le corps et l'esprit ici ne sont plus séparés. « L'urgence », dit René Le Senne, « ramène le moi vers son corps »[2]. Mais, devons-nous ajouter, le corps devient ici – nous ne tenons pas compte ici de l'urgence de la *panique* – en même temps le viatique authentique de l'esprit, et il devient même lui-même l'esprit, bien qu'indicible, un esprit non susceptible de mot, en ayant seulement l'intuition. C'est « comme si notre corps était constitué uniquement de caractères chiffrés avec quoi nous pouvons tout ouvrir »[3]. Hofmannsthal lui-même ne peut pas dire s'il doit mettre de tels « états » sur le compte « de l'esprit ou du corps ». Mais ici aussi c'est l'*amour* qui non seulement indique le chemin du départ à l'esprit, mais le « réalise » : « Ces créatures muettes et parfois inanimées s'élancent vers moi avec un amour si entier, si présent, que mon regard comblé ne peut tomber alentour sur aucune surface morte. Tout, tout ce qui est, ce dont je me souviens, tout ce à quoi touchent mes pensées les plus confuses, me semble être quelque chose »[4]. C'est également l'amour qui porte tout à l'être et en fait un quelque chose, fût-il encore insignifiable. Cette « pensée » non objectale, intuitive, par laquelle nous « pourrions entrer dans un rapport *nouveau*, mystérieux, avec toute l'existence », deviendrait possible « si nous nous mettions *à penser avec le cœur* »[5]. Mais nous ne pouvons penser avec le cœur que si notre *Dasein* est « fracturé » par Eros, si il se dérobe à la détresse de la proximité et abandonne la détresse de l'éloignement. Ce n'est qu'harcelés *de la sorte* que *nous saisissons ce qu'est l'esprit*. Cette saisie, comme nous le savons déjà, ne signifie pas du tout seulement une aperception ou une compréhension, mais en même temps un *s'emparer* de l'esprit, un *appui* spirituel, un être-chez-soi dans le « tourbillon » perpétuel du *Dasein*. Que l'appui spirituel, l'être-chez-soi dans le monde soit constamment menacé de départ, de levée de camp, cela aussi seul celui qui est dans la détresse le « saisit ». Et il le « saisit » en premier lieu, comme nous l'avons vu, dans l'appui spirituel du *langage*. Nous sommes tous d'accord sur le fait que c'est le projet de monde du langage qui permet en premier lieu à notre

1. [H. von Hofmannsthal, « Lettre de Lord Chandos », trad. citée, p. 47.]
2. [R. Le Senne, *Obstacle et valeur*, Paris, Aubier, 1934, p. 288.]
3. [Voir H. von Hofmannsthal, « Lettre de Lord Chandos », trad. citée, p. 48.]
4. [*Ibid.*, p. 47-48.]
5. [*Ibid.*, p. 48.]

Dasein de prendre pied dans le monde, dans l'étant en totalité. Ainsi, là où le *Dasein* est appréhendé sur le départ, là où l'étant « se fracture » en de nouvelles significativités, « les mots », les porteurs de significations, se mettent à vaciller. Le penser-avec-le-cœur du départ est ainsi une « pensée qui se sert de matériaux plus immédiats, plus fluides, plus ardents que les mots »[1], d'un langage dans lequel ce ne sont plus les mots, les significations fixes qui sont les porteurs de la communication, mais dans lequel « les choses » « éclosent » dans leur signifiance insignifiable, d'un langage dans lequel, comme le dit Hofmannsthal, « les choses muettes me parlent »[2].

Que l'esprit et la détresse aillent par essence l'un avec l'autre, il n'y a pas que les poètes et les artistes en général, le philosophe et l'« homme d'esprit » en général, qui nous le montrent, certains malades mentaux nous le montrent aussi. Mais ici avec la différence que la levée de camp, la destruction (*Zerstrümmern*) du monde, comme cela est dit dans *Faust*, ne se contente plus d'un nouveau départ spirituel du *Dasein*, mais que l'esprit *s'enferme* plutôt dans un être-chez-soi dans le monde à partir duquel il n'y a plus de départ. Cet être-chez-soi ne signifie plus un appui au cours du voyage de l'esprit, mais la fin de son voyage. Le « fond », la détresse, peut être le même chez les poètes et les schizophrènes « traversés par la métaphysique », chez le génie et le délirant; mais il n'y a que chez les poètes, les artistes, ceux qui créent quelque chose de spirituel en général, que sur ce fond éclot la fleur « de l'esprit ». Nos considérations confirment et ne font qu'approfondir ce que R. A. Schröder a dit dans un de ses plus beaux poèmes, à savoir le fait « que toute fleur n'éclot que sur un fond sombre ».

1. [*Ibid.*, p. 50.]
2. [*Ibid.*, p. 51.]

SYMPTÔME ET TEMPS.
UNE ÉTUDE DE CAS

Je me réjouis de pouvoir apporter à notre très estimé jubilé, aux psychiatres *et* aux humanistes, un petit cadeau scientifique qui, mieux que d'interminables interprétations daseinsanalytiques, parvient à *démontrer* l'enracinement des symptômes psychopathologiques dans une modification structurelle déterminée de l'être humain en tant que totalité.

Il s'agit d'une femme de 39 ans, se présentant de façon désinvolte, comme une petite fille, sans enfant, mariée. Deux frères de la mère sont alcooliques, hormis cela il n'existe pas de tares familiales. La patiente est traitée en institution en raison d'un besoin de Seconal depuis plusieurs années, motivé par de graves états d'angoisses nocturnes. Elle souffre d'une forme polymorphe (« pseudo-névrotique ») de *Schizophrenia simplex*. Après que deux collègues compétents aient déjà souligné le caractère vain d'un traitement psychanalytique et que l'auteur lui-même se soit efforcé en vain d'établir un contact sur le chemin de l'éclaircissement de l'histoire extérieure et intérieure de la vie, les circonstances se modifièrent d'un coup, lorsque le chemin de l'*histoire* (*Geschichte*) fut abandonné et que l'attention fut dirigée sur la *structure* du *Dasein* ou être-au-monde de la patiente. Alors s'ouvrirent les portes de l'échange verbal avec elle et nous arrivâmes à un certain contact; car ce qu'elle disait alors, « elle avait déjà essayé de l'expliquer à tant de psychiatres, mais aucun ne l'avait compris ». Le récit de la patiente s'ouvrit avec la phrase aussi courte que signifiante : « *I live in two speeds*[1] (*je vis dans deux vitesses*) ».

Bien que la malade – appelons la Mary – comme la plupart des schizophrènes polymorphes, présente des traits cyclothymiques, ces manifestations, comme cela apparaît vite, n'ont pas seulement trait à des

1. La patiente parle exclusivement anglais.

« variations de l'humeur ». Indépendamment du fait que le cyclothymique et le maniaco-dépressif s'expriment verbalement de façon très différente, comme par exemple « le temps » file ou peine à passer, « la journée » passe très vite ou « la journée » se tient devant moi comme une montagne insurmontable, indépendamment de cela, il ne s'agit chez Mary pas seulement d'« humeurs » contraires successives, mais, et d'autant plus lors des états d'angoisse, de la succession temporelle extrêmement torturante de modes de temporalisation disparates, en d'autres termes d'un « vivre » simultané dans deux temps différents ou deux vitesses d'écoulement différentes[1].

Ce qui rend la vie de Mary si difficile et qui peut s'accroître la nuit jusqu'à de graves *états d'angoisse*, et même jusqu'à la « cruauté nue », c'est l'*impossibilité de la synchronisation* (sa propre expression) des deux modes de temporalisation, l'impossibilité de leur harmonisation temporelle. Mary *parle* certes d'une impossibilité de « synchronisation entre le corps et l'esprit », mais en réalité elle *veut parler* des deux vitesses, car elle pense alors aux différences *temporelles* entre « réflexion » ou « pensée » d'un côté, parler et agir de l'autre. Elle rapporte comme exemple que pendant que « l'esprit » conçoit une unique pensée, « le corps » prononce déjà dix mots, fait autant de gestes, réalise autant d'actions. Cela doit être un état absolument insupportable. L'enracinement du *symptôme* de l'angoisse et des crises d'angoisse dans une modification déterminée de la structure temporelle après tout cela saute aux yeux.

La vie dans deux modes différents de temporalisation signifie tout aussi bien d'un point de vue daseinsanalytique une vie dans deux *mondes* différents. La désarticulation des modes de temporalisation signifie à partir de là aussi une désarticulation « du monde ». S'il ne s'agit pas du tout ici d'un naufrage du monde (*Weltuntergang*), il s'agit cependant d'une détérioration du monde (*Weltzerfall*), d'un écartèlement du monde en deux mondes différents. Cela aussi notre malade le « sait ». Ainsi explique-t-elle un jour spontanément : « *je vis dans deux mondes de tempo différents* ». Elle justifie ceci à l'aide d'exemples précis : le *premier* monde est celui de son mariage, de son chez-soi, bâti sur la conviction (*belief*), ainsi que sur la

1. La suite montrera qu'il s'agit moins de véritables variations de l'humeur que de l'« intervention » plus ou moins aléatoire de l'une ou de l'autre « vitesse ». En ce qui concerne l'objection selon laquelle cette succession temporelle se produit aussi dans les *états mixtes* maniaco-dépressifs, il doit être opposé que dans ce cas là, indépendamment des différences dans le mode d'expression langagier, il s'agit encore d'un mode de temporalisation unitaire – on pense par exemple à l'inhibition retrouvée dans la fuite des idées, ou à la dépression quérulente ou agitée, aussi difficile à décrire qu'il puisse être – tandis qu'il s'agit dans notre cas d'une « désarticulation » (*Auseinanderfallen*) du temps, ou plus justement de la temporalisation elle-même, et d'une *souffrance* liée à cette désarticulation.

confiance (*Vertrauen*), la croyance (*Glauben*), l'assurance (*Zuversicht*). « La conviction » est par conséquent le mode de temporalisation du soi ou de l'existence, la *fidélité* à sa propre existence et ainsi également à l'existence des autres. Nous avons ici devant nous le mode de temporalisation du présent *authentique* (*eigentlich*), un présent qui se temporalise aussi bien à partir de l'avenir que du passé. Mary elle-même caractérise alors logiquement le mariage et le chez-soi comme son *foyer* authentique (*eigentliche Heimat*), celui dans lequel seul elle pourrait « reprendre pied dans le monde ». Ce monde est représenté par son mari de dix ans plus âgé qui, bien qu'il la connaisse bien et ne l'idéalise pas du tout (elle est sa seconde femme) réussit grâce à son absolue confiance à tirer d'elle et à consolider le meilleur de son être. Le mariage ne date que de quelques années. À ce monde appartiennent aussi ses « meilleurs » amis ainsi que son médecin.

Notre patiente – elle a déjà une vie plutôt agité derrière elle – distingue de ce monde le monde des « basses » amitiés, le monde de la *sensuality* ou de la *sensualité*. Alors que là-bas elle – encore selon sa propre expression – « rend compte » à elle-même d'elle-même et du monde, ce rendre-compte-à-soi-même va ici au diable, et seule règne encore la sensualité ou la *chair* (*Leib*). Ces deux mondes s'entrechoquaient violemment l'un l'autre dès le début du traitement, alors que la patiente s'était éprise d'un jeune morphinomane bon à rien avec lequel elle voulait filer. Cette fois-ci la raison vainquit, comme on dit, dans la langue de la patiente le tempo lent de la réflexion « tranquille ». Son idéal, comme elle le disait une fois franchement, était certes le mariage, mais il était chaque année écorné par une « romance » ou une aventure amoureuse.

Il ressort de tout cela que le *symptôme* de l'*absence d'unité* ou de la disparité de la *conduite de la vie* provient chez notre malade de l'impossibilité de la « synchronisation » des deux vitesses ou « speeds » dans lesquelles elle est contrainte de vivre. Le mariage (la conviction) et les aventures amoureuses (sensualité), la réflexion tranquille et l'insouciance, l'âme et le corps, la constance qui s'étend ou le présent authentique de l'existence et la dispersion dans des incursions dans des histoires extérieures, tout cela a son arrière-plan temporel. On doit d'ailleurs remarquer que derrière ce qui prend place devant nos yeux sous la forme d'une rigidification et d'une déformation pathologiques se cache un problème fondamental de l'être humain, ou mieux du devenir de l'homme, bref un problème « anthropologique ». Nous vivons tous dans « deux vitesses ». Mais tandis que nous arrivons plus ou moins à résoudre le problème de leur « synchronisation », et quand bien même cela n'aurait lieu qu'au cours d'un long *mûrissement*, ce processus de mûrissement de notre malade échoue. Cette désarticulation de son *Dasein* dans les deux « vitesses » ébranle sa personnalité au sens du *symptôme* de *dissociation*. L'impossibilité du mûrissement en raison de la dissociation de la personnalité est, c'est bien connu, le symptôme principal de la *Schizophrenia simplex*.

Si nous nous trouvions, en ce qui concerne le manque d'unité et de cohérence dans la conduite de la vie, aux frontières du normal, nous faisons cependant face à des symptômes avec lesquels ces frontières sont franchies. Le « manque d'unité et de cohérence dans la vie de l'âme » est pour le psychopathologue, et en soi, déjà un symptôme, et selon la définition de Kraepelin (reprise aussi par Bleuler), que nous avons suivi ici, le symptôme de la *distorsion* (*Verschrobenheit*). Au lieu de s'en tenir, sur la base de notre seule impression, à la constatation du symptôme de la distorsion et à devoir le décrire avec des expressions moralisantes ou issues de la psychologie vulgaire – comme : bizarre, déconcertant, étrange, original, excentrique, présomptueux, maniéré, vicié (Bleuler), imprévisible, impulsif, incalculable[1], etc. – notre cas montre que nous pouvons aussi comprendre le symptôme de la distorsion de façon daseinsanalytique, c'est-à-dire que nous pouvons le reconduire à une modification de la structure fondamentale du *Dasein*. L'entourage de notre malade fit tant de fois la remarque qu'elle était gauchie, et même carrément folle, qu'elle « devait » (*musste*) (sa propre expression) de temps en temps laisser peindre son automobile, habituellement peinte en bleu foncé, en blanc éblouissant ou en jaune pétant. À ce propos nous devons savoir que notre malade était fortement influencée par les couleurs : une couleur jaune vive ou grise peut la déprimer sévèrement, le mur bleu d'une chambre « la transporter de joie ». Si nous sommes encore peu renseignés sur l'interprétation temporelle des couleurs, pour autant que je sache, dans notre cas la signification temporelle du bleu foncé et du blanc éblouissant ou du jaune pétant a été obtenue tant bien que mal grâce aux indications de la malade. Le bleu foncé fait signe pour Mary vers le *raffinement* et est un signe de *bon goût*. Il appartient au monde (et par suite au mode de temporalisation) des amitiés « supérieures », des relations et des rapports mondains, spirituels, artistiques, mais aussi du mariage (le mari est artiste, la patiente elle-même s'intéresse à l'art et exerce des activités artistiques, bien qu'elle mène à côté et depuis toujours une vie active indépendante). Le bleu foncé est aussi

1. Ces expressions ne sont qu'une petite sélection issue de la littérature sur les psychopathes gauchis et la distorsion schizophrénique. Une fondation scientifique et une délimitation de toutes ces expressions est si nécessaire que nous apercevons dans la distorsion et les phénomènes connexes de la présomption, du maniérisme et de l'agitation, le délire et les hallucinations mis à part, la clé de la compréhension daseinsanalytique de la schizophrénie.

la couleur de la « conviction », expression générale de la *constance* qui s'étend et de la fidélité de l'existence. À l'encontre de cela le *blanc éblouissant* et le *jaune pétant* d'une automobile ont le caractère temporel de la *soudaineté*[1] « bondissant devant les yeux », du « sensationnel » qui s'impose et provoque, qui surgit tout d'un coup, de l'inattendu, du surprenant. Tout cela appartient, comme nous le verrons encore par la suite, à l'essence de la temporalisation de la *rapidité* et de ses *attraits* stimulants.

Mais nous n'en avons pas encore fini. Mary décrit le monde de la « sensualité », de la vitesse intensifiée, sans s'épancher davantage sur son aspect *matériel*, comme étant le monde de la *combustion rapide*, tout comme une grande flamme vient plus vite à bout d'une bougie qu'une petite. (Cette comparaison rappelle dans *La Peau de chagrin* de Balzac : un morceau de peau en cuir diminue ici d'autant plus *vite* que le héros de l'histoire s'adonne à la *passion* sensuelle).

Il serait au plus haut point remarquable que les deux modes disparates de temporalisation dans lesquels vit Mary ne soient pas décrits par elle aussi d'un point de vue *spatial* : le monde « spirituel », le monde de la vitesse la plus basse, est pour notre patiente, comme partout et toujours[2], caractérisé spatialement par la montée à la verticale, le monde « sensuel » de la vitesse intense par la marche ou la progression dans l'horizontalité. La verticale se présente pour notre malade comme une *source printanière plus claire et plus haute*, l'horizontale comme *l'eau moins claire*[3] *du canal dominant*, qui cependant ne suivrait pas un cours rectiligne mais un zigzag imprévisible. Même en rêve elle conduit un bateau à moteur *très rapide* sur un tel canal en zigzag. De tout cela elle remarque que ce serait justement le caractère *inanticipable* et *imprévisible*, *impétueux* et *impulsif* du monde horizontal, le monde de la « sensualité », de la vitesse *élevée* qui constituerait son *attrait*.

1. Le caractère temporel de la soudaineté – celui qui manque par exemple complètement au bleu, mais qui est particulièrement approprié au rouge – rend possible un langage imagé comme dans la « comparaison » avec un pétard (*Knall*) soudain ou un cri (*Schrei*) soudain (par exemple jaune pétant (*knallgelb*), rouge pétant (*knallrot*), rouge criant (*schreiend rot*), etc.) alors même que la sphère auditive exclut tout particulièrement la soudaineté. L'objection selon laquelle l'intensité jouerait un rôle dans ces combinaisons de mots ne signifie rien contre son interprétation temporelle, puisque le caractère de soudaineté et l'intensité sont intimement liés.

2. Voir mon texte sur Ibsen, l'article sur *Le rêve et l'existence*, ainsi que Gaston Bachelard, *L'air et les songes* [Paris, J. Corti, 1943].

3. L'eau *claire* qui monte et l'eau *trouble* qui descend constituent une *matérialisation* supplémentaire des « deux vitesses ».

Le caractère irrésistible de « l'attrait » de la rapidité et de la soudaineté empêche la survenue de ce que nous avons appelé la *proportion anthropologique* (voir *Henrik Ibsen et le problème de l'autoréalisation dans l'art*)[1], à savoir la proportion entre l'étendue de l'« ex-périence » (ce mot dans son sens le plus originaire, le plus large) et la hauteur ou la profondeur de la réalisation de soi. C'est en raison de l'*impossibilité* d'une existence authentique, *constante*, dirigée vers la hauteur et la profondeur, en raison de l'être-tiraillé par les attraits du changement rapide de situations qui sont inanticipables, imprévisibles, d'apparition soudaine et qui disparaissent tout aussi soudainement (« zigzag »), que le *Dasein* auquel nous avons donné le nom de Mary doit être décrit « anthropologiquement » comme non proportionné, et psychopathologiquement comme dissocié.

Dans le cours ultérieur du cas, le médecin perdit rapidement le principal soutien de son traitement, le mari de la malade mourut subitement d'un infarctus du myocarde. Cela représenta pour Mary le motif principal pour la décision d'arrêter de se soigner. Car le souhait passionné du mari aimé et adoré, de réaliser l'harmonisation de son déchirement grâce à ses propres efforts et à l'aide d'un médecin plutôt que d'une sédation, avait maintenant pour elle perdu son sens, et le médecin devait, comme si souvent, reconnaître son impuissance à l'égard du « décret de la providence », qui contrarie un travail déjà bien difficile sans lui.

1. [L. Binswanger, *Henrik Ibsen et le problème de l'autoréalisation dans l'art*, trad. fr. M. Dupuis, Bruxelles, De Boeck Université, 1995.]

MARTIN HEIDEGGER ET LA PSYCHIATRIE

Dans un recueil en l'honneur du lycée de Constance, ce thème n'a pas le droit de manquer dans la mesure où aussi bien Martin Heidegger que l'auteur de ces lignes, psychiatre de formation, étaient élèves de ce lycée et lui doivent les fondements de leur formation humaniste. Bien que je fréquentais déjà le lycée dans la dernière décennie du siècle dernier – c'était encore l'ancien lycée, situé si merveilleusement proche du jardin public et du lac –, la rencontre avec Martin Heidegger, qui fréquenta le lycée environ dix années plus tard, eut lieu seulement dans la troisième décennie de notre siècle. L'œuvre de Heidegger *Être et temps* de l'année 1927 encouragea tellement le psychiatre encore complètement influencé par le néokantisme, et cependant déjà instruit par la phénoménologie de Husserl dans ses efforts d'approfondissement de la compréhension clinique des maladies de l'affectivité et de l'esprit et de clarification des fondements scientifiques de la psychiatrie, que ses travaux trouvèrent logiquement dans les conquêtes phénoménologiques-ontologiques d'*Être et temps* leur source et leurs directives. Le novice se demandera quelles sortes de relations existent entre une telle œuvre philosophique et une science médicale, et il pensera avec effroi, d'autant plus s'il est chercheur en sciences de la nature, à l'« influence catastrophique » par exemple de la philosophie de la nature de Schelling sur la recherche sur la nature de son temps. Bien que nous n'appartenions pas à ceux qui sous-estiment le fait que l'intuition fondamentale philosophique de Schelling d'une nature envisagée comme un tout ait donné à la recherche sur la nature de son temps un énorme essor, ce qui ne pouvait être reconnu que bien après, il s'agissait cependant chez les médecins « théoriciens » de ce temps d'un transfert injustifié de la méthode de la philosophie de la nature sur les différentes déterminations empiriques singulières de la réalité naturelle, ce qui ne pouvait avoir lieu sans aller des *hypothèses* « dynamiques » construites à partir de pensées philosophiques fondamentales en direction d'un comblement des lacunes de l'expérience. Avec tout cela il n'est pas question de l'influence de Heidegger sur la psychiatrie. C'est le mérite de son *analytique du Dasein* travaillée de façon conséquente et extrêmement perspicace dans *Être et temps* et de sa méthode de la *phénoménologie* développée par le maître de Heidegger, Husserl. Si le mot de phénoménologie ne peut pas ici être expliqué davantage, on peut cependant dire qu'il s'agit en phénoménologie non pas d'une accumulation de simples faits (*Tatsachen*) ni de clés, d'hypothèses, de théories, etc. issus de ces faits, mais d'une absorption patiente et « vivante » dans un fait (*Faktum*) singulier jusqu'à saisir et fixer son essence phénoménale authentique et ses connexions d'essences, en d'autres termes jusqu'à saisir la façon dont il, ce fait en question, serait-il de nature psychique, corporelle ou spirituelle, comme Heidegger dit, *se montre à partir de lui-même*. Ainsi rien ne sera ni déduit, ni construit ni encore moins théorisé, mais seulement « vu ». Ce « seulement » s'est cependant avéré éminemment positif pour la plupart des sciences. Dans beaucoup de sciences nous étions littéralement obsédés par la *rage de conclure*, pour parler avec Flaubert, par la recherche effrénée, la quête de la mise à découvert des connexions génétiques, des « origines », des causes, etc. En psychiatrie, en tant qu'elle est la science de la vie pathologique de l'âme et de ses possibilités thérapeutiques, l'analytique du *Dasein* s'est avérée très utile dans la mesure où Heidegger, dans l'œuvre évoquée, était arrivé, en se fondant sur la facticité du *Dasein* humain, à analyser le *Dasein* en général en ce qui concerne sa structure ontologique d'essence et ses connexions d'essence, et à le comprendre et le décrire comme un *être-au-monde*. Ce faisant un pas décisif aussi bien pour toute psychologie comme aussi pour toute anthropologie fut fait et le *Dasein* humain fut conçu avec une nouvelle profondeur. Car tandis que les prétendues sciences demeurent à l'intérieur de l'ensemble de problèmes de la connaissance qui objective ou qui « constate » objectivement, les fonctions transcendantales qui fournissent aux *bases* de ces prétendues sciences aussi bien que de la psychiatrie leur *fondement* transcendantal, furent ici mises en lumière, en d'autres termes elles se trouvent en capacité de se légitimer comme *sciences* autonomes. Cet exploit spirituel est unique à mes yeux dans la première moitié de notre siècle d'un point de vue méthodologique et objectif. Bien que le psychiatre, en tant que scientifique et chercheur *empirique*, n'ait pas affaire à l'être-au-monde en tant que projet de compréhension apriorique-ontologique du *Dasein*, mais à l'homme en tant qu'un étant déterminé parmi d'autres étants en connexion avec lui, il s'est avéré que l'exploration des maladies de l'affectivité et de l'esprit

– au lieu de partir du cerveau, des fonctions neurophysiologiques, des facultés psychiques (comme penser, sentir, vouloir), d'un appareil psychique (Freud, Bleuler), de fonctions psychiques et d'actes et finalement de « la personne » comme incarnation de tout cela – remportait une victoire scientifique extraordinaire lorsque elle, la recherche psychiatrique, partait de la totalité de l'homme dans la « koinonia » de ses possibilités d'être et de la « koinonia » de celles-ci avec les possibilités d'être de l'univers. L'être humain est à partir de là compris et explicité certes de façon empirique-phénoménologique, mais cependant à travers la structure ontologique du *Dasein* comme être-au-monde déterminée par Heidegger. Si certains problèmes philosophiques et théorico-scientifiques non résolus demeurent encore en suspens dans cette explicitation daseinsanalytique « de l'homme » – dont le psychiatre se détourne plus volontiers que le philosophe – elle s'avère cependant féconde dans la mesure où il devient de cette façon possible de voir et de décrire certaines psychoses comme la manie, la mélancolie, les psychoses schizophréniques, certaines névroses et psychopathies, certains modes de comportements humains comme la présomption, la distorsion, le maniérisme, comme l'avarice, la honte, le deuil, etc. dans leur *structure* conforme au *Dasein*. Nous avons ainsi été interpellés par l'essence authentique de ces modes de comportement humains « normaux » aussi bien qu'anormaux, tant et si bien qu'ils se montrent dorénavant dans leur effectivité ou réalité et dans leur caractère adéquate ou leur objectivité *à partir d'eux-mêmes*. Au lieu de poser des diagnostics qui suspendent les « choses » à des étiquettes de mots et de les *construire* de manière psychopathologique-théorique, nous savons maintenant de quoi nous parlons véritablement avec tous les modes humains d'être, en d'autres termes ce qu'il en est de leur « fondement », qui est celui de l'*être humain*. Autrement dit, nous avons appris à les comprendre et à les voir comme des *flexions déterminées de la structure et des connexions structurelles* du *Dasein* humain ou, pour utiliser une expression courante de la langue française, de la *condition humaine*. Avec tout cela, le problème de la *psychiatrie en tant que science* et plus que jamais aussi celui de l'*être-psychiatre* s'engagèrent *véritablement* sur le chemin de leur résolution.

Pour conclure il n'est peut-être pas superflu de souligner qu'avec l'approfondissement et la description daseinsanalytique-phénoménologique des psychoses, des phénomènes psychopathologiques et psychiques, « tout n'est pas joué » pour autant en ce qui concerne la psychiatrie. Il ne pourrait pas y avoir d'erreur plus grande. Car si la *Daseinsanalyse* nous montre « ce dont il retourne véritablement » en psychiatrie, ce n'est qu'en association avec les domaines d'objet scientifiques psychologique, biologique et psychanalytique ainsi que neurophysiologique et neuroanatomique – ce qui ne peut pas ici être davantage réalisé – qu'elle peut remplir l'ensemble de sa tâche psychiatrique. Le rapport de la *Daseinsanalyse* avec la *psychothérapie* serait encore un sujet d'intérêt supplémentaire, qui cependant ne peut plus ici être abordé.

INTRODUCTION AU RECUEIL *SCHIZOPHRÉNIE*

Les études sur le problème de la schizophrénie ici réunies représentent la tentative de parvenir à un aperçu de l'ordre structurel et du parcours (*Gang*) des formes de *Dasein* que la psychiatrie clinique qualifie de schizophrènes. Le choix des histoires de maladie qui sont à la base de ces tentatives n'a pas été effectué en rapport avec on ne sait quel « résultat » particulier qui serait attendu. Un tel résultat n'aurait pas pu être anticipé par l'état de la compréhension daseinsanalytique de l'époque. Par conséquent tout ce qui comptait était d'aborder les « cas » sans aucune réserve et de se laisser diriger et instruire uniquement et exclusivement par eux-mêmes. Cette instruction ne pouvait se produire, conformément à la nature de la chose, que lentement et progressivement.

Nous devions malgré tout appliquer quelques conditions préalables au choix des histoires de maladie. La première et la plus importante était que suffisamment de « matériel » relatif à l'histoire de la maladie et à l'histoire de vie fut disponible, et parmi celui-ci le plus possible d'auto-descriptions. Autrement aucune interprétation daseinsanalytique des parcours de *Dasein* (*Daseinsverläufe*) schizophrènes n'aurait été possible. La deuxième condition préalable était qu'il ne devait pas s'agir d'états dits terminaux au sens de débilité schizophrénique, puisque ce qui comptait en premier lieu n'était pas de prendre en vue et de décrire rétrospectivement le parcours du *Dasein* mais dans la mesure du possible de le décrire dans son cours (*Gang*) même. La troisième condition préalable consistait dans la supposition – qui devait par la suite se révéler juste – que cela pouvait faciliter et stimuler la compréhension du *Dasein* schizophrène si les « cas » étaient choisis parmi ceux pour lesquels des manières de « comportements anormaux » avaient précédé pendant un temps plus ou moins long l'éclosion de la psychose schizophrénique, c'est-à-dire des manières qui d'un côté s'inséraient encore sans problème dans l'histoire de vie, mais qui d'un autre côté semblaient déjà relever de la psychose elle-même. À cela s'ajouta, quatrièmement, l'idée qu'il devrait y avoir un avantage à choisir des cas si possible variés pour ne pas recueillir un simple « résultat de groupe ». S'il s'agit dans trois de nos cinq cas d'un délire de persécution (pluralisé) aigu ou chronique (le premier, le quatrième et le cinquième cas), cela provient du fait que, indépendamment du remplissement des conditions sus-nommées, le problème de la schizophrénie me semble culminer dans le délire, et en particulier dans le délire de persécution.

Assez à propos du principe de choix de nos cas. Tournons-nous maintenant vers les *concepts fondamentaux déterminants pour notre recherche*. Parmi ces concepts la priorité revient comme toujours au principe d'*ordre*, et en premier lieu à la question de savoir comment peut être introduit un certain ordre dans la masse infinie et déroutante de données biologiques, psychologiques, psychopathologiques ou encore relatives à l'histoire de vie que nous avons rassemblées sous le titre de « cas ». Certes, la clinique psychiatrique aspire naturellement aussi à un ordre de ces « cas », mais cependant sur la base de concepts et d'habitudes de pensée purement cliniques, et en premier lieu par l'intermédiaire de la transformation de toutes ces données en *symptômes de maladie*, ainsi que sur la base d'une dialectique naturaliste-réductrice. L'ordre auquel nous aspirons dans la communication daseinsanalytique avec le malade est d'une toute autre nature. Il se tient en-deçà des concepts de sain et de malade, de normal et d'anormal, et n'est possible que sur le chemin de l'interprétation de toutes ces données en tant que modes déterminés du *Dasein*, du parcours du *Dasein* et de l'accomplissement du *Dasein*. Nous parlons à son propos et de façon très générale d'un ordre daseinsanalytique. Il est de type purement phénoménologique. Mais un tel ordre ne serait pas possible si le *Dasein* en tant que tel ne présentait pas une constitution ontologique (*Seinsverfassung*) déterminée. En avoir mis à jour l'*a priori* est le mérite de Martin Heidegger. Ce n'est que depuis qu'il est possible de parler d'un désordre dans la constitution ontologique du *Dasein* et de montrer en quoi il peut consister, en d'autres termes de montrer quels moments sont responsables du fait que cet ordre structurel est pour ainsi dire « défaillant » (*versagt*) et qu'il présente des lacunes (*Lücken*) et de montrer comment ces lacunes du *Dasein* sont de nouveau remplies. Nous nous rapprochons ainsi du problème daseinsanalytique central de la schizophrénie et de sa solution. Car avec la mise en lumière des moments défaillants dans l'ordre structurel du *Dasein* et de la façon dont il est constitué, nous ne serons pas seulement en mesure d'introduire un ordre daseinsanalytique dans la masse infinie et déroutante d'un cas clinique particulier, mais aussi de comparer de façon daseinsanalytique cette « masse » avec la « masse » très différente d'autres cas. Tandis que la psychiatrie clinique cherche à rendre possible une telle comparaison sur la base d'une ressemblance ou d'une différence des symptômes et des syndromes morbides, la *Daseinsanalyse* nous fournit un tout autre système de comparaison, à savoir la comparaison sur la base du parcours et de l'accomplissement de *Dasein* déterminés. L'*unité* de certaines *structures de Dasein* et de certains *parcours de Dasein* prend la place de l'*unité d'une maladie* d'un petit groupe pouvant d'ailleurs différer sur le plan symptomatique-clinique.

Et si le concept d'ordre structurel du *Dasein* était le concept constitutif primordial de notre recherche, nous n'abordions le sol de la recherche véritable sur la schizophrénie qu'en cherchant à apercevoir la structure *particulière* de la constitution ontologique de nos cas. Cela ne fut possible, comme nous l'avons dit, qu'en nous laissant diriger et instruire sans aucune réserve par eux-mêmes. Puisque ce ne peut être la tâche de cette préface de récapituler le parcours de notre recherche en se fondant sur chacun des cas particuliers, nous retraçons ce parcours en nous fondant sur les catégories constitutives ou les concepts fondamentaux qui sont apparus au cours de la recherche et nous ont permis de parler d'une *unité* des parcours de *Dasein* que nous avons examinés. Nous renverrons le lecteur aux cas correspondants pour une illustration et un approfondissement de chacune de ces catégories.

Puisque ce qui ressort en premier lieu de nos recherches est le concept fondamental d'inconséquence de l'expérience, nous devons commencer par quelques remarques sur la *conséquence* de l'expérience (« naturelle »). L'expérience naturelle est celle dans laquelle notre *Dasein* évolue de façon non seulement irréfléchie, mais aussi non problématique et sans y faire attention, justement comme enchaînement naturel[1]. Cette absence de problème concerne en premier lieu le domaine des objets. Ainsi, lorsque par exemple quelque chose nous est inconnu, ce quelque chose ne s'excepte pas de l'ensemble évident des problèmes de l'expérience naturelle. L'enchaînement de l'expérience ne peut ainsi être « naturel » que s'il est conséquent vis-à-vis des *choses*, c'est-à-dire comme être immédiat de nous-mêmes avec et auprès des choses et des états de choses, mais également au sens de l'être avec les autres qui font encontre dans le commerce avec les choses ou les objets, et l'être avec nous-mêmes, en un mot au sens

1. Voir W. Szialsi, « Die Erfahrungsgrundlage der Daseinsanalyse Binswangers », *Schweizer Archiv für Neurologie und Psychiatrie*, vol. 67, 1957 [trad. fr. A. Fournier, C. Masi et Y. Totoyan, « Les bases d'expériences de la *Daseinsanalyse* de Binswanger », *L'art du comprendre*, n°5-6, décembre 1996, p. 155-177].

de notre *séjour* (Heidegger). L'immédiateté de notre séjour auprès des « objets » ou des « choses » se manifeste dans le fait que nous *laissons être* l'étant, tout étant, tel qu'il est en lui-même. Ce laisser-être n'est pas du tout évident ni facile, il représente plutôt l'activité de loin la plus positive, comme l'illustrent justement nos cas d'une manière déficiente.

A) La *dissolution de la conséquence de l'expérience naturelle*, *son inconséquence*, s'avère être le concept fondamental pour la compréhension des parcours de *Dasein* qualifiés de schizophrènes. L'inconséquence signifie l'impossibilité de laisser être les « choses » dans le faire-encontre immédiat, en d'autres termes l'impossibilité d'un séjour non perturbé auprès des choses. Le cas Ellen West constitue un exemple clair de cette impossibilité. Nous voyons Ellen West disposer autoritairement des « choses », leur dicter pour ainsi dire comment elles doivent être : le corps (*Leib*) ne doit pas devenir gros mais doit être mince, et elle-même ne doit pas être telle qu'elle est mais autre (voir « Seigneur, crée moi encore une fois mais crée moi mieux »)[1]. La société humaine ne doit pas être telle qu'elle est mais autrement. Ce dernier exemple montre justement qu'il ne s'agit pas, avec ce laisser-être, d'une sorte de quiétude qui laisserait tout ce qu'il y a dans le monde de côté pour ainsi dire sans y participer, mais que même le révolutionnaire qui veut renverser les choses doit pouvoir séjourner de façon immédiate et paisible auprès d'elles, entrer en contact avec elles, car autrement il ne pourrait pas les renverser, s'en *emparer* de façon subversive. Mais chez Ellen West ainsi que chez l'ensemble de nos autres malades, on en reste à la *souffrance* liée au fait que les choses ne sont pas telles qu'ils aimeraient qu'elles soient, et au seul ordre d'être autrement, ainsi qu'au seul souhait et à la seule poursuite d'un idéal. Jürg Zünd constitue un autre exemple radical de souffrance liée à l'impossibilité d'un paisible séjour auprès des choses, pour lequel l'ensemble de sa forme, la totalité de ses manières, son intérêt pour les autres « ne conviennent pas ». La transformation et la décomposition langagière des choses que Lola Voss accomplit dans son oracle langagier à propos des choses est totalement grotesque. De même, la sollicitude exagérée de Suzanne Urban pour les membres de sa famille n'est pas un séjour paisible auprès des choses et des hommes. Toute conduite du *Dasein* ordonnée, cohérente vis-à-vis des choses, est remise en question par la façon irrésistible de disposer des choses. Partout se produisent des lacunes dans l'expérience, qui ne peut alors nulle part se dérouler tranquillement ou se déployer librement. Il est

1. [Voir L. Binswanger, « Der Fall Ellen West », dans *Ausgewählte Werke*, vol. 4, Heidelberg, Asanger, 1994, p. 83.]

en outre remarquable que l'inconséquence de l'expérience soit en règle générale détectable depuis l'*enfance*, en raison de la situation familiale chez Ilse, en raison de son aspiration à la mort existant depuis toujours comme symbole de l'impression d'absence d'issue de l'expérience chez Ellen West, et chez Jürg Zünd en raison de la scission du séjour auprès des choses et des hommes en un monde « populaire » de la rue, un monde grand-seigneur de l'étage intermédiaire et un monde de « l'étage supérieur » de la maison familiale, laquelle scission détermina très tôt chez lui la certitude qu'il devait « y passer ». Nous en savons trop peu sur l'enfance de Lola Voss, mais celle de Suzanne Urban laisse au moins supposer qu'elle portait déjà en elle le germe de l'inconséquence de l'expérience au sens de l'oscillation entre une sollicitude exagérée pour la famille et des tendances agressives à son encontre.

Ce qui torture le *Dasein* de tous nos malades et leur rend la vie pleine de souffrance, c'est qu'ils ne parviennent pas à s'accommoder de l'inconséquence de l'expérience, de son désordre, mais cherchent constamment des *solutions* pour rétablir l'ordre perturbé. Nous rencontrons partout le désir insatiable de rétablir l'ordre perdu, de combler les lacunes de l'expérience avec des idées, des actions, des activités, des apaisements, des liens, des idéaux toujours nouveaux, en bref l'aspiration au « calme et à l'harmonie », à un « foyer » (Ellen West), et même à la « mort comme unique bonheur de la vie » (Ellen West), au Nirvana (Jürg Zünd) au sens de la mise de côté et du classement définitif des choses et ainsi de soi-même dans un « ultime effort ».

Cette aspiration à une « fin » provient de l'*absence d'issue* du *Dasein* qui va de pair avec l'inconséquence de l'expérience et telle qu'elle est représentée de façon particulièrement radicale-tragique dans la « métaphore de la scène » d'Ellen West[1]. Mais avant que cette fin ne survienne, ne serait-ce que comme suicide, comme retrait en dehors de la vie active ou comme délire, nous voyons le *Dasein* se débattre en pratique avec la quête d'*issues* toujours nouvelles pour s'extirper de cette absence d'issue, issues qui, au vu de la situation des choses, ne peuvent être qu'hypothétiques parce qu'elle sont inadéquates à chacune de ces situations de vie. La dernière de ces issues se manifeste toujours par la formation d'un idéal présomptueux en tant qu'appui hypothétique dans la vie et par un combat sans espoir pour son maintien. Mais même là où il est question d'un acte énergique pour échapper au déroulement inexorable et insupportable de la situation de vie, comme dans le cas Ilse, on aperçoit rapidement le caractère

1. [Voir *ibid.*, p. 95.]

hypothétique de cette solution et son caractère inadapté à la situation de vie. Nous voulons d'ailleurs revenir sur cet acte, bien que nous l'ayons déjà analysé en détail dans notre étude sur les « Trois formes du *Dasein* manqué » de l'année 1956, et cela aussi bien à partir de la forme de *Dasein* de la présomption que de celle de la distorsion et du maniérisme[1]. Ce qui compte ici, c'est de saisir le caractère inapproprié de cet acte au regard de la situation de vie dans la mesure où il est nécessairement voué à l'échec et où il ouvre la voie à une autre issue qui prend la forme du délire (aigu). Le caractère inapproprié de l'acte d'Ilse au regard de la situation de vie montre que la conséquence ou l'enchaînement de l'expérience n'est certes pas encore interrompue, mais semble déjà d'une manière ou d'une autre être mise en question. Car le *Dasein* « s'égare » pour ainsi dire dans le choix du moyen, reste obnubilé par une unique possibilité d'expérience qui, indépendamment de la conséquence extrême de son accomplissement effectif, montre tous les signes de l'inconséquence. C'est justement ce que nous qualifions de « caractère inapproprié à la situation de vie ». Celui-ci ne se manifeste pas seulement dans l' « inaptitude » pratique du moyen privilégié mais plus profondément dans le fait que le « moyen » lui-même porte tous les signes de l'inconséquence de l'expérience. La brûlure de la main et du bras n'est ni une action utilitaire au sens technique, ni une « manifestation affective » découlant de façon conséquente de la « situation affective ». Elle contredit toute « logique affective » authentique – si vous me permettez cette expression – du fait qu'il n'est pas question ici d'un acte ou d'un don d'*amour* que l'autre pourrait accueillir comme un *cadeau*, mais seulement de la *présentation* d'une souffrance martyrielle « issue de l'amour ». La forme du pouvoir-souffrir en et pour soi de façon gratuite et non motivée n'est pas la conséquence du fait que je « t'aime ». Par conséquent la souffrance ici échoue à créer un « lien d'amour » et à ouvrir une issue permettant de sortir de la situation de vie insupportable.

B) L'acte d'Ilse se trouvait déjà sous la domination d'une alternative déterminée, l'alternative de la puissance, de la victoire et du sauvetage ou de la défaite et de l'impuissance. Nous en venons ainsi au *deuxième concept déterminant* de notre recherche, la *scission de l'inconséquence de l'expérience* en une *alternative*, et même en un *ou bien-ou bien* rigide.

1. Voir L. Binswanger, *Drei Formen missglückten Daseins : Verstiegenheit, Verschrobenheit, Manieriertheit*, Tübingen, Niemeyer, 1956, p. 194-197 [*Ausgewählte Werke*, vol. 1, Heidelberg, Asanger, 1992, p. 415-418 ; trad. fr. J.-M. Froissart, *Trois formes manquées de la présence humaine : la présomption, la distorsion, le maniérisme*, Argenteuil, Le Cercle Herméneutique, 2002, p. 219-223].

Ce facteur s'avère être de la plus grande importance pour la compréhension approfondie du parcours et de l'accomplissement du *Dasein* qualifié de schizophrène. L'inconséquence de l'expérience expérimente maintenant un ordre en apparence nouveau, un *arrêt* apparent dans le désordre de l'inconséquence. Nous revenons ainsi à ce que nous avons découvert chez tous nos malades sous la forme de la *formation d'un idéal présomptueux*. Le *Dasein* fait tout son possible pour se « maintenir » dans cet arrêt, en d'autres termes pour suivre l'idéal présomptueux « à travers le gros et le mince ». Cet idéal est présomptueux dans la mesure où il est totalement inapproprié à l'ensemble de la situation de vie et ainsi ne représente aucune issue réelle pour en sortir, mais constitue au contraire un « obstacle » insurmontable à l'accomplissement du *Dasein*. Le *Dasein* ne retrouve plus le chemin qui mène hors de la présomption, mais s'empêtre de plus en plus en elle. Cela se répercute de façon d'autant plus catastrophique sur l'accomplissement du *Dasein* que la formation de l'idéal présomptueux ne représente qu'*une* face de l'alternative, tandis que l'autre contient en elle tout ce qui contredit cet idéal. Au regard de cette fixation de l'existence en une telle alternative, l'inconséquence de l'expérience était en et pour soi encore relativement inoffensive; car dorénavant le *Dasein* s'épuise, comme nous le voyons toujours plus, en un combat entre les deux faces de l'alternative en laquelle il est divisé. Il s'agit dorénavant de pouvoir suivre l'idéal présomptueux ou de devoir l'abandonner. Mais ni l'un ni l'autre n'est maintenant plus possible, comme le montre avec évidence les cas d'Ellen West et de Jürg Zünd. Mais le ou bien-ou bien est encore plus rigide et invincible chez Lola Voss et Suzanne Urban. Nous voyons qu'il ne peut plus être question pour Lola d'être en mesure de renoncer à son idéal présomptueux de sécurité absolument sûre dans le *Dasein* qui lui a permis pendant très longtemps de se maintenir au moyen de l'issue que lui fournissait l'oracle langagier-ludique, car – et cela se montre partout – renoncer à l'idéal présomptueux signifie l'*angoisse*, l'angoisse sans limites de tomber sous le contrôle de l'autre face de l'alternative. De même Suzanne Urban ne réussit absolument pas à renoncer à la sollicitude exagérée pour la famille. Dans les deux cas, le *Dasein*, avec la perte de l'arrêt auprès de l'idéal présomptueux, plonge dans l'abîme de l'angoisse, au sens de l'angoisse d'être persécuté, du *délire* de persécution. Partout ici, comme dans les autres cas, la « captivité » ou l'« entrave » du « filet » ou des « liens » de l'alternative rigide (Ellen West) prennent la place du libre déploiement de l'expérience. Aucune des deux faces de l'alternative ne permet, comme nous le voyons, à l'accomplissement du *Dasein* de se dérouler tranquillement, entraînée d'une face à l'autre comme l'est l'expérience. Et plus haut monte l'idéal, plus violente, et même plus volcanique, se montre l'autre face refusée, refoulée, de l'alternative, contredite par l'idéal.

Qu'il ne suffise pas, pour la compréhension du sens authentique et conforme au *Dasein* de l'alternative en question, de s'en tenir à elle et de l'accepter dans la forme sous laquelle les malades eux-mêmes nous la présentent et nous en parlent, mais que nous ayons à interpréter de façon daseinsanalytique cette présentation doit encore être mis en évidence en ce qui concerne l'alternative dans laquelle les *Dasein* de Ellen West et Jürg Zünd sont pris, en ce qui concerne ici l'alternative du gros et du mince, et là celle du prolétaire et de l'aristocrate.

Ellen West elle-même parle de son épuisement, de la « confrontation éternelle entre vouloir être mince et cependant ne vouloir se passer de rien dans la nourriture », du combat entre sa « nature » ou son « destin » qu'elle voudrait avoir gros et puissant, et sa « volonté d'être mince et légère ». Déjà son psychanalyste n'était pas satisfait de cela et cherchait à s'aider de la métaphore : mince = un type spirituel plus élevé, gros = un type bourgeois-juif. Cela signifie alors que ce n'est pas la corporéité qui joue le rôle déterminant. Mais la *Daseinsanalyse* ne peut se satisfaire ni de telles métaphores ni du concept de psychogenèse ou du non-concept de psychosomatique. Bien qu'elle soit d'avis que ce n'est pas l'alternative purement corporelle du gros et du mince qui a brisé cette vie, elle va plus loin en attirant l'attention sur le rôle gauchi[1] et ainsi complètement inapte qui est mis sur le dos de la corporéité dans et de ce *Dasein*, à savoir le rôle de surmonter corporellement la scission originaire de l'expérience dans l'alternative de la vie et de la mort, de l'idéal et de la réalité, de la « nature » ou « destin » et de la volonté propre, une alternative existentielle en somme, et de la dépasser avec l'exigence qu'ainsi la conséquence de l'expérience, mais aussi l'ordre « spirituel » et « thymique » seraient rétablis. Ce n'est qu'en raison de cette exigence « gauchie » que la formation de l'idéal pouvait à ce point s'égarer, en d'autres termes que l'idéal de l'être-mince pouvait atteindre sa puissance implacable, irréconciliable sur ce *Dasein*. Cette puissance n'était pas due à une ressemblance ni à une sorte de symbolique, mais au souhait de reprendre de nouveau en main le fil perdu de la conséquence de l'expérience, lequel fil était déjà irrécupérable. Le fil de la conséquence de l'expérience se laisse seulement suivre sous l'assomption de l'être dans l'abandon des choses et des états de choses à eux-mêmes, choses et états de choses auxquels appartiennent aussi le corps, la nature,

1. Voir les « Trois formes du *Dasein* manqué », chap. II.

le destin, la vie, toutes ces « choses » qui ici ne sont pas abandonnées à elles-mêmes, mais « asservies », « violentées », et même niées.

En ce qui concerne la problématique psychiatrique de ce cas, je maintiens, malgré les doutes exprimés par certains, que le diagnostic est celui d'une forme polymorphe de *Schizophrenia simplex*, et que le pronostic est incurable. Il est certain qu'il ne s'agit pas seulement chez Ellen West d'un changement d'une « joie immense » en une « affliction jusqu'à la mort », mais que ce changement n'est que le prélude d'une (pour parler avec les mots d'Ellen West elle-même) « interruption de tout développement intérieur, de toute "vie intérieure" ».

En ce qui concerne l'étiquette clinique déjà mentionnée d'anorexie pubertaire, qui se prolonge quand même ici largement au-delà de la puberté, il n'y a rien d'autre à ajouter à la symptomatologie que le cas d'Ellen West manifeste par lui-même. Comme nous le voyons justement dans ce cas, l'anorexie pubertaire n'est pas une maladie mais un syndrome se retrouvant aussi bien chez les sujets sains que chez les psychopathes, les schizophrènes et les cyclothymiques. Le fait qu'il y ait aussi dans notre cas de sévères perturbations hormonales comme l'interruption des règles semble compréhensible à partir du « surmenage » du corps, si l'on peut dire. Roland Kuhn a réalisé une tentative importante pour parvenir à une compréhension clinique plus précise de l'intrication étroite des symptômes psychiques et corporels dans l'anorexie mentale (voir « Zur Daseinsanalyse der *Anorexia mentalis*. II. Studie » [Sur la *Daseinsanalyse* de l'anorexie mentale. 2e étude], *Der Nervenarzt*, 1953, cahier 5).

Tandis que l'alternative existentielle dans laquelle s'écoule l'expérience concerne chez Ellen West le domaine de la corporéité, elle s'exprime chez Jürg Zünd dans le domaine social et même, comme nous l'avons déjà dit, sous la forme de l'alternative entre l'idéal aristocratique, grand-seigneur, et la réalité naturelle prolétaire. Aussi incomparables que paraissent les deux alternatives, l'alternative corporelle et l'alternative sociale, elles deviennent comparables si nous les reconduisons à leur fondement existentiel. Le rôle qui revient chez Ellen West au *Dasein* en tant que corps vivant (*Leib*) revient ici au *Dasein* en tant qu'être-avec (*Mitsein*) les autres, au commerce ou, comme je l'ai appelé, au prendre- et à l'être-pris-par-quelque-chose relatif au monde commun[1], le rôle de surmonter la scission de l'expérience dans l'alternative de la vie et de la mort, de l'idéal et de la réalité, de la nature ou destin et de la volonté propre,

1. Voir *Grundformen und Erkenntnis menschlichen Daseins*, p. 300-375 [*Ausgewählte Werke*, vol. 2, Heidelberg, Asanger, 1993, p. 271-343].

dans le domaine purement social, et même avec l'exigence de rétablir ainsi l'ordre spirituel et thymique. Ce n'est qu'en raison de cette exigence que la formation de l'idéal pouvait s'égarer à ce point, que l'idéal aristocratique pouvait acquérir une puissance si déterminante dans le *Dasein* de Jürg Zünd.

Si nous parlions chez Ellen West et Jürg Zünd d'une alternative *existentielle* qui affectait le domaine corporel et social, il nous semble important de remarquer qu'il s'agit ici aussi de modes existentiels *déficients*. Et cette déficience, comme nous espérons l'avoir montré, se rapporte à l'inconséquence de l'expérience et à la scission de l'expérience dans les alternatives respectives. L'identification complète du *Dasein* à chacune de ces alternatives signifie en même temps que l'existence ne réussit qu'à se temporaliser sur le mode de la « déficience », et en premier lieu dans ce que nous avons appelé l'*être-déchu* auprès du monde (*Verfallensein an die Welt*) ou plus brièvement la « mondéisation » (*Verweltichung*). Cela se manifeste le plus clairement dans le « recouvrement » (*Verdeckung*) du phénomène de la *honte* (*Scham*) « salutaire » (Erwin Straus) par l'intermédiaire du mode déficient du *déshonneur* (*Schande*) (voir le cas Nadia, de Janet[1] et les considérations sur « Le phénomène de la honte et le processus schizophrénique »[2], ainsi que les considérations sur la honte et le déshonneur[3], et la faute)[4]. La même chose se manifestait aussi invariablement dans la déficience des modes dans lesquels nous rencontrons la *conscience morale*, le *remord*, l'*humour* véritable, et avant tout l'*amour*; car nous ne trouvions le mode authentique duel-existentiel du *Dasein* presque exclusivement en mode déficient. Il s'agit alors, même chez Ellen West et malgré tout ce que nous avons pu dire dans l'étude que nous lui avons consacrée à propos du fait qu'elle était prête pour la mort[5], de l'impossibilité d'un être *authentique* pour la mort au sens de la résolution devançante, ainsi qu'au sens d'un pouvoir-*être-tout* authentique du *Dasein*. Si le suicide d'Ellen West signifie qu'elle « met fin » à sa vie, il ne constitue pas un « mourir » authentique, mais un « décès » (voir Heidegger, *Sein und Zeit*, p. 247). Avec tout cela apparaît clairement ce qui distingue l'inconséquence de l'expérience et sa scission en un ou bien-ou bien rigide, en bref ce qui distingue la constitution ontologique du *Dasein* schizophrène de l'accomplissement du *Dasein* au sens de la conséquence de l'expérience.

1. [Voir « Der Fall Ellen West », dans *Ausgewählte Werke*, vol. 4, *op. cit.*, p. 173 *sq.*]
2. [Voir *ibid.*, p. 179 *sq.*]
3. [Voir « Der Fall Jürg Zünd », dans *Schizoprenie*, Pfullingen, Neske, 1957, p. 263 *sq.*]
4. [Voir *ibid.*, p. 265 *sq.*]
5. [Voir « Der Fall Ellen West », dans *Ausgewählte Werke*, vol. 4, *op. cit.*, p. 133.]

C) Un autre concept déterminant pour notre recherche fut le concept d'*abri* (*Deckung*). Nous visons avec ce concept la tentative digne de Sysiphe de recouvrir la face rejetée et insupportable de l'alternative dans le but de prendre appui sur le pouvoir de l'idéal présomptueux. L'exemple classique et qui ne nécessite pas d'autres commentaires en est le cas de Jürg Zünd. Il nous a permis de comprendre le maniérisme, et de là jusqu'à un certain point également le maniérisme artistique[1] ! Ce qu'étaient chez Jürg Zünd le manteau, les allures consistant à adopter des « manières » authentiques rigides, c'étaient chez Ellen West l'exercice constant qui devait empêcher de devenir gros et les purgatifs, c'était chez Lola Voss la mise à l'abri de l'angoisse éprouvée face au terrifiant et l'appui sur l'idéal de la sécurité par l'intermédiaire de l'oracle des syllabes et ses « décisions », c'était chez Suzanne Urban le recouvrement (*Verdeckung*) de l'angoisse éprouvée face la cruauté par l'intermédiaire de la sollicitude hypocondriaque-exagérée pour l'ensemble de la famille.

D) Un autre concept déterminant de notre recherche est le concept d'*anéantissement* (*Aufgeriebenwerden*) du *Dasein*, le point culminant de la scission antinomique, le concept de ne-plus-pouvoir-s'engager-ni-se-dégager dans la *résignation* ou le *renoncement* à la problématique antinomique, prenant la forme du *retrait* hors de l'accomplissement du *Dasein*.

Nous devons ici considérer chacun des cas séparément.

1. Il était justement question du retrait d'Ellen West en dehors de la *vie*. Son renoncement à la vie était la forme la plus énergique, la plus déterminante et la plus puissante du retrait hors de la scission antinomique, poussée chez elle à l'extrême, hors du ne-plus-pouvoir-s'engager-ni-se-dégager du *Dasein*. Nous nous tenons ici devant la décision la plus libre pour laquelle le *Dasein* de notre cas pouvait encore trouver de l'énergie, la décision de mettre fin à la perplexité de l'expérience par l'intermédiaire de la suppression de l'empêtrement.

2. Déjà chez Jürg Zünd le retrait ne peut plus être qualifié de complètement libre. Il se bat encore durement pour faire advenir « dans un dernier effort » comme il le dit la fin ultime du tourment de la problématique insoluble de son *Dasein*, mais finalement il épuise ses forces dans ces efforts, si bien qu'il se voit « contraint » de mettre fin à ce jeu cruel dans un dernier effort effectif. Il compare de façon très révélatrice les efforts pour parvenir à une issue hors de l'impasse de son *Dasein* avec l'effort en vue d'« en

1. Voir le chapitre III des « Trois formes du *Dasein* manqué ».

finir » ou de « s'occuper » des planches du Rorschach (voir « Le cas Jürg Zünd », in *Schizophrenie*, *op. cit.*, p. 218). Lorsqu'il s'occupe des planches du Rorschach, Jürg Zünd s'occupe surtout de lui-même, il cherche à en finir avec son propre *Dasein*, pour finalement qu'on « s'occupe » de lui pour toujours dans un établissement de soins, comme nous pouvons ici justement le dire à bon droit. Ici aussi nous nous tenons devant un « retrait hors de la vie », certes plus en dehors de la vie comme *vita*, mais en dehors de la vie active, la vie en « société », avec laquelle il s'est débattu pendant si longtemps et de façon si désespérée. Nous voyons que, dans les deux cas, la même problématique, dont la scission antinomique anéantit le *Dasein*, détermine le retrait hors de lui-même, chez Ellen West la problématique, qui voile l'ensemble de sa vie depuis le début, de la vie et de la mort, chez Jürg Zünd la problématique sociale, qui court également d'un bout à l'autre de sa vie.

3. Nous en arrivons maintenant au retrait hors du *Dasein* sous la forme totalement involontaire du *délire*, dans laquelle le *Dasein* ne renonce ni volontairement à la vie, ni à la vie en société, mais renonce à la vie en tant que soi autonome et indépendant, où aussi il *se livre de lui-même* à une puissance étrangère. Nous avons ici devant nous une capitulation particulièrement radicale du *Dasein*. Ni Ellen West ni Jürg Zünd n'avaient abandonné ou livré leur soi, mais ils s'étaient exclus de la vie ou de la vie en société. Ici le *Dasein* s'exclue hors de l'indépendance de la cohésion de sa vie. Nous avons l'habitude de dire qu'un tel homme est la victime, le jouet ou le prisonnier dans les mains d'une puissance étrangère. Au contraire, Ellen West et Jürg Zünd étaient encore les prisonniers (voir de nouveau la métaphore de la scène)[1] de leur propre problématique ainsi que leurs propres libérateurs vis-à-vis de celle-ci.

En ce qui concerne en premier lieu le délire du cas Ilse, nous devons sur ce point partir de la brûlure de sa main (voir *Schizophrenie*, p. 31 et 35 *sq.*)[2] en tant que le *Dasein* se « donne ici en spectacle » de façon sacrificielle vis-à-vis des autres *Dasein*. Ce se-donner-en-spectacle se transforme dans le délire en un être-mis-en-spectacle et, comme le montrent les premières « allusions », en un être-mis-en-spectacle avec le père (voir *ibid.*, p. 32)[3]. Ce revirement d'un agir « actif » en un souffrir « passif » nous a toujours

1. [Voir « Der Fall Ellen West », dans *Ausgewählte Werke*, vol. 4, *op. cit.*, p. 95.]

2. [Voir L. Binswanger, « Le délire comme phénomène de l'histoire de vie et comme maladie mentale. Le cas Ilse », trad. fr. L. Hebborn et P. Jonckheere, dans P. Jonkheere (éd.), *Passage à l'acte*, Bruxelles-Paris, De Boeck Université, 1998, p. 24 et 28 *sq.*]

3. [Voir *ibid.*, p. 24-25.]

frappé dans le délire. Il montre que l'« activité » et la « passivité », et ici également la spontanéité de l'*impressionner* et de l'*influencer*[1] et la réceptivité de l'*être*-impressioné et de l'*être*-influencé, ne sont pas contradictoires dans l'avènement du *Dasein* mais qu'ils dépendent étroitement l'un de l'autre.

Si le *Dasein* était encore tant bien que mal en possession de lui-même dans le martyre, si, autrement dit, il se tenait encore, quoique d'une façon déjà louche, inadéquate à la situation, dans la conséquence ou l'enchaînement de l'expérience, si bien qu'il était confronté pour ainsi dire seulement à une « fissure » (*Sprung*) mais pas encore à une déchirure du monde, il perdit de plus en plus d'autonomie dans l'intervalle entre le martyre et le délire, entre l'être-victime de lui-même et l'être-victime dans les mains d'un autre (délire de relation, de préjudice, de persécution, et érotomaniaque). Cela se manifesta en premier lieu par la survenue d'« idées délirantes », en d'autres termes par la menace de l'enchaînement de l'expérience et ainsi de la continuité du « monde ». Dans l'absence d'issue de l'alternative dans laquelle se trouvait déjà le *Dasein* avant son acte, celle entre gagner ou être vaincu, entre une solution « fulgurante » à la situation de vie et la poursuite insoutenable de celle-ci, la brûlure, l'offrande de la main paraissait offrir une *issue*, bien qu'hypothétique, à savoir la possibilité de l'apaisement de la malade elle-même en faisant violemment prendre conscience au père de son « tort ». Puisque cette issue, simplement hypothétique et non adaptée à la situation, devait échouer, le *Dasein* ne sait plus à quoi s'en tenir, en d'autres termes il se tient devant l'impossibilité complète de laisser se déployer l'enchaînement de l'expérience. La conséquence de l'expérience et une conduite du *Dasein* qui lui est appropriée se scindent, ce qui entraîne pour ainsi dire une place vide. Mais cette place vide est de nouveau remplie, immédiatement mais par l'intermédiaire d'un mode d'expérience se tenant encore, comme nous l'avons vu, dans une certaine connexion interne avec l'expérience antérieure mais lui étant pourtant complètement inconséquente, le mode d'expérience de l'être-victime des autres. L'inconséquence se manifeste par le fait que le *Dasein* est maintenant enlisé dans un *modèle* d'expérience qui moule toute nouvelle expérience selon son modèle, à savoir comme relations, préjudices, tortures, persécutions, et même persécutions au sens de l'être contraint à l'amour. Tout cela deviendra tout à fait évident dans le cas de Lola Voss et avant tout dans le cas de Suzanne Urban.

1. Voir *Grundformen und Erkenntnis menschlichen Daseins*, chap. II, « Le prendre "par l'oreille" et par le "point faible" », p. 304-322 [*Ausgewählte Werke*, vol. 2, *op. cit.*, p. 274-291].

Revenons au *Dasein* auquel nous avons donné le nom de Ilse, au cas clinique de Ilse. Nous voyons avec évidence à partir de sa description détaillée qu'avec ce cas, pour la première fois, l'essence de la *pluralisation*, que nous connaissons déjà à partir du rêve, apparaît aussi dans le délire, si bien que nous parlons depuis lors d'un délire de persécution pluralisé, etc., par opposition à un délire de persécution singulier comme nous pouvons le voir dans le délire de persécution du président Schreber contre le professeur Flechsig[1]. Si nous parlions plus haut d'une connexion interne entre l'expérience naturelle et l'expérience délirante, cette expression se rapporte au fait que c'est toujours le *seul* thème du père qui nous apparaît dans toutes les variations de l'expérience, y compris dans les variations délirantes. Nous renvoyons le lecteur à la seule revendication de la malade elle-même (*Schizophrenie*, *op. cit.*, p. 33)[2] : « il faut bien que j'aime tous les hommes, puisque j'aime mon père à ce point ». La même chose vaut aussi pour « tous les hommes » qui sont une « énigme » pour elle et qui la torturent.

Si Ilse se rétablit au bout d'un an de sa « décompensation » psychotique, et en l'absence de psychothérapie, uniquement grâce à une prise en charge en institution (1911/12 !) et une « guidance » médicale, on peut en apercevoir la raison (et non la cause[3], dont l'exploration est la tâche de la clinique !) dans le fait qu'il était resté suffisamment de spontanéité au *Dasein* dans son retrait hors de la scission antinomique dans laquelle il était écartelé et qu'il lui était encore possible de trouver une issue au ne-plus-pouvoir-s'engager-ni-se-dégager, notamment sous la forme d'une quatrième variation adaptée à la situation de vie sur le thème du père. Ilse se tourne de nouveau vers la vie active, et exerce une activité de psychothérapeute. Elle a ainsi retrouvé le chemin de la conséquence de l'expérience. Nous avons ainsi devant nous l'ultime variation sur le thème du père. Au lieu d'une simple démonstration affective et au lieu de la pluralisation délirante du père prennent dorénavant place des actions dirigées vers un but, des résultats « pratiques », à la place d'un « idéal présomptueux » au sens de l'imagination d'un sauvetage du père prennent place les tentatives

1. Voir Freud, « Remarques psychanalytiques sur un cas de paranoïa (*Dementia paranoides*) décrit sous forme autobiographique », *Gesammelte Werke*, vol. 8 [trad. fr. P. Cotet et R. Lainé, dans *Œuvres complètes*, vol. 10, Paris, P.U.F., 1993, p. 225-305.]

2. [« Le délire comme phénomène de l'histoire de vie et comme maladie mentale. Le cas Ilse », trad. citée, p. 26.]

3. Voir aussi P. Häberlin, « L'essence de la maladie de l'esprit est indépendante de sa cause », dans « Der Gegenstand der Psychiatrie » [L'objet de la psychiatrie], *Schweizer Archiv für Neurologie und Psychiatrie*, vol. 60, 1947, p. 143.

actives pour porter assistance aux « prochains ». À la place du père singulier prennent place le pluriel de chacun de ces prochains. *Cette* pluralisation, sur laquelle grâce à Freud nous sommes si bien renseignés, se tient cependant dans la conséquence de l'expérience, « dans le domaine de la santé » cliniquement parlant.

4. Tout comme dans le cas Ilse ce qui avait particulièrement retenu notre attention était le fait qu'un élément intermédiaire pour ainsi dire s'était immiscé entre la santé et la psychose délirante sous la forme d'un acte exceptionnel, ce qui a retenu notre attention dans le cas Lola Voss est le fait qu'ici aussi un tel élément intermédiaire, et même encore plus riche d'enseignements, s'est immiscé sous la forme d'un oracle langagier déjà presque délirant-superstitieux. Ce « jeu » permet à Lola Voss de trouver du repos, même s'il apparaît « factice » à ceux qui se tiennent à l'extérieur, auprès de son idéal de la sécurité, un pont entre son angoisse devant l'étrangeté du simplement terrifiant et sa soumission au caractère mystérieux des ennemis, en d'autres termes le renoncement du *Dasein* à la totalité de son pouvoir propre. Il ne s'agit ici ni d'une solution, ou mieux d'une suppression de la scission antinomique du *Dasein* par l'intermédiaire de la soustraction de la vie hors de la cohésion de la vie sous la forme du suicide ni non plus de la soustraction de la vie hors de la vie en société sous la forme des « soins », mais d'une soustraction de la vie hors de son ensemble de décisions propres sous la forme d'une dépendance de la moindre décision vis-à-vis des autres. La scission antinomique du *Dasein*, du ne-plus-savoir-s'engager-ni-se-dégager, culmine ici dans la résignation du *Dasein*, pour toute décision propre, en faveur de la décision des ennemis. Considéré à partir de là, l'oracle langagier de Lola Voss constitue une étape intermédiaire des plus instructives. En premier lieu elle montre que Lola Voss se passe déjà ici de toute décision propre et ne consulte plus que les « choses », lesquelles choses pour leur part ne sont pas des choses en tant que telles mais seulement des choses qu'elle transforme par le langage, qu'elle créé par le langage. La production et la reproduction, la spontanéité et la réceptivité entretiennent une liaison des plus étranges au sein de laquelle la spontanéité prédomine quand même. Le plus important, lorsque Lola Voss s'en remet à ce que les choses, en grande partie « fabriquées » par elle, lui « disent », c'est qu'elle entende cette parole de la bonne façon, en d'autres termes qu'elle comprenne ou interprète correctement la parole de ces choses. Il est ainsi important de noter que la parole des choses s'en tient à ordonner ou à interdire, la malade elle-même aperçoit son « salut » dans l'obéissance la plus stricte à l'ordre ou à l'interdiction de cette créature de son propre jeu imaginaire. Par conséquent, libre à chacun de

parler de superstition ou déjà de délire. Le délire de persécution chez Lola se distingue de cette superstition uniquement par le fait qu'elle ne se sent plus liée aux décisions de l'oracle langagier créé par elle-même, mais aux décisions des ennemis créés par elle-même, tout comme Ilse et Suzanne Urban. Il ne reste plus qu'à noter le déplacement qui consiste dans le fait que l'obéissance aveugle à l'égard des ordres et des interdictions de l'oracle dans le délire laisse encore une place apparente à la liberté de se livrer ou d'échapper aux intentions des ennemis. Mais cette liberté s'obtient au prix de la dépendance, qui existe de toute façon déjà, à l'égard des ennemis, au prix du *délire* de persécution. Ce qui demeure encore identique dans l'oracle et dans le délire, c'est la nécessité de deviner ou d'interpréter les intentions et les *mots* des ennemis, et même les mots que les ennemis lui *laissent dire* ! Si l'on pouvait encore parler concernant l'oracle d'une certaine activité, il règne ici une complète passivité. Car même l'activité qui se manifeste dans le délire n'est qu'une activité *dans* la passivité, dans la soumission complète du *Dasein* aux puissances étrangères, en d'autres termes dans le renoncement complet. Là où nous renonçons à nous mêmes, nous devenons la victime des autres. Le retrait hors de la problématique du *Dasein*, la résignation du *Dasein* à l'égard de tout problème s'exprime ici aussi sous la forme de la passivité de l'être-victime.

5. Nous avons tenté de comprendre le délire de persécution du cas Suzanne Urban à partir de l'essence phénoménologique de la puissance du terrifiant, qui échappe à la koinonia du devenir événementiel du *Dasein* (*Daseinsgeschehen*), et du déploiement de cette puissance dans l'histoire de vie. Nous en tirons ici les conséquences en ce qui concerne les concepts de résignation, de retrait du *Dasein* hors de la scission antinomique, et de ne-plus-pouvoir-s'engager-ni-se-dégager. Chez Suzanne Urban, le point culminant de cette résignation au service de ses proches est facile à déterminer. C'est le moment où, alors qu'elle est complètement épuisée par les tentatives pour se mettre à l'abri auprès de son idéal de la sollicitude pour les siens, et en dernier lieu pour son mari, elle s'effondre complètement et, au lieu d'impliquer comme c'était le cas jusqu'alors les employés de maison de façon dictatoriale dans cette sollicitude, elle devient la victime de ce personnel de maison. Elle sera désormais épiée et trahie par les autres. Le cas Suzanne Urban est notre exemple le plus clair en ce qui concerne la capacité du *Dasein* à renoncer à sa problématique antinomique sous la forme du retrait dans le délire, en d'autre termes en ce qui concerne l'abandon complet à la face de l'alternative qui jusqu-là était rejetée « coûte que coûte » et dans laquelle le *Dasein* était depuis longtemps écartelé. Avec ce renoncement, tout se change en son contraire qui jusque-là était rejeté en

tant que simplement terrifiant ou, pour parler avec Freud, son contraire refoulé. Si Suzanne Urban, tout comme Ellen West, était dès sa petite enfance têtue, bornée et rogue, si elle ne pouvait jamais se soumettre à d'autres opinions, si elle n'avait pas de véritable ami, avait peu confiance en ses paires et cherchait à dominer son environnement (*cf.* le service de ses proches), elle se laisse maintenant dominer par eux, elle doit se soumettre à eux, elle perd toute confiance en ses paires et se voit totalement entourée d'ennemis. Le plus important dans cette transformation délirante est la chose suivante. Depuis Freud nous savons que l'*exagération* de la sollicitude pour les autres, comme toute exagération, est le signe du refoulement d'une détresse qui doit être apaisée par l'intermédiaire de cette exagération en même temps qu'elle montre des signes, des caractéristiques, de ce refoulement. La sollicitude exagérée, « hypocondriaque » pour la mère « idolâtrée » est encore une façon de vouloir dominer. Mais en ce qui concerne les « orgies sadiques » que le *Dasein* fête dans le délire de persécution, nous ne sommes pas d'accord pour parler, à propos de Suzanne, comme le fait Freud, d'une « composante sadique » prononcée. Du point de vue de la *Daseinsanalyse*, ce qui est en question chez elle c'est la raison fondamentale de l'inconséquence de l'expérience et de sa scission en un ou bien-ou bien rigide, c'est le fondement authentique de la tension antinomique de ce *Dasein* et du *contenu* particulier auquel le *Dasein* se donne après le retournement, après la victoire de la face de l'alternative jusque-là repoussée, en *un mot* du « contenu du délire ».

Avec tout cela nous n'avons pas encore compris ce que signifie daseinsanalytiquement le délire en soi, et encore moins le délire de persécution (pluralisé). Il signifie, comme nous l'avons vu à propos du cas Ilse et surtout du cas Lola Voss, *une* des formes de résignation du *Dasein* à l'égard de ses tensions antinomiques, et une forme opposée au renoncement du *Dasein* sous la forme du retrait hors de la cohésion de la vie et du retrait hors du contexte social, une résignation sous la forme du retrait hors de l'ensemble de décision propre, du renoncement complet à la possibilité d'une décision authentique et ainsi du *se*-livrer à la puissance des autres. Que les autres soient la surpuissance à laquelle le *Dasein* se livre, et non par exemple une puissance démoniaque ou diabolique, est dû au sadisme qui domine au fond ce *Dasein*, qui est un mode d'être relevant déjà de l'être-*avec*. Mais dans ce *se*-livrer aux décisions des autres se trouve aussi la raison pour laquelle les autres doivent devenir des *ennemis*, c'est-à-dire devenir ceux « de la volonté desquels je dépends, qui peuvent faire de moi ce qu'ils veulent », en d'autres termes « dont je suis la victime ». Si le *Dasein* « flaire » dorénavant partout « des ennemis », s'il ne suppose pas seulement dans tout événement et dans toute action une intention hostile mais la voit, cela ne repose pas sur une modification de la conscience de signification ou de réalité, une modification des actes perceptifs ou des fonctions psychiques, ni non plus sur une modification « physionomique » du monde et une modification des « relations sympathétiques » au sens de Erwin Straus, toutes ces modifications sont plutôt des conséquences secondaires et tertiaires de la résignation du *Dasein* sous la forme de l'exclusion hors de l'ensemble de décision propre.

Nous en concluons à partir de là que même le contenu du délire, ici l'orgie sadique de la part des ennemis, ne représente rien de primaire. Il nous montre seulement de quelles façons le *Dasein* comble « avec son imagination » les lacunes ou les vides occasionnés dans l'expérience par la problématique antinomique. Les jugements purement positivistes selon lesquels il ne s'agirait dans le délire que de « simples imaginations » ou « fantasmes » et selon lesquels tout ici ne serait « pas réel » mais serait « figuré par le délire », tout cela n'apporte rien à la compréhension du délire. Le rôle déterminant repose comme nous l'avons dit dans la particularité de la *résignation* ou de la capitulation finale du *Dasein*, culminant dans l'exclusion hors de son propre ensemble de décision, en d'autres termes dans la soumission du *Dasein* aux décisions des puissances « étrangères » ou des hommes « étrangers ». À la place de la tension antinomique du *Dasein*, naissant de l'inconséquence de l'expérience, entre deux alternatives irréconciliables s'établit dorénavant l'expérience « univoque », mais ainsi d'autant plus conséquente, « incorrigible », « non problématique », au sens du modèle d'expérience délirant et de la modélisation de toute nouvelle expérience selon ce modèle.

En ce qui concerne le bénéfice de notre recherche pour le problème psychiatrique-clinique de la schizophrénie, le point le plus important est que la *Daseinsanalyse* permet de dissoudre les symptômes schizophréniques cardinaux de l'*autisme* en différents modes du *Dasein* ou de l'être-au-monde. Nous nous sommes ainsi, tout comme dans le texte sur les « Trois formes du *Dasein* manqué »[1], aventurés loin dans le domaine de la schizophrénie. Il reste naturellement beaucoup à faire dans le détail. Ainsi il manque encore et avant tout dans la liste des études réunies ici une analyse de la catatonie, de l'hébéphrénie ainsi que des états terminaux schizophréniques. Ces derniers sont facilement accessibles à une interprétation daseinsanalytique, comme le montre le cas Franz Weber de Roland Kuhn

1. [Voir *Trois formes manquées de la présence humaine : la présomption, la distorsion, le maniérisme*, trad. citée.]

(« Étude daseinsanalytique sur la signification des limites dans le délire », *Monatsschrift für Psychiatrie und Neurologie*, vol. 124, 1952) ainsi que le travail de Wolfgang Blankenburg, de la clinique psychiatrique de Fribourg, à paraître sous peu dans les *Schweizer Archiv für Neurologie und Psychiatrie* et que l'on peut qualifier de classique, intitulé « Étude daseinsanalytique d'un cas de schizophrénie paranoïde. Une contribution à l'interprétation des états terminaux schizophréniques ». Elle porte sur Friedrich Achtzig, âgé de 76 ans, très primitif, autrefois manœuvre. En ce qui concerne l'investigation daseinsanalytique de l'*hébéphrénie*, nous renvoyons à l'exemple instructif que Roland Kuhn nous a fourni sur la base des explorations qui se sont étalées sur plusieurs centaines d'heures d'un patient hébéphrène sévère âgé de 22 ans, Georg (« *Daseinsanalyse* d'un cas de schizophrénie », *Monatsschrift für Psychiatrie und Neurologie*, vol. 112, n° 5-6, 1946). Dans ce cas, la conséquence de l'expérience s'était scindée jusque dans ses plus petits détails en une alternative de la « route » et de la « forêt », du « monde des Romains » et du « monde germanique ». Une incursion dans ces mondes permit de trouver un principe d'ordre à partir duquel la *mise à mal* du langage du patient devint compréhensible. Je mentionne enfin comme exemple propre de *Daseinsanalyse* d'un cas de *catatonie périodique* le cas de « confusion propre à la fuite des idées » qui sert de base à mon étude « Sur la fuite des idées », décrit en se fondant sur des protocoles transcrits et détaillés. Tandis qu'il s'agit avec le cas Georg de Kuhn d'une hébéphrénie s'établissant de façon rampante, insidieuse, il s'agit ici d'un accès survenant et se déroulant de façon extrêmement fulgurante dans le cadre d'une catatonie périodique. Le principe d'ordre des expressions très confuses et incohérentes du malade fournit ici la preuve de la scission de l'expérience en une alternative extrêmement rigoureuse, et même mortelle entre l'expérience du père et l'expérience de la mère, en d'autres termes entre une vie dans le monde de la relation au père et un monde de la relation à la mère.

J'espère qu'avec les « catégories » développées ici de constitution ontologique de la schizophrénie, ou au moins de quelques groupes de schizophrénies, les structures fondamentales de la forme de *Dasein* correspondante sont devenues claires. On aurait ainsi gagné un schéma pour la classification des symptômes qui faciliterait en premier lieu la communication avec les malades et pourrait également s'avérer utile pour le diagnostic et la psychothérapie.

Pour clore cette préface j'aimerais remercier mon ami Wilhelm Szilasi, qui a depuis toujours le plus contribué à l'interprétation de ma méthode[1], pour tous ses renseignements nouveaux et précieux et pour son grand intérêt à l'établissement de ce recueil. Je remercie en outre pour leur aide dans la correction des épreuves Monsieur le docteur en médecine Bister à Fribourg, Mademoiselle le docteur Bleckmann à Berlin ainsi et avant tout que Monsieur le docteur Jähnig à Pfullingen et ma secrétaire Madame L. Altherr.

Kreuzlingen, octobre 1957

1. Voir de nouveau « Les bases d'expériences de la *Daseinsanalyse* de Binswanger ».

DASEINSANALYSE, PSYCHIATRIE, SCHIZOPHRÉNIE [1]

Si vous voulez vous rendre compte de ce qu'est la *Daseinsanalyse*, de ce qu'elle veut et peut, et de même, de ce qu'elle n'est pas, ne veut ni ne peut, alors vous devez en premier lieu être au clair avec le fait que la *Daseinsanalyse* est un mode d'expérience bien déterminé. Celui-ci se différencie aussi bien du mode d'expérience discursif des sciences naturelles en jeu dans la psychiatrie clinique et la psychopathologie que de celui de la psychanalyse, qui interpole et imagine. La *Daseinsanalyse* est plutôt un mode d'expérience phénoménologique qui repose sur une saisie phénoménologique des essences. Elle est phénoménologique parce qu'elle veut montrer chaque chose à partir d'elle-même, c'est-à-dire sans recouvrement et sans déformation par des combinaisons et des constructions étrangères à la chose en question. J'ai déjà parlé de la phénoménologie en 1922 et en 1932 ici à Zurich, avec mon ami Eugène Minkowski, dont je suppose ici connu le travail novateur sur la phénoménologie de la schizophrénie. Tandis que Minkoswki s'appuie sur les théories de Bergson, je me suis quant à moi formé à la phénoménologie d'Edmund Husserl. Mais ce qui s'ajoute de neuf dans la *Daseinsanalyse* par rapport au mode d'expérience phénoménologique, c'est que la « chose » à partir de laquelle seule nous puisons le contenu de nos énoncés, n'est pas ici une « chose », ni non plus un vécu, mais un avènement (*Geschehen*), et même un avènement dans lequel il en va du *Dasein* par essence lui-même en question dans son être même.

1. Conférence tenue en allemand et en anglais au 2ᵉ Congrès International de Psychiatrie à Zurich, le 2 septembre 1957.

La tâche daseinsanalytique en psychiatrie consiste alors à prendre en vue l'ordre structurel du *Dasein* d'un homme singulier déterminé, et cela indépendamment de la différence du sain et du malade, du conforme à la norme et du contraire à la norme. Nous suivons ainsi les nouvelles impulsions scientifiques qui sont dues à la libération apriorique ou fondamentale-ontologique du *Dasein*, telle qu'elle s'est produite grâce à l'œuvre de Martin Heidegger, *Sein und Zeit*, qui a fait époque.

Avec la tâche de prendre en vue l'ordre structurel ou la structure du *Dasein* et du parcours du *Dasein* (*Daseinsgang*) d'un homme donné, tout l'art consiste en premier lieu à découvrir les moments qui sont responsables de cette structure particulière et sont liés les uns avec les autres en un tout. Nous ne demandons pas seulement qui est cet homme et comment il s'explique en tant que cet homme avec le monde et avec lui-même, mais en outre comment le *Dasein* s'explique avec lui-même en tant que *Dasein*. Dans la *Daseinsanalyse*, nous interprétons aussi la façon dont cet homme s'interprète lui-même.

À partir de là il apparaît, et cela doit être toujours de nouveau souligné, que la *Daseinsanalyse* n'est pas due, à la différence de la psychanalyse, à une impulsion thérapeutique, mais à une impulsion scientifique. Cette impulsion se fondait sur l'insatisfaction liée au fait qu'un véritable fondement scientifique manquait à la psychopathologie et à la psychiatrie, dans la mesure où elles empruntaient aléatoirement leurs concepts tantôt à l'une, tantôt à l'autre discipline, que ce soit à la neuropathologie du cortex cérébral (Wernicke), à la biologie et à une psychologie obscure, et de nos jours de préférence à n'importe quelle sorte d'anthropologie. Toute science ne trouve son fondement, et aussi bien la psychiatrie que la psychothérapie, que dans son authentique horizon de compréhension dont l'*a priori* a été mis à jour, ici dans le projet apriorique de la structure ontologique générale qui gouverne tout, et le projet apriorique du *Dasein* comme être-au-monde en particulier.

La *Daseinsanalyse* et la psychiatrie clinique se meuvent dans des horizons de compréhension différents et parlent deux langages très différents. Ces deux langages ne sont évidemment pas sans relations internes l'un avec l'autre, sinon la *Daseinsanalyse* ne pourrait pas être utile à la psychiatrie et la pratique psychiatrique; les deux langages ne peuvent cependant pas être simplement traduits l'un dans l'autre. Tandis que la psychiatrie clinique parle d'un organisme psychique-corporel au sens d'un objet naturel, dérangé d'une façon ou d'une autre dans son ensemble de fonctions, qu'elle parle de maladie, de diagnostic, de pronostic, d'étiologie, etc., vous chercherez en vain dans le langage de la *Daseinsanalyse* ces expressions ou d'autres semblables. La *Daseinsanalyse* essaye cependant de pénétrer jusqu'à quelque chose qui, derrière ce qui se montre en premier lieu au psychopathologue, y compris les symptômes de la maladie, demeure voilé, à savoir de pénétrer jusqu'à l'ordre structurel du *Dasein* et ses transformations.

Concernant nos efforts en direction d'une nouvelle compréhension des psychoses, nous avons pour le moment réussi en ce qui concerne les pures psychoses affectives, la manie et la mélancolie. Il s'est révélé relativement facile de localiser les moments responsables de ces structures de *Dasein*, et de montrer comment ces moments s'ordonnent les uns par rapport aux autres dans le tout de l'ordre structurel du *Dasein* (voir mon étude « Sur la fuite des idées »)[1].

Il en va tout autrement et la chose est bien plus difficile avec le groupe des schizophrénies; car il existe ici une amplitude de variations incomparablement plus grande, et jusqu'ici pas encore bien estimée, que dans le cas de la manie et de la mélancolie, et aussi que dans celui des formes de *Dasein* névrotiques obsessionnelles et de leurs mondes. Par conséquent, nous ne pouvions pas, dans nos études sur la schizophrénie, partir de la schizophrénie, ni même ne serait-ce que d'un groupe de schizophrénies, mais nous avons dû tout d'abord nous limiter à l'interprétation de parcours de *Dasein* singuliers, et même d'hommes schizophrènes aussi différents que possibles, ce qui d'un point de vue clinique constitue un inconvénient mais était le seul chemin possible d'un point de vue daseinsanalytique. Avec cette limitation une remarque que Freud une fois avait faite à propos de son énorme œuvre nous accompagnait: « les hommes [...] veulent toujours quelque chose de complet et définitif; mais on commence quelque part et on progresse seulement lentement ». Malgré des années d'effort je ne suis, encore aujourd'hui, pas en mesure de vous présenter quelque chose de complet et de définitif à propos des flexions de l'ordre structurel du *Dasein* de ces hommes que cliniquement nous caractérisons comme schizophrènes. La *Daseinsanalyse* ne peut vous livrer ni une théorie, ni une étiologie, ni une technique psychothérapique concernant la schizophrénie. Néanmoins il a été déjà montré que la nouvelle compréhension de l'homme fondée sur la *Daseinsanalyse* peut être utile pour la pratique dans la mesure où elle ouvre au praticien de nouveaux points de vue et de nouvelles orientations et ainsi de nouvelles possibilités d'accès à ces flexions de la constitution du *Dasein* avec lesquels il a affaire en tant que psychothérapeute.

1. [L. Binswanger, *Sur la fuite des idées*, trad. fr. M. Dupuis avec C. von Neuss et M. Richir, Grenoble, Millon, 2000.]

J'en ai parlé en mai de cette année lors de la semaine sur la psychothérapie de Lindau[1].

Le premier but de nos recherches sur les hommes schizophrènes est ici aussi d'extirper ces hommes hors des systèmes conceptuels, des théories et des habitudes de pensée de la psychopathologie et de la psychiatrie clinique et de les replacer dans l'être-homme en tant que *Dasein* ou être-au-monde. Cela passe par le fait que nous localisons les éléments qui sont responsables de la flexion de la structure des formes de *Dasein* rencontrées, également caractérisées comme schizophrènes, ainsi que par le fait que nous mettons en évidence la façon dont ces moments sont ordonnés les uns avec les autres dans le tout de cet ordre structurel à chaque fois particulier.

Nous progressons maintenant d'un pas. Avec Wilhelm Szilasi[2], à qui nous devons beaucoup concernant l'interprétation de notre propre méthode, nous reconnaissons qu'il s'agit, avec ces moments responsables, de moments défaillants dans le devenir événementiel du *Dasein* (*Daseinsgeschehen*), c'est-à-dire de moments tels que la conséquence ou l'enchaînement de l'expérience sont mis en question. L'expérience n'arrive pas ici à se déployer partout de façon conséquente et ne réussit nulle part à prendre place tranquillement. Par conséquent cela conduit les schizophrènes à des contradictions et à des alternatives rigides de l'expérience et ainsi à une déchirure du monde. Cela signifie tout aussi bien « être dans l'impasse », c'est-à-dire l'irréalisabilité du cours de la vie. Mais les malades en question en souffrent, si bien que nous sommes appelés à les aider, ce que la manière d'agir daseinsanalytique n'a pas le droit d'oublier.

Ce que nous appelons l'expérience possède une conséquence, est un enchaînement. Là où cet enchaînement défaille ou se rompt, une place reste pour ainsi dire vide dans l'expérience. Ainsi ce qui compte c'est de découvrir où sont les places vides et comment les schizophrènes les comblent, en d'autres termes quelle issue ils trouvent à l'impasse et à l'irréalisabilité du cours de la vie. Cette issue spécifiquement schizophrénique consiste – du moins d'après mes propres études sur la schizophrénie – comme nous l'avons déjà dit dans le fait qu'à la place de l'enchaînement objectif et ininterrompu de l'expérience apparaît une scission de l'accomplissement du *Dasein* en une alternative déterminée, et même

1. [Voir L. Binswanger, « Analyse existentielle et psychothérapie (II) », trad. fr. J. Verdeaux et R. Kuhn, dans *Introduction à l'analyse existentielle*, Paris, Minuit, 1971, p. 149-157.]

2. Voir W. Szilasi, « Les bases d'expériences de la *Daseinsanalyse* de Binswanger », *Archives suisses de neurologie et de psychiatrie*, n°67, vol. 1, 1951 [trad. fr. A. Fournier, C. Massi et Y. Totoyan, *L'Art du comprendre*, n°5-6, 1996, p. 155-177].

souvent en un ou bien-ou bien rigide. Ces alternatives sont, en tant qu'issues présumées hors de l'impasse, inadéquates aux diverses situations de vie. Par conséquent le schizophrène ne se connaît plus « comme sa poche », il ne sait plus avancer dans la vie ni en avant ni en arrière ; il tente cependant, et cela est particulièrement important, d'avancer d'une manière ou d'une autre avec son alternative, son ou bien-ou bien. Ainsi il s'empêtre toujours plus dans son alternative selon un mode d'expérience non pas plus conséquent, mais au contraire toujours plus auto-contradictoire.

Certains parmi vous contesteront à l'encontre de cela et de ce qui suit qu'il s'agisse de vues conquises exclusivement auprès de schizophrènes, qu'elles affectent aussi des névrosés graves. À ce sujet il faudrait dire ceci : indépendamment du fait que beaucoup de névrosés graves sont au fond des schizophrènes, et du fait que l'interprétation daseinsanalytique de ces prétendues formes de *Dasein* névrosées, en dépit des jolis travaux d'Erwin Straus et de von Gebsattel sur le monde des obsessionnels, en est toujours à ses débuts, indépendamment de tout ce que l'on peut déjà dire aujourd'hui, les formes de *Dasein* décrites cliniquement comme schizophrènes et comme névrotiques se distinguent par la différence, le type et la profondeur des moments qui défaillent dans l'avènement du *Dasein*, par la différence de rigidité de l'alternative et le type de tentative d'abri, en un mot : par la différence de profondeur de l'inconséquence de l'expérience. Les différences purement cliniques ne tombent plus, comme vous l'avez entendu, dans le domaine de la *Daseinsanalyse* en tant que telle, mais bien dans les domaines de la psychopathologie et de la clinique qui mettent à profit les vues daseinsanalytiques.

En ce qui concerne mes études daseinsanalytiques sur la schizophrénie dans les *Archives suisses*, je ne peux pas ici, en raison du temps qui m'est imparti, en aborder les détails. Je rappelle seulement très sommairement que l'inconséquence de l'expérience, l'enlisement dans une alternative rigide et ainsi l'irréalisabilité du cours de la vie retrouvés dans la totalité de mes cas se manifestaient dans ce que j'ai appelé « la formation d'un idéal présomptueux », et qu'ils n'étaient pas seulement présomptueux au sens de la langue familière et de l'étiquette clinique, mais au sens de la présomption en tant qu'un mode de *Dasein* « manqué » dans son ordre structurel bien déterminé. Dans le cas Ilse, c'était l'idéal présomptueux de montrer au père – par la brûlure de la main dans le feu – « ce que peut l'amour », dans le cas Ellen West c'était l'idéal de la minceur avec toutes ses variations, dans le cas Jürg Zünd c'était l'idéal aristocratique, chez Lola Voss l'idéal d'être guidé par l'oracle du langage, chez Suzanne Urban l'idéal présomptueux du souci poussé jusqu'au tourment pour l'ensemble de la famille. À ces idéaux présomptueux s'opposaient chez Ilse l'expérience de l'impuissance de son amour pour le père, chez Ellen West l'expérience de la gloutonnerie et du devenir gros, chez Jürg Zünd l'expérience de son caractère populaire, chez Lola Voss l'expérience de l'étrangeté de l'inquiétant, chez Suzanne Urban l'expérience de la constante menace de l'ensemble de la famille qui dans son *Dasein* se mêlait au diagnostic cancéreux de son mari. Vous apercevez déjà que les situations de vie les plus différentes peuvent conduire à l'échec de la conséquence de l'expérience chez les schizophrènes. Cet échec a son fondement dans les profondeurs les plus abyssales de l'existence, c'est pourquoi nous n'avons pas le droit d'interpréter cette scission de l'accomplissement du *Dasein* en une alternative rigide ni en un sens logique, ni en un sens psychologique, ni en un sens biologique. Nous devons bien garder cela à l'esprit lorsque nous voulons évoquer rapidement et en quelques mots l'alternative en question. Ainsi la scission de l'accomplissement du *Dasein* chez Ilse se laisse rapidement ressaisir comme une scission dans l'alternative du ou bien-ou bien du pouvoir et de l'impuissance de son amour sur son père, chez Ellen West dans l'alternative du gros et du mince avec tous ses différents niveaux de sens, chez Jürg Zünd dans l'alternative de l'aristocrate et du prolétaire, chez Lola Voss dans celle de l'être en sécurité dans le monde et de l'être livré à l'étrange et à l'inquiétant, chez Suzanne Urban dans le ou bien au sens de l'intégrité de la famille et le ou bien au sens de leur menace par la maladie, la souffrance et la mort. L'expérience ne pouvait se déployer de façon conséquente et prendre place tranquillement dans aucune face de ces alternatives. Le *Dasein* se confronte ici partout à un effort vraiment désespéré, le « dernier effort » comme dit Jürg Zünd, pour maintenir « l'idéal présomptueux », son unique repos. Mais comme il ne se laisse pas réaliser de façon conséquente, cela aboutit à chaque fois à ce que j'ai décrit comme tentative de s'abriter contre le ou bien, contre la menace permanente par le biais de l'expérience de la contradiction, ainsi chez Jürg Zünd comme le se-cacher du caractère prolétaire au moyen de l'imitation délibérée et artificielle d'une allure aristocratique, en un mot au moyen du maniérisme, chez Ellen West au moyen de pratiques gauchies contre le devenir-gros, chez Lola Voss au moyen de l'oracle gauchi-maniéré du langage, chez Suzanne Urban au moyen de la sollicitude pour le mari et la famille poussée jusqu'à la démesure et ainsi présomptueuse. Nous voyons aussi la proximité étroite qu'entretiennent la présomption, la distorsion et le maniérisme en tant que formes et formes d'expression du « *Dasein* manqué », et avant tout comment elles distinguent largement les différentes structures de *Dasein* qui sont à la base de ce que la psychiatrie clinique étiquette avec la seule expression d'« autisme schizophrénique ». Toutes ces formes « manquées » du *Dasein* sont à comprendre comme des produits de l'inconséquence de l'expérience et ainsi de l'impasse du *Dasein*, elles sont aussi des tentatives inappropriées ou inadéquates au vu de la totalité de la situation de vie, visant malgré tout à venir à bout de la vie. Derrière tout cela se tient l'angoisse du *Dasein*, l'angoisse de ne pas venir à bout de la vie. Déjà l'idéal présomptueux s'avère être une issue (présumée) hors de l'angoisse du *Dasein*. Nous voyons d'ailleurs poindre cette angoisse lorsque la « tentative d'abritement » échoue et que le malade est exposé sans protection à la face refusée, combattue, haïe et crainte de l'alternative. L'issue hors du ternaire de l'idéal présomptueux, de la tentative d'abritement et de la dissolution de l'angoisse fut très différente : épisode aigu dans le remède par le délire transitoire et pluralisé de persécution, suicide, handicap mental, délire chronique et pluralisé de persécution.

Permettez-moi encore un mot rapide et de ce fait nécessairement incomplet à propos de la compréhension daseinsanalytique du délire de persécution, en me limitant au cas de Suzanne Urban. Avec le délire de persécution la prudence s'impose à l'encontre de la tentative de le reconduire intellectuellement à une entité structurelle unique à partir de la totalité du parcours du *Dasein*, sans mettre en évidence son enracinement dans cette totalité et, au lieu de prêter attention à l'être du *Dasein*, d'adhérer à des constructions et à des combinaisons conceptuelles et intellectuelles, en d'autres termes d'expliquer ou de « faire découler » le délire de persécution à partir d'un quelconque membre structurel de la structure du *Dasein* (par exemple la corporéité). Cela vaut aussi pour le phénomène du rétrécissement de l'espace vécu, si bien mis en évidence par Eugène Minkowski et encore souligné par Merleau-Ponty. Car même le rétrécissement de l'espace vécu doit être compris à partir du contexte global du parcours du *Dasein*. Ce qui est nécessaire dans le délire de persécution, c'est de tenter de maintenir aussi patiemment et logiquement que possible l'interprétation daseinsanalytique du cas singulier au plus près du malade, de l'histoire de vie depuis l'enfance ainsi que des auto-descriptions. Nous avons entrepris une telle tentative, après des études préparatoires à propos de nos cas plus anciens, dans l'étude sur le cas de Suzanne Urban. Nous pouvions alors montrer comment la totalité de la structure du *Dasein* est progressivement dominée par la puissance du terrifiant, c'est-à-dire est progressivement poussée dans l'abîme de l'angoisse. Nous soulignons de nouveau qu'il s'agit justement de cette angoisse dont le dépassement avait consisté en une tentative désespérée d'abritement prenant la forme d'une sollicitude poussée jusqu'à la démesure pour l'époux et l'ensemble de la famille. Dans le délire de persécution les efforts infinis et stériles pour rétablir la conséquence de l'expérience sont abandonnés. Le *Dasein* se résigne pour ainsi dire en ce qui concerne l'accomplissement authentique du *Dasein*, il ne se tient plus dans l'alternative de sa situation de vie mais il déchoit auprès d'une seule des deux faces de l'alternative, et justement celle qui jusque là constituait la face repoussée et menaçante. L'expérience ne se déploie alors que dans une seule direction, mais dorénavant avec une extrême conséquence, dans la direction de la méfiance, de la menace, et ainsi du terrible et du terrifiant, elle se concentre dans notre cas sur la terrible menace, la souffrance et le martyr de toute la famille. De cette façon toutes les tentatives d'abritement sont devenues illusoires et l'angoisse ruisselle partout librement. Avec le caractère démoniaque de cette conséquence « univoque » de l'expérience du terrifiant et seulement avec elle, la « physionomie du monde », pour parler avec Erwin Straus, de l'ensemble du monde, se modifie naturellement, et en particulier le monde commun (*Mitwelt*), elle se transforme en une physionomie de l'étrange-furtif (*Unheimlich-Heimlichen*). De cette façon les « relations sympathétiques », pour parler encore une fois avec Erwin Straus, s'appauvrissent en une relation du danger et de la menace du côté du monde ambiant (*Umwelt*), en une relation du se-vouloir-du-mal, du préjudice et de la persécution du côté du monde commun.

Pour finir encore un mot sur les relations de la *Daseinsanalyse* avec la prise en charge moderne de la schizophrénie. La *Daseinsanalyse* porte un intérêt extrêmement vif à son encontre, même si je ne partage pas du tout l'optimisme naissant ici ou là et consistant à penser que tous les schizophrènes seraient curables. La raison fondamentale de cet intérêt tient au fait que la prise en charge moderne de la schizophrénie – on pense seulement au cas Renée de Mme Séchehaye – ne décrit et ne traite pas seulement des symptômes, mais remonte derrière ceux-ci aux modes de *Dasein* déterminés à partir desquels les symptômes deviennent compréhensibles et dont l'action thérapeutique reçoit d'abord ses directives. Ici le sens de la psychothérapie en général et de celle des schizophrènes en particulier se manifeste de façon particulièrement nette, comme reconduction des malades en dehors de l'impasse de l'expérience et de l'irréalisabilité du parcours de *Dasein* authentique, c'est-à-dire historique, vers un nouveau mode de *Dasein* dans lequel la repossibilisation de la conséquence de l'expérience et ainsi vers la liberté de pouvoir disposer de ses possibilités d'existence les plus propres.

REMERCIEMENTS ADRESSÉS À EDMUND HUSSERL

Bien que je n'aie jamais assisté à une leçon académique d'Edmund Husserl et que je n'aie même jamais étudié dans une université de philosophie, mes études académiques concernaient exclusivement la médecine et en premier lieu la psychiatrie, je dois à Edmund Husserl le premier tournant décisif de ma pensée et de mes recherches. Certes, je fus libéré de la « superstition des faits » [1], dont parle Husserl à une occasion, dès le lycée par mon premier contact avec la recherche transcendantale, l'abondance et le poids des « faits » qui accablent les étudiants durant les études de médecine empêchaient cependant un approfondissement supplémentaire du contenu et de la forme de la conscience transcendantale. Je pourrais par conséquent dire avec bonne conscience qu'il n'y a que la phénoménologie de Husserl qui m'ait une bonne fois pour toute « détourné de l'idole naturaliste ».

Mon chemin de Kant à Husserl passa par le néokantisme, et en particulier par Paul Natorp, mais aussi par Dilthey, Stumpf, Bergson, Scheler, Pfänder, etc. J'ai retracé cet itinéraire en détail dans mon *Introduction aux problèmes de psychologie générale* de 1922 [2], depuis longtemps épuisée, dans laquelle Husserl et Brentano, ainsi que le débat si exaltant pour moi de Natorp avec Husserl (dans sa *Psychologie générale* de 1912 et son article de 1917/18 paru dans la revue *Logos*) sont abondamment mentionnés. Dans les mêmes années je fis à la Société suisse de psychiatrie à Zurich un exposé sur la phénoménologie (« De la phénoménologie ») [3], suivi par mon

1. [Voir E. Husserl, *La philosophie comme science rigoureuse*, trad. fr. M. de Launay, « Épiméthée », Paris, P.U.F., 1983, p. 79.]

2. [Voir L. Binswanger, *Einführung in die Probleme der allgemeinen Psychologie*, Berlin, Springer, 1922.]

3. [Voir L. Binswanger, « De la phénoménologie », trad. fr. J. Verdeaux et R. Kuhn, dans *Introduction à l'analyse existentielle*, Paris, Minuit, 1971, p. 79-118.]

ami Eugène Minkowski, avec la première analyse phénoménologique d'un cas psychopathologique, qui certes reposait sur Bergson. Avec cette *Introduction* et cet exposé, j'étais devenu attentif à Husserl. Ma première rencontre personnelle avec lui eut lieu le 10 août 1923 à la clinique Reichenau à Constance, où il séjournait pendant les vacances chez le Dr Alfred Schwenninger, un élève de Pfänder. J'étais, comme je l'ai retrouvé noté dans mon journal, non seulement très impressionné par Husserl le penseur et le savant, mais aussi « surpris » par lui en tant qu'homme. Quelques jours après, le 15 août, nous avions eu la grande joie d'accueillir Husserl et son épouse chez nous à Kreuzlingen. À cette occasion il nous fit une conférence impressionnante dans sa clarté sur *L'essence de la phénoménologie*, reprenant Descartes et Kant. Qu'il ait été question en dernier lieu des recherches concernant l'essence et la méthode de la science de la psychologie, et justement aussi des miennes, en témoignent les quelques lignes lapidaires que Husserl a inscrit dans notre livre d'or. Dans ces lignes apparaît avec une clarté indépassable son point de vue de l'époque, qui mettait à profit la puissance illimitée de la « subjectivité transcendantale » :

> Nous n'arriverons pas dans le royaume des cieux d'une vraie psychologie à moins de devenir semblables à des enfants. Nous devons chercher l'ABC de la conscience et devenir ainsi de vrais élèves de cours préparatoire. Le chemin vers l'ABC et à partir de lui vers la grammaire élémentaire et par ascension progressive vers l'*a priori* universel des formations concrètes est le chemin qui rend la véritable science possible et le tout compréhensible. Le 15 août 1923.
>
> E. Husserl

Bien que le sujet de conversation concernât exclusivement la phénoménologie et que Husserl ait presque été le seul à parler, il régnait cependant grâce à sa grande simplicité et à son amabilité un contact humain détendu.

Je n'ai depuis plus jamais rencontré Husserl, j'ai par contre eu la grande joie de recevoir de sa part deux tirés-à-part comportant des dédicaces très amicales, sa *Postface* à ses *Idées pour une phénoménologie pure et une philosophie phénoménologique* (1930)[1] et son livre *La crise des sciences européennes et la phénoménologie transcendantale* (1936)[2].

Ce qui m'avait envoûté chez Husserl dès les premières pages des *Recherches logiques*, c'était le *sérieux* du début et l'implacable *conséquence* de la suite, comme ils devaient se manifester si clairement dans l'inscription de notre livre d'or, c'était le *courage* « non point d'altérer par

1. Dans le volume XI (1930) du *Jahrbuch*.

2. Dans le journal *Philosophia*, vol. 1, Belgrad, 1936.

des interprétations ce qui doit être saisi dans le phénomène par une intuition véritable, mais de le prendre exactement comme il se donne lui-même et de le décrire *honnêtement*»[1], c'était l'art «d'interroger la subjectivité de la conscience elle-même, et, se tenant en elle, de l'expliciter à partir d'elle-même, à partir de son essence propre, sans plus être aveuglé par des préjugés naturalistes»[2]. Ici venait à moi un tout autre monde que celui de la *Psychologie générale* de Natorp. Natorp avait certes aussi souligné de la façon la plus nette la «non objectivabilité du psychique», mais il l'avait cependant fait dériver de la «direction» *reconstructrice* du *processus de la connaissance* – conçue sur le modèle du développement des formules mathématiques. Là-dessus survint la grande et incomparable acuité et profondeur des distinctions de Husserl, on pense par exemple à la distinction relativement simple du contenu et de l'objet chez Natorp ou Lipps et à la distinction qui différencie nettement le contenu comme *noèse* et *noème* et l'objet comme corrélat des *deux* précédents, et qui a pour sol sa théorie de l'intentionnalité, débordant largement celle de Brentano. Avec tout cela, je me sentais enfin, en tant que chercheur, sur la terre ferme, aussi bien concernant mes recherches sur l'essence de la psychanalyse, de la psychologie et de la psychiatrie en tant que «véritables» sciences, que concernant les problèmes fondamentaux particuliers de ces domaines. Il y eut cependant après la parution de l'œuvre de Heidegger, *Sein und Zeit*, et plus tard dans le sillage des théories de Wilhelm Szilasi, un deuxième tournant dans ma pensée, mais pas du tout aussi profond que celui qui avait été inauguré par Husserl lui-même. Aussi bien Heidegger que Szilasi ont d'ailleurs été pendant de longues années les élèves et les collègues de Husserl, et ils ont tous les deux évolué, quoique de façons différentes, à partir de la phénoménologie pure ou transcendantale de Husserl vers une ontologie phénoménologique. La mise en lumière apriorique du *Da-sein* remplaça alors la mise en lumière de la constitution de la conscience transcendantale et de l'*ego* transcendantal. Ce n'est qu'alors que la tentative d'une fondation philosophique de la psychiatrie pouvait être osée.

Le premier fruit de mes recherches, encore entièrement dû au seul Husserl, fut la distinction rigoureuse de la fonction vitale et de l'histoire

1. [Voir E. Husserl, *Idées directrices pour une phénoménologie*, trad. fr. P. Ricœur, Paris, Gallimard, 1950, rééd. coll. «Tel», § 108, p. 366.]

2. [E. Husserl, «Postface à mes *Idées directrices pour une phénoménologie pure*», trad. fr. A. L. Kelkel, dans *Idées directrices pour une phénoménologie et une philosophie phénoménologique pures. Livre troisième. La phénoménologie et les fondements des sciences*, Paris, P.U.F., 1993, p. 205.]

intérieure de la vie (1927)[1], qui s'est rapidement répandue en psychiatrie. Ce n'était pas Natorp, mais Wilhelm Dilthey, que je tiens également en haute estime, dont les théories de la vie, de la compréhension, de la biographie, de la cohésion structurelle vécue ou acquise, etc. ont été élaborées de façon besogneuse sa vie durant, qui, aussi bien que Husserl, pouvait m'aider. L'accent mis par Dilthey sur la « réalité intérieure » et la création dans la vie psychique, sa distinction rigoureuse de la psychologie « hypothétique » ou causale-constructive et de la psychologie descriptive ou analytique – une distinction qui déboucha sur la théorie chez Jaspers des « connexions causales et compréhensibles » – ont certes été d'une grande aide pour la compréhension de la structure scientifique, de la méthode scientifique et des limites de la psychanalyse, mais seul Husserl m'a permis de voir qu'avec la méthode scientifique de la psychanalyse – compte non tenu naturellement de ses énormes bénéfices heuristiques –, il ne retournait que d'une « mésinterprétation » des possibilités aprioriques, ou conformes à l'essence, des processus génétiques de développement. Appliqué au problème particulier de l'histoire intérieure de la vie, cela signifie qu'il ne peut plus s'agir ici d'une explication ressortissant aux sciences de la nature, mais d'une explicitation herméneutique ou d'une interprétation. L'idée selon laquelle une telle interprétation n'est possible que sur la base d'un domaine déterminé d'« être spirituel », d'une « unité bien déterminée de moments d'un sens ayant une exigence intérieure » ou bien d'une unité déterminée « d'une formation intérieure de motivation »[2], je dois ces idées à Husserl. J'entrais alors en réalité dans un tout autre monde que celui de Dilthey, et cela m'a toujours semblé « tragique » que Dilthey n'ait dû connaître et admirer les *Recherches logiques* que si tardivement.

C'est également Husserl qui rendit possible ma controverse avec les considérations de mon ami Erwin Straus (Berlin, 1930) sur le rapport de l'événement et du vécu (*Événement et vécu*). C'est grâce à Husserl que je fus capable de m'expliquer et d'opposer à l'idée de Straus d'une « contrainte à la prise de sens » qu'il n'y avait jamais de simple événement, c'est-à-dire d'événement d'emblée signifiant, d'événement en soi, et que le concept de « simple événement » était un non concept dans la mesure où

1. Voir *Ausgewälte Vorträge und Aufsätze*, vol. 1, Bern, 1947 [« Fonction vitale et histoire intérieure de la vie », trad. fr. R. Kuhn et J. Verdeaux, dans *Introduction à l'analyse existentielle*, Paris, Minuit, 1971, p. 49-77].

2. [Voir L. Binswanger, « Fonction vitale et histoire intérieure de la vie », trad. citée, p. 67.]

chaque événement est toujours déterminé, explicité ou interprété au sein d'un sens déterminé de la signification[1].

Les considérations que j'ai publiées en 1930 sous le titre *Le rêve et l'existence*[2] reposent déjà sur le sol de la théorie du *Dasein* comme être-au-monde, mais procèdent cependant complètement de la *méthode* phénoménologique au sens husserlien. Il s'agit ici du dévoilement et de la description phénoménologiques de la pure essence des deux « directions de sens » caractéristiques du *Dasein* humain, la direction de sens de la chute et celle de l'ascension. Comme « fondement exemplaire », comme « faits singuliers » à partir desquels j'ai « saisi et fixé » les pures essences de la « chute » et de l'« ascension », il y avait aussi bien des faits « réaux » corporels-psychiques que des faits qui étaient observés dans la langue courante, dans les métaphores poétiques, dans la langue de la « morale », dans le rêve. C'est ainsi qu'il fut possible d'analyser plus avant les pures essences en question dans leurs connexions constitutives d'essence, par exemple la connexion d'essence du « haut » avec la pleine exposition, la couleur rayonnante et la configuration précise du « monde », la connexion d'essence du « bas » avec le sombre, l'obscurité, la défiguration, et même la destruction du « monde ».

Ce à quoi je tiens particulièrement dans le sillage de cet article, d'autant plus que le mot métaphore n'apparaît pas dans l'index thématique des *Ideen* établi par Gerda Walther, c'est en réalité au rôle de la métaphore comme source de la vue phénoménologique et de l'interprétation. Déjà dans l'exposé « De la phénoménologie » (1922), je reprenais pour des raisons didactiques des métaphores artistiques et des comparaisons issues de la langue courante, ainsi que la métaphore (écrite et peinte) due à van Gogh de l'arbre fouetté par la vent et du drame (humain), du jeune blé et du petit enfant qui dort, rendue possible par l'*essence* aperçue de la tension dramatique et par l'essence du « pur et du doux », je reprenais l'essence du chevreuil de Franz Marc, celle de la cathédrale de Debussy, etc. Dans *Le rêve et l'existence*, la métaphore joue un rôle déterminant, débutant avec la description métaphorique d'une déception douloureuse et consternante dans l'image langagière du « tomber des nues » et avant tout dans la métaphore poétique de l' « être frappé par la foudre », du « tomber lentement du

1. Voir *Ausgewälte Vorträge und Aufsätze*, vol. 2, Bern, 1955, p. 153 *sq.* [*vide supra* « Événement et vécu »].

2. *Ausgewälte Vorträge und Aufsätze*, vol. 1. Paru dans une traduction française sous le titre Le rêve et l'existence [trad. fr. J. Verdeaux, Paris, Desclée de Brouwer, 1954; repris dans *Introduction à l'analyse existentielle*, *op. cit.*, p. 199-226. Une nouvelle traduction due à F. Dastur est parue chez Vrin en 2012].

ciel», et de l'oiseau de proie «à moitié mort qui se couche à tes pieds» (*Maler Nolten*). *Cette* métaphore et ses développements ultérieurs dans le rêve, le rêve prémonitoire, dans le traitement psychanalytique, etc. me rendaient capable de voir la pure *essence* phénoménale de la chute ou de l'affaissement et de l'ascension dans un «acte correspondant de connaissance intuitive». J'ai continué à tenir en haute estime la métaphore jusque dans mes *Études sur la schizophrénie*[1]. Je rappelle seulement la métaphore de la scène de la malade Ellen West[2], dans laquelle l'irruption du plus grand désespoir est comparée avec la séquestration sur une scène dont toutes les issues seraient gardées par des hommes armés.

Les fixations des essences dans l'article sur *Le rêve et l'existence* devaient être déterminantes pour mes *Études sur la fuite des idées* des années 1931-1932[3], dans lesquelles un nouveau trait d'essence de «l'ascension dans les airs» et de l'«être suspendu en l'air» s'ajoutait encore, le trait d'essence de la «confiance aveugle». *A posteriori*, je peux relier cela à la détermination fondamentale de l'essence du monde réel de Husserl: «le monde réel existe seulement avec la présomption qui se dessine constamment que l'expérience continuera constamment à s'écouler dans le même style constitutif»[4]. Ce que montre cependant l'expérience de l'expérience, c'est que cette présomption peut revêtir «facticiellement» des formes très différentes, s'élever à l'extrême jusqu'à une «confiance aveugle» ou descendre jusqu'à une angoisse «sans fond». Concernant la première, nous avons découvert l'optimisme de la connaissance caractéristique de la «fuite des idées» et l'«insouciante» confiance en soi et confiance des maniaques; concernant la seconde, la mélancolie «pessimiste» avec son angoisse et son doute dans la capacité de l'expérience à continuer à s'écouler «dans le même style constitutif» tient lieu de fondement exemplaire.

Dans mon texte *Formes fondamentales et connaissance du Dasein humain* de 1942[5], ce que je dois à Husserl est plus important et plus assuré que ce que je dois à Heidegger, j'avais à l'époque cependant complètement mécompris le dégagement apriorique de la structure du Souci du *Dasein*

1. *Schizophrenie*, Pfullingen, Neske, 1957.

2. *Ibid.*, p. 83.

3. Dans les *Archives suisses de psychiatrie* [voir *Sur la fuite des idées*, trad. fr. M. Dupuis avec C. von Neuss et M. Richir, Grenoble Millon, 2000].

4. *Formale und transzendentale Logik*, *Jahrb.* X, p. 222 [E. Husserl, *Logique formelle et logique transcendantale*, trad. fr. S. Bachelard, Paris, P.U.F., 2009 (6e éd.), § 99, p. 336-337].

5. 2e édition en 1953 [repris dans *Ausgewählte Werke*, vol. 2, Heidelberg, Asanger, 1993].

comme une théorie anthropologique. Une bonne fois pour toute, aussi contestable que soit la confrontation que j'y menais entre l'essence de l'Amour et celle du Souci, l'analyse de la pure essence de l'Amour me semble aujourd'hui encore justifiée, quant à elle en grande partie appuyée sur le fondement exemplaire que forment les descriptions et les explicitations poétiques « facticielles » de l'amour. Mais tout cela n'est pas assez ! Husserl fut également mon guide pour la saisie de l'essence du rapport intersubjectif que j'ai décrit sous le nom de prendre-par-quelque-chose relatif au monde commun (*mitweltliches Nehmen-bei-etwas*). Les faits étaient ici les expressions de la langue courante au sens du prendre (et de l'être pris)-par-l'oreille, par le point faible, par le mot et par le nom (*nuncupare = nomine capere*). Il s'agit ici de la première amorce d'éclaircissement de l'essence de l'impressionner, de l'influencer, du rendre responsable et de la saisie et de la détermination « historique » d'autrui, et de son pendant « passif », en d'autres termes de l'essence de l'impressionnabilité, de la suggestibilité et de l'affectivité en général, de la moralité et de l'historicité. Ici (p. 358) l'attention est expressément attirée sur la théorie de Husserl selon laquelle « à toute pure détermination de genre ou unité chosique (*Noema*) correspond un acte déterminé donateur originaire (*Noese*), une vision immédiate = l'expérience »[1], plus précisément selon laquelle « à toute unité chosique appartient un *a priori* ou une loi d'essence qui détermine de quelles façons des sortes particulières de contenus, qui doivent faire fonction de *parties*, appartiennent d'une manière déterminée à un *tout* »[2]. Sans cette « théorie du tout et des parties », déjà contenue dans la troisième *Recherche logique* (II, I), cette recherche m'aurait été impossible ; car il s'agissait ici avant tout de découvrir la loi d'essence sur le fondement de laquelle chaque chose, chaque « contenu » faisant office de partie et par lequel l'autre est pris appartient à une sorte déterminée de totalité. Chaque essence était à chaque fois examinée selon sa spatialité et sa temporalité. La théorie husserlienne du tout et des parties me fut aussi fondamentale pour ces recherches que par exemple sa théorie de l'expression, de la signification et de la manifestation pour mon travail sur le problème du langage et de la pensée (1926)[3], qui était appliquée aussi bien au langage en général qu'au langage du rêve, qu'à la perte du mot au sens de l'aphasie amnésique, etc.

1. [Cette idée revient deux fois dans les *Grundformen :* voir *Grundformen..., op. cit.*, p. 305 et p. 322-323. Binswanger se réfère alors au § 19 des *Ideen I* de Husserl.]

2. [L. Binswanger, *Grundformen..., op. cit.*, p. 323.]

3. « Zum Problem von Sprache und Denken » [Sur le problème du langage et de la pensée], dans *Ausgewählte Vorträge und Aufsätze*, vol. 2, Berne, Francke, 1955, p. 308 *sq.*

La méthode phénoménologique fut pour moi d'une importance déterminante également pour mes recherches sur l'essence de la présomption, l'essence de la distorsion, l'essence du maniérisme, toutes les trois réunies en 1956 sous le titre *Trois formes du Dasein manqué*[1]. Je n'aurais jamais atteint mon but avec la pensée inductive-discursive. Il s'agissait ici aussi de trouver dans les faits en question le fondement exemplaire à partir duquel l'essence en question se laissait saisir, fixer et analyser. La même chose vaut aussi en ce qui concerne mes *Études sur la schizophrénie* (1957). Il s'agissait seulement d'attirer l'attention sur la clarification phénoménologique de l'essence du « terrifiant » dans la cinquième étude[2] et sur l'importance déterminante de cette essence phénoménologique ou Eidos pour la compréhension du délire de persécution (pluralisée). Et si du reste les *Études sur la schizophrénie* s'appuyaient sur les théories de Heidegger et de Szilasi, il doit être souligné que le concept de « monde » joue ici, avec la « présomption » sus-mentionnée selon laquelle « l'expérience continuera constamment à s'écouler dans le même style constitutif », un rôle central (voir l'*Introduction* au livre sus-mentionné). Il y était montré que c'est justement l'absence de cette « présomption », l'incohérence, l'inconséquence et la scission de l'expérience en une tension antinomique et ainsi la « déchirure du monde » qui est caractéristique du mode de présence que l'on appelle schizophrène.

Comme il ressort des considérations qui précèdent et qui pour des raisons de place restent très sommaires et incomplètes, je suis l'obligé de Husserl plus pour la méthode phénoménologique que pour le présupposé fondamental purement philosophique de l'intuitionnisme absolu. Déjà dans l'exposé sur la phénoménologie de 1922[3] je me rangeais aux côtés de Natorp contre la donation *absolue* de la pure conscience, en d'autres termes contre le caractère *absolument* intuitif de la vue phénoménologique. J'y vois, pour parler avec Wilhelm Szilasi, un « dépassement qui outrepasse les limites de l'esprit humain », dont l'idée que « le cadre, l'objet et le contenu de cette science à venir doit être projetée dans la phénoménologie transcendantale »[4] est responsable. Mais cela n'empêche pas de

1. *Drei Formen missglückten Daseins : Verstiegenheit, Verschrobenheit, Manieriertheit*, Tübingen, Niemeyer, 1956 [trad. fr. J.-M. Froissart, *Trois formes manquées de la prénsence humaine : présomption, distorsion, maniérisme*, Argenteuil, Le Cercle Herméneutique, 2002].

2. *Le cas Suzanne Urban*. Une traduction française est parue, comme pour *Le rêve et l'existence*, chez Desclée de Brouwer, Paris, 1957 [trad. fr. J. Verdeaux, Brionne, G. Montfort, 2002].

3. *Ibid.*, p. 47 [voir « De la phénoménologie », trad. citée, p. 99-100].

4. *Macht und Ohnmacht des Geistes*, Berne, Francke, 1946, p. 260.

reconnaître avec une grande gratitude et une grande admiration, comme je l'avais déjà exprimé en 1945, que Husserl a aidé la psychiatrie à reconnaître « deux sortes d'expérience scientifique », l'« expérience discursive-inductive au sens de la description, de l'explication et du règne des processus naturels », et l'« expérience phénoménologique au sens de l'interprétation méthodique-critique des contenus phénoménaux »[1]. Il n'est plus question ici de discuter du rapport réciproque de ces deux modes d'expérience en psychiatrie, il suffit de savoir et de se réjouir toujours plus du fait que Husserl n'a pas seulement rendu accessible à la psychiatrie un domaine entièrement neuf et une nouvelle méthode pour ses chercheurs, mais l'a aussi aidée à parvenir à la connaissance de l'étendue et de la profondeur de sa *tâche* scientifique la plus propre.

1. « Über die daseinsanalytische Forschungsrichtung in der Psychiatrie », dans *Ausgewälte Vorträge und Aufsätze*, vol. 1, Bern, Francke, 1947, p. 191 [trad. fr. R. Lewinter, « Sur la direction de recherche analytico-existentielle en psychiatrie », dans *Analyse existentielle et psychanalyse freudienne. Discours, parcours et Freud*, Paris, Gallimard, 1970, rééd. coll. « Tel », p. 52].

LA PHILOSOPHIE DE WILHELM SZILASI ET LA RECHERCHE PSYCHIATRIQUE

> ce qui se manifeste ici [...] de diverses manières, c'est le désir ardent de vivre toujours avec des personnes partageant les mêmes idées, et d'engendrer en eux avec leur participation le vrai en tant qu'œuvre et bien communs [1].
>
> Schleiermacher, dans l'*Introduction* à sa traduction du *Phédon* de Platon

« Je suis d'avis qu'au tournant du siècle, le destin éternel de la philosophie se perpétue : *dégager le chemin pour la recherche*, comme cela s'est toujours produit depuis Aristote ». Certes, la recherche florissante « n'a pas seulement considéré depuis Schelling la philosophie avec méfiance, elle l'a également délibérément considérée avec sarcasmes ». « Cela arrive cependant souvent à la philosophie et fait partie du "caractère polaire" du développement spirituel. La continuité qui *remplit à l'aide de l'expérience*[2] ce qui est pensé avec le concept de vie est importante »[3]. Et plus loin : « *ce n'est pas sur la base d'expériences que nous atteignons de nouvelles possibilités conceptuelles, mais nous atteignons de nouvelles*

1. [Voir F. Schleiermacher, *Introductions aux dialogues de Platon* (*1804-1828*). *Leçons d'histoires de la philosophie* (*1819-1823*), trad. fr. M.-D. Richard, Paris, Cerf, 2004, p. 350.]

2. Souligné par moi.

3. W. Szilasi, « Schellings Beitrag zur Philosophie des Lebens » [La contribution de Schelling à la philosophie de la vie], numéro spécial de la *Freiburger Dies Universitatis*, vol. 2, [1954], p. 19.

possibilités d'expériences sur la base de nouveaux modes d'expériences»[1].

Dans ces lignes de Wilhelm Szilasi, dont on peut dire qu'une grande partie de l'ensemble de son œuvre est consacrée à leur fondation philosophique et à leur application, dans ces phrases, l'auteur de ces lignes a l'impression qu'on parle du parcours évolutif de ses propres modalités scientifiques de recherche. Avec la rencontre précoce et stimulante, et même bouleversante, de la *Critique de la raison pure*, ainsi qu'avec le «tournant transcendantal de Kant» en tant que «plus grand événement de la philosophie depuis l'antiquité»[2], un «nouveau mode d'expérience» m'était déjà apparu, l'expérience transcendantale ou expérience de l'expérience et avec lui une foule de nouvelles possibilités d'expérience. Et s'il ne s'agissait ici que de possibilités d'expérience et de recherche transcendantales, la vue était cependant ainsi ouverte pour la possibilité transcendantale de la science et surtout de la recherche scientifique. Réprimé pendant les études de médecine, le «nouveau mode d'expérience» trouva de nouveau à s'alimenter grâce à l'intérêt pour le néokantisme et en particulier pour la *Psychologie générale* de Natorp parue en 1912, mais ce n'est qu'avec l'étude des *Recherches logiques* de Husserl et sa phénoménologie transcendantale qu'il fut conduit sur le vaste océan des possibilités transcendantales d'expérience. Ainsi, la «limitation kantienne injustifiée de la transcendance»[3] à la connaissance et à la pure subjectivité du sujet était ainsi dépassée, le pouvoir de la transcendance était exploré dans toute son étendue et «*toutes les structures*[4] que nous connaissons comme transcendantales étaient devenus explorables»[5]. C'était la raison pour laquelle Husserl, voudrions-nous ajouter ici, pouvait caractériser le «monde», comme un univers de transcendances constituées et pouvait trouver la tournure suivante à propos de l'être du «monde réel»: «le monde réel existe seulement avec la présomption qui se dessine constamment que l'expérience continuera constamment à s'écouler dans le même style

1. Souligné par moi. Wilhelm Szilasi, «Erfahrung und Wahrheit in den Naturwissenschaften» [Expérience et vérité dans les sciences de la nature], numéro spécial de la *Freiburger Dies Universitatis*, 1948/1949, p. 133.

2. «Schellings Anfänge und die Andeutung seines Anliegens» [Les débuts de Schelling et la préfiguration de sa préoccupation], *Studia Philosophica*, vol. XIV, 1954, p. 66.

3. Wilhelm Szilasi, *Macht und Ohnmacht des Geistes* [Puissance et impuissance de l'esprit], Bern, [Francke], 1946, p. 256.

4. Souligné par moi.

5. Wilhelm Szilasi, *Macht und Ohnmacht des Geistes*, *op. cit.*, p. 256.

constitutif»[1]. Ces deux thèses sur le «monde» ont été d'une importance primordiale pour mon étude phénoménologique-scientifique des faits psychiatriques, et en premier lieu pour l'étude phénoménologique de la manie (*Sur la fuite des idées*, Zurich, 1933)[2]. Il y était montré pour la première fois qu'y compris dans la recherche psychiatrique, « la démarche empirique inductive n'est pas une démarche première, mais qu'une telle démarche en général n'est possible que grâce à une recherche essentielle qui l'a précédée»[3]. La «nouveauté» de cette connaissance, étrangère à toutes les connaissances précédentes, consiste dans le fait «*que toute objectité constituée immédiatement renvoie à une forme qui lui est corrélative et qui est la forme essentielle de l'intentionnalité*»[4]. Cette vue m'ouvrait pour la première fois la voie à la recherche psychiatrique au sens d'une exploration *purement* phénoménologique. Sur la base des expériences ainsi faites, il était possible d'étudier les moments constituants de l'édification de ces mondes et de faire ressortir les différences qui sont déterminantes pour la constitution des mondes des malades mentaux. Avec cette «nouvelle» connaissance et son «renvoi» à une forme d'essence de l'intentionnalité, il était donné au psychiatre de rechercher un *invariant* ou, comme dit Husserl, «une *norme* infrangible à l'égard du fait»[5]. Ce n'est que sur la base de tels invariants qu'il lui était possible de voir dans les «mondes» de ses malades des variations de l'invariant ontologique «monde». Dorénavant, il ne travaille plus avec la seule intropathie ou «compréhension psychologique», mais, comme nous l'avons dit, il explore les caractéristiques fondamentales intentionnelles essentielles des structures constitutives qui sont «déterminantes» pour chacun de ces mondes. «L'exploit éternel» de Husserl consiste en cela qu'avec la découverte de l'intentionnalité, pour parler encore une fois avec Szilasi, «il a repéré le glissement par rapport à son véritable objet de recherche qui était inhérent à l'interprétation traditionnelle de la subjectivité transcendantale» et il a fait de «l'être-dirigé du sujet sur l'objet» l'objet de la recherche transcendantale[6]. De cette façon, *toutes* les structures

1. «Formale und transzendentale Logik», *Jahrbuch für Philosophie und phaenomenologische Forschung* X, 1929, p. 222 [E. Husserl, *Logique formelle et logique transcendantale*, § 99, *op. cit.*, p. 336-337].

2. [Voir L. Binswanger, *Sur la fuite des idées*, *op. cit.*]

3. [E. Husserl, *Logique formelle et logique transcendantale*, § 98, trad. citée, p. 329.]

4. Souligné dans l'original. «Formale und transzendentale Logik», *op. cit.*, p. 217 [E. Husserl, *ibid.*].

5. [Voir E. Husserl, *Idées directrices pour une phénoménologie*, § 145, trad. fr. P. Ricœur, Paris, Gallimard, 1950, rééd. coll. «Tel», p. 485.]

6. Wilhelm Szilasi, *Macht und Ohnmacht des Geistes*, p. 258.

transcendantales étaient effectivement explorables. Husserl a cependant surestimé « la puissance » de la transcendance subjective[1].

C'est ici qu'intervient l' « œuvre monumentale » de Heidegger. *Être et temps* est « la première exploration du *Dasein* relativement à sa transcendance objective », même si à l'époque il était souligné que la « tâche authentique » consistait à « éclairer la subjectivité du sujet transcendantal dans toute son étendue ». Mais d'après Szilasi, la réalisation de cette tâche dépasse la subjectivité, « l'être-sujet en général, en direction du fondement à partir duquel la scission du *Dasein* est possible et qui permet de dévoiler les forces par lesquelles le *Dasein*, au sein de la totalité des possibilités d'être, se tient ou se perd ». « L'être du *Dasein* – à dessein de lui-même – se réfère en union avec son être-jeté et son être-intoné à l'unité du fondement à partir de laquelle la double lumière s'allume (éclairage du *Dasein* – à dessein de lui-même – d'un côté, implication dans l'être-jeté et l'être-intoné de l'autre), mais dans l'obscurité de laquelle la mise en œuvre humaine ne dispose jamais de l'être-réussi (*Geglücktsein*) du *Dasein* et n'en sait jamais autant de lui que par ce qu'il trahit de lui »[2].

Avec ces dernières considérations, la théorie de Heidegger à propos du *Dasein* et son caractère réussi ou manqué n'est pas seulement récapitulée, mais davantage développée. C'est elles qui m'influencèrent pour mes « Trois formes du *Dasein* manqué » (présomption, distorsion, maniérisme, Tübingen, 1956)[3], dans lesquelles les formes *a priori* de devenir événementiel du *Dasein* (*Daseinsgeschehen*) ou d'être-au-monde dévoilées et décrites par Heidegger constituent le fil conducteur de l'exploration empirique-scientifique de certaines formes d'être qui sont observées dans l'expérience clinique. Ici aussi, un « nouveau mode d'expérience » conduisit à de nouvelles expériences, à savoir les expériences en rapport avec les formes humaines et réelles d'être visées par les mots présomption, distorsion, maniérisme, mais pas du tout comprises scientifiquement ni non plus décrites scientifiquement. Ces « nouvelles » expériences devaient nécessairement conduire à l'approfondissement scientifique de la compréhension de ces formes humaines de *Dasein* que nous caractérisons en psychiatrie au moyen de la *seule* expression d'« autisme schizophrénique ». La même chose vaut également des « nouvelles expériences » concernant la schizophrénie, rendues possibles par Heidegger en raison de ses nouveaux modes d'expérience (voir *Schizophrenie*, Neske, Pfullingen, 1957).

1. Wilhelm Szilasi, *Macht und Ohnmacht des Geistes*, *op. cit.*, p. 260.
2. *Ibid.*, p. 261 *sq.*
3. [L. Binswanger, *Trois formes manquées de la présence humaine, op. cit.*]

Si le lien entre l'auteur de ces lignes et l'ami ici mis à l'honneur consistait déjà dans la familiarité avec la philosophie transcendantale, cette familiarité avec la recherche psychiatrique se développant à partir d'elle devait s'approfondir toujours plus. C'est ainsi que se développa ma familiarité croissante avec les développements ultérieurs de la théorie de la transcendance chez Szilasi. Le concept de transcendance objective ou d'expérience transcendantale objective se tient ici au premier plan. Comme celle-ci joue un rôle déterminant dans l'interprétation de Szilasi à l'égard de son mode de recherche dans l'article « Les bases d'expérience de la *Daseinsanalyse* de Binswanger »[1], je dois lui prêter une plus grande attention, d'autant plus que l'expression peut être mal comprise. Je crois trouver le meilleur exemple de ce qu'il s'agit ici de comprendre dans le texte par ailleurs si instructif « La science comme philosophie » : « Selon l'être-dirigé, nous saisissons plus ou moins le mode d'être particulier et le contenu quidditatif (*Wasgehalt*) particulier de ce qui est autour de nous. Ils – les étudiants – ne sont pas venus ici pour découvrir ce qu'est un banc. Ils diront peut-être qu'ils ont apporté cette connaissance avec eux parce qu'ils la possèdent depuis longtemps. Cela n'est pas un contre-argument, mais montre de façon encore plus pressante que chaque ensemble d'étants au sein duquel nous séjournons, et que chaque étant singulier qui reçoit la détermination de ce qu'il est de la totalité comprise de façon subjective et transcendantale – *a lui-même en tant qu'objet un pouvoir déterminé*, une *possibilité transcendantale* différenciée, *de se présenter en tant qu'objet*[2] et de s'élever selon différents degrés dans notre être-l'un-avec-l'autre (*Miteinandersein*) actuel ». Toute la *puissance de la transcendance de l'objet à nous impressionner dans notre être-l'un-avec-l'autre* ne se montre que dans ces liens multiples[3].

Dans l'article sur « Les bases d'expérience de la *Daseinsanalyse* de Binswanger », Szilasi s'exprime en accord avec Schelling concernant la transcendance objective : « L'expérience de la vie est une expérience de chose, son unité est la vie vécue ; c'est ce qui est accessible naturellement, et ainsi manifeste (*Offenbare*) pour chacun. La recherche scientifique, au contraire, se rapporte à la vie vivante, agissante et active, à l'entéléchie, à "l'être-en-cours-d'accomplissement" (*vollem-Zuge-Sein*), ce que nous

1. *Schweizer Archiv für Neurologie und Psychiatrie*, vol. 67, cahier 13, 1951 [trad. fr. A. Fournier, C. Masi et Y. Totoyan, « Les bases d'expériences de la *Daseinsanalyse* de Binswanger », *L'art du comprendre*, n°5-6, décembre 1996, p. 155-177].

2. Souligné par moi.

3. W. Szilasi, *Wissenschaft als Philosophie* [La science comme philosophie], Zurich/New York, Europa, 1945, p. 18.

nommons de façon affadie "accomplissement" (*Vollzug*). L'entéléchie de l'organisme, son être-en-cours-d'accomplissement, en vue d'une production, est l'âme dit Aristote. La recherche psychique, dirigée sur ce qui par nature est *a priori*, est donc autorisée, dans le co-accomplissement du caractère de cours (*Gangcharakter*) réglé et fermé, à ramener, dans l'expérience de tous les phénomènes de vie de la personne saine ou malade, à ce qui par nature est réel, à la réalité du réel (*Realität des Realen*). Le cours en action – et non le cours en tant que constitutif dans les structures de compréhension – est saisissable dans une *impressionnabilité*[1] particulière, dans l'expérience transcendantale de la "réalité" transcendante. J'ai déjà nommé celle-ci, assez souvent et à d'autres endroits, expérience objective transcendantale, de façon maladroite et prêtant à malentendu »[2].

Nous faisons appel à ces considérations parce que Szilasi formule ensuite la possibilité et le but de ma direction de recherche psychiatrique de la manière suivante :

> La recherche daseinsanalytique insiste sur le fait que le retour aux expériences du cours de la vie n'est en aucun cas inconséquent ou non rigoureusement cohérent. Les différences subjectives sont déterminées de façon subjective transcendantale. Mais l'expérience transcendantale, ébranlée dans son ensemble, figée par l'absence de fiabilité de la vie, à cause de l'expérience d'incomplétude de l'expérience propre, appréhende également la structure fortement ordonnée de l'objectivité trascendantale. La perturbation morbide est celle de la relation des deux structures du cours mentionnées ci-dessus. Ainsi la poursuite de la recherche permet de localiser précisément le lieu de fracture La découverte des lieux de perturbation déterminés par la nature permet d'appréhender, avec une rigueur objective, les possibilités de variation de la structure du cours – toujours immuable – de la vie humaine spirituelle[3].

Jusqu'ici, nous voyions la philosophie comme ce qui donne, et qui donne grâce aux nouveaux modes d'expérience qu'elle « découvre », mais Szilasi sait cependant que la psychiatrie a également « quelque chose à donner » à la philosophie. Il ne parle pas seulement de la clarté que la philosophie donne à la science (ce qu'il montre et fonde une fois pour toute dans « La science en tant que philosophie » et dans « Puissance et impuissance de l'esprit »), mais aussi de la clarté qui « se réfléchit »[4] de la science sur la

1. Souligné par moi.
2. « Die Erfahrungsgrundlagen der Daseinsanalyse Binswangers », p. 80 [trad. citée, p. 166-167].
3. *Ibid.*, p. 80 [trad. citée, p. 168].
4. « Wissenschaft als Philosophie », *op. cit.*, p. 94.

philosophie. « Si nous envisageons la vie humaine dans sa réalité transcendantale », disait-il encore il n'y a pas longtemps (23 septembre 1958) dans l'une de nos conversations, « et si nous apprenons ainsi que cette réalité laisse reconnaître une forme précise, une forme dont les fils sont tissés de façon si étroite qu'il est extrêmement difficile de trouver un point de repère pour les identifier et les saisir, alors les modes psychiatriques de *Dasein* représentent pour ainsi dire des expériences de la nature. En d'autres termes, il y a des “endroits défectueux” où les fils sont relâchés et où l'on peut les saisir. Ils (les interlocuteurs) se tiennent au point de rupture pour prendre en main les fils de la forme transcendantale ». À cela il faut comparer les remarques que Szilasi a consignées dans son article sur « Les relations entre la philosophie et la science de la nature »[1] à la suite du discours d'investiture de l'élève de Schelling, Johannes Müller, de l'année 1824. Ce discours d'investiture porte, comme on sait, le titre « Du besoin en physiologie d'un examen philosophique de la nature ». Si nous citons les remarques de Szilasi, ce n'est pas seulement à cause de la constatation « la physiologie n'est pas une science sinon grâce au lien profond avec la philosophie », constatation que nous essayons de faire valoir depuis longtemps pour la psychiatrie, mais parce qu'avec les vues fondamentales de Müller s'exprime l'opinion selon laquelle nous « apprenons plus du cours de la nature lorsque nos expériences ne prouvent pas comment les processus naturels obéissent aux conditions initiales mais comment la nature s'y prend lorsque le cours raisonnable est perturbé ». Szilasi lui-même s'exprime de la façon suivante : « le caractère processuel de l'activité de l'organisme deviendrait expérimentable dans sa structure par la voie négative de son altération ». D'où la compréhension des modes psychiatriques de *Dasein* comme « expériences de la nature ».

Nous devons voir dans tout cela des références à la phrase de conclusion de notre deuxième citation issue des considérations de Szilasi dans l'article sur « Les bases d'expériences de la *Daseinsanalyse* de Binswanger » : « La découverte des lieux de perturbation déterminés par la nature (en d'autres termes des "modes psychiatriques de *Dasein*") permet d'appréhender, avec une rigueur objective, les possibilités de variation de la structure du cours – toujours immuable – de la vie humaine spirituelle ». Nous avons déjà pu le montrer de certaines formes schizophréniques de

1. « Die Beziehungen zwischen Philosophie und Naturwissenschaft », dans *Die Einheit unseres Wirklichkeitsbildes und die Grenzen des Einzelwissenschaften*, Bern, [Leo Lehner], 1951, p. 157 *sq.*

Dasein[1]. Cependant, nous voulons encore montrer rapidement ici comment nous pouvons avancer en ce qui concerne le mode de *Dasein* maniaque aux idées fuyantes si nous nous fondons sur le mode d'expérience philosophique que Wilhelm Szilasi nous a mis devant les yeux en philosophie. Nous pouvons alors démontrer de façon particulièrement claire quelle sorte de relations il y a entre cette philosophie et la recherche psychiatrique. Nous devons toujours demeurer au clair avec le fait que la philosophie de Wilhelm Szilasi est au plus haut point redevable à la philosophie phénoménologique de Husserl et à la philosophie de Heidegger. C'est la raison pour laquelle nous pouvons lier immédiatement la tentative évoquée ci-dessus à nos précédentes études sur la fuite des idées[2]; car elles n'auraient pas été possibles sans les modes d'expérience philosophiques de Husserl et de Heidegger. Et si autrefois, hormis l'analyse du mode de l'être-à et du qui du mode de *Da-sein* aux idées fuyantes, la particularité du *monde* de l'homme aux idées fuyantes se tenait au premier plan en tant qu'incarnation de la « variation » de « l'univers de transcendances constituées » se manifestant en lui, nous tournons aujourd'hui avec Szilasi notre regard des constitutions transcendantales vers le « constituer », du produit transcendantal vers le produire ou de la vie vécue vers la vie vivante ou agissante. Ainsi nous ne prêtons par exemple dorénavant plus attention en premier lieu au se-tenir en tant que sujet (Selbst*stand*) et au se-tenir en tant qu'objet (Gegen*stand*), comme c'était le cas autrefois, mais à l'*immobiliser* (*zum-Stehen-bringen*), *tenir* fixement (Fest-*Stellen*) et au *conserver* fixement (Fest-*Halten*) de la constatation (das *Festgestellten*), comme cela est propre à l'expérience naturelle. Dans l'« expérience de la nature » que constituent la présentation clinique de la manie et les différents degrés de la fuite des idées maniaque, les premières étapes de l'expérience sont déjà perturbées ou interrompues d'une manière ou d'une autre dans leur conséquence, si bien que nous devons déjà parler ici d'une absence de discipline ou d'ordre de l'expérience. Cela concerne déjà la constitution de la chose (*Ding*) (au sens le plus large de ce mot). Habituellement, les fils eux-mêmes sont difficiles à saisir parce qu'ils se déroulent pour ainsi dire automatiquement. Ici, dans l'expérience de la nature de la fuite des idées et d'autant plus dans ses plus hautes formes,

1. Voir L. Binswanger, « Daseinsanalyse, Psychiatrie und Schizophrenie », *Schweizer Archiv für Neurologie und Psychiatrie*, vol. 81, cahier 1, et dans l'introduction de *Schizophrenie* (Pfullingen, 1957).

2. L. Binswanger, « Über Ideenflucht », *Schweizer Archiv für Neurologie und Psychiatrie*, vol. 27-30 (1931/32). Repris sous la forme d'un livre (mais épuisé depuis longtemps) chez Orell Füssli, Zurich, 1933.

nous nous rendons compte que le simple « immobiliser », tenir fixement et conserver fixement, le simple regarder, le prendre-en-vue, dans le mode d'expérience de la fuite des idées, est déjà inconséquent; plus justement : le mode d'expérience de la fuite des idées est déjà cette inconséquence. Nous devons alors remarquer combien les données sensibles dans la perception sensible, qui jouent déjà, dans l'expérience naturelle, un rôle moindre en comparaison de la constitution de la chose, se retirent. Il faut en outre souligner que la *constitution* de la perception sensible a déjà ses règles strictes, ce que nous ne remarquons pas du tout dans l'accomplissement « naïf » de l'expérience naturelle. Là où cette stricte conséquence de la constitution de la perception n'est pas prise en compte, la perception pour ainsi dire fond et l'on est – apparemment – plus satisfait, plus libre, plus comblé, autant de traits que nous avons décrits naguère comme optimisme de disposition affective et comme vie en rose, clarté et volatilité du *monde* de l'homme aux idées fuyantes. Comme nous l'avons déjà dit, nous ne nous étions pas attaqués à l'époque à remonter de la particularité de ce monde à la particularité de sa constitution.

La perturbation du « processus naturellement enlisé » (Johannes Müller) en laquelle consiste notre « expérience de la nature » ne concerne évidemment pas seulement la constitution de la chose perceptible par les sens, mais aussi celle de la structure catégoriale des énoncés, de la syntaxe et déjà des délimitations lexicales des significations, ce qui apparaît de la façon la plus éloquente dans la fuite incohérente des idées ou la confusion maniaque en tant qu'interruption de plus haut degré du « processus naturel ». On peut se reporter au protocole de notre troisième étude sur la fuite des idées (*Schweizer Archiv für Neurologie und Psychiatrie*, 1932, vol. 28, cahier 2, p. 192-196)[1].

Dans le cas qui servait de base à notre troisième étude sur la fuite des idées, nous avions constaté avec étonnement qu'à travers les propos complètement confus n'émergeait pas seulement un thème déterminé (le thème du père), mais qu'il s'imposait toujours plus sur un mode visionnaire ! Notre étonnement reposait sur le fait qu'un thème déterminé, et particulièrement vital, puisse émerger *malgré* la confusion. Nous sommes aujourd'hui d'accord avec Szilasi sur le fait qu'il ne s'agit pas du tout ici d'un « malgré tout », mais d'un « en raison de » ou d'un « parce que ». Ce qui était déjà noté relativement à l'inconséquence de la constitution de la chose perçue trouve ici seulement sa valeur : par la disparition des constitutions (ou des transcendances constituées), le maniaque se *libère* des liens

1. [Voir *Sur la fuite des idées*, trad. citée, p. 184 *sq*.]

constitutifs auxquels nous sommes liés dans l'expérience naturelle ; mais c'est justement pourquoi il ne fait que tomber dans d'autres liens, dans ce cas là dans la nostalgie passionnée du père qu'il n'a jamais connu, qui s'est tué pendant la grossesse de la mère. Tout cela devrait naturellement être exploré plus avant. Mais l'essentiel est de garder à l'esprit le revirement de ce « malgré » en un « parce que », en raison de la *libération* des liens constitutifs de l'expérience naturelle. Comme le confus maniaque n'est plus tenu par la constitution du monde ambiant et, comme nous l'avions montré dans la première et la deuxième étude, par la constitution « normale » du monde commun, il a, pour ainsi dire, le champ libre, libre de contrainte, il évolue dans un « vide » qui peut être totalement rempli par un « thème » déterminé visionnaire ou « légendaire ».

Nous voyons à partir de tout cela qu'il s'agit avec la fuite des idées, et en particulier avec ses formes les plus marquées, d'une perturbation de la structure transcendantale bien plus marquée que ce que nous sommes enclin à accepter, mais cependant totalement différente de celles des schizophrènes (voir de nouveau *Schizophrenie*)[1]. Nous sommes dans ce cas bien plus embarrassés pour préciser les moments défaillants que tout à l'heure. L'inconséquence de l'expérience, au moins dans les formes non ordonnées et déjà dans les formes « incohérentes » de fuite des idées, est si profonde que nous ne pouvons pas comme tout à l'heure établir leur règle. Nous inclinerions à parler d'une inconséquence désordonnée. L' « absence d'issue » semble être ici plus profonde que tout à l'heure. On peut parler, avec la confusion dans la fuite des idées, d'une destruction des formes transcendantales de constitution.

Il nous semble que cette conception de la « perturbation » des formes transcendantales de constitution dans la manie éclaire un peu le rapport avec la *mélancolie*. Nous sommes habitués à accepter que c'est le thème, le fil conducteur thématique (au sens d'une faute, d'une crainte, d'une menace, d'une punition déterminées) qui tire vers soi toutes les « forces psychiques » et « ne laisse aucune place pour les autres ». Il ne me semble cependant pas absurde, en raison de nos expériences concernant les « perturbations » dans la manie et les multiples interdépendances entre manie et mélancolie, de nous distancier de l'opinion courante et de dire que ce n'est pas *parce que* le thème dans la mélancolie « prend tant d'espace » qu'il ne « reste plus de place » pour quoi que ce soit d'autre, mais au contraire que c'est parce que la dysthymie mélancolique, en tant que

1. Pfullingen, 1957.

« capacité isolée de souffrance » (Szilasi)[1], représente une libération des liens constitutifs de l'expérience naturelle que le thème « mélancolique » déterminé peut ainsi se fixer ou « s'incruster », occuper tout l'« espace psychique » et tenir tête à toutes les assurances contraires. L'inaccessibilité des mélancoliques aux encouragements et à la consolation serait dès lors à comprendre à partir de la perturbation affectant largement la constitution transcendantale – avec la « réussite » de l'*isolement de la capacité de souffrance* en dehors de la Koinonia des possibilités d'être du *Dasein*.

Dans un rapport commandé par la direction du quatrième congrès international de psychothérapie de Barcelone (septembre 1958)[2] à propos de l'itinéraire de ma recherche scientifique, j'ai indiqué d'où venait le fait que le mode de recherche daseinsanalytique rencontrait tant de mécompréhension. J'ai répondu à cette question par la constatation qu'aucune occasion n'était donnée aux psychiatres d'acquérir une vue claire (*Einsicht*) du caractère indissoluble du lien existant entre la science et la philosophie, indissolubilité garantissant justement à ces deux disciplines leur autonomie. En raison de ce déficit de vue claire à l'égard de l'essence de ce « lien », pour la manifestation duquel personne n'a plus œuvré que notre ami [Szilasi], la recherche daseinsanalytique en psychiatrie est tantôt mécomprise comme une psychologisation de la psychiatrie, tantôt il lui est reproché sa négligence à l'égard de la recherche psychiatrique *biologique* et *issue des sciences de la nature*. Il n'y a pas besoin de prêter plus ample attention à l'absurdité de la première mécompréhension; en ce qui concerne le second préjugé, il doit être remarqué justement eu égard à la philosophie de Wilhelm Szilasi, que la *Daseinsanalyse* philosophique aussi bien que empirique-phénoménologique ne veut ni ne peut prendre parti ni pour ou contre la direction psychologique de la recherche psychiatrique, ni pour ou contre les directions biologique, physiologique ou pharmacologique. Sa tâche se situe au-delà, ou mieux en-deçà de toutes ces méthodes particulières psychiatriques de recherche, en-deça dans la mesure où elle cherche en premier lieu à prendre en vue et à délimiter le fondement et le sol de la psychiatrie en tant que science, à partir desquels toutes les méthodes particulières psychiatriques de recherche reçoivent leur place légitime et peuvent être déterminées plus précisément dans leur capacité et dans leurs limites. J'ai déjà essayé de décrire cette situation dans

1. Voir W. Szilasi, *Macht und Ohnmacht des Geistes*, p. 82 (capacité isolée de souffrance, tromperie du *Dasein*, vacuité de la souffrance, angoisse).

2. [Voir L. Binswanger, « Mensaje para el IV Congreso Internacional de psicoterapia », *Revista de psiquiatria y psicologia medica*, vol. 4, 1959, p. 17-19.]

mon exposé fait à Badenweiler en 1950[1] par la métaphore d'un édifice scientifique dont le fondement serait l'analytique philosophique-ontologique du *Dasein*, fondement sur lequel s'édifieraient les différents étages de la recherche psychiatrique, si bien que, pour pénétrer dans l'édifice de la psychiatrie scientifique, il serait équivalent d'entrer dans l'édifice par tel ou tel étage. Grâce à Heidegger et à plus forte raison grâce à Szilasi, nous pouvons nous passer de métaphore, et en particulier sur la base de la théorie du cours « processuel » de la « nature » et de ses interruptions, « processus infini » dont la nature humaine est aussi « un moment »[2].

Chez Wilhelm Szilasi, le philosophe et le chercheur scientifique sont intimement mêlés l'un à l'autre d'une façon rarement rencontrée. Cela procure à notre compréhension mutuelle une base très particulière. Elle repose sur la double expérience non pas uniquement de la recherche scientifique, mais également de l'artisanat scientifique, là dans la chimie, ici dans la psychiatrie. En tant qu'artisans de la science, nous sommes proches l'un de l'autre, sans parler du besoin d'inspection philosophique de l'œuvre scientifique en tant que telle. À la familiarité avec la philosophie, la recherche et l'artisanat, et à la proximité et la chaleur de la familiarité d'un ami envers un ami s'ajoute la relation unique de maître à disciple. La tâche de l'hommage au *Dasein* qui porte l'honorable nom de Wilhelm Szilasi n'aurait pas été remplie si l'on avait laissé de côté ce que l'être ouvert pour l'être-là-avec (*Mitdasein*) humain, pour la recherche philosophique et scientifique, aussi bien que l'œuvre scientifique de ce *Dasein* au plein sens du mot avaient permis : « d'engendrer en eux avec leur participation le vrai en tant qu'œuvre et bien communs », en un mot, au parachèvement de la figure du *maître philosophe*.

1. [Voir L. Binswanger, « Rundfrage über ein Referat auf 66. Wanderversammlung der südwestdeutschen Psychiater und Neurologen in Badenweiler » (Enquête sur un exposé fait à Badenwiller à la 66e réunion des psychiatres et neurologues du sud-ouest de l'Allemagne), *Psyche*, 1950, vol. 4, p. 455-457; rééd. dans F. Töpfer (éd.), *Verstümmelung oder Selbstverwirklichung ? Die Boss-Mitscherlich Kontroverse*, Stuttgart, Frommann-Holzboog, 2012, p. 40-44.]

2. « Die Beziehungen zwischen Philosophie und Naturwissenschaft » [Les relations entre la philosophie et la science de la nature], dans *Die Einheit unseres Wirklichkeitsbildes und die Grenzen des Einzelwissenschaften*, *op. cit.*, p. 141.

ORIGINE DES TEXTES

« Welche Aufgaben ergeben sich für die Psychiatrie aus den Fortschritten der neueren Psychologie », *Zeitschrift für die gesamte Neurologie und Psychiatrie*, vol. 91, 1924, p. 402-436 ; repris dans *Ausgewählte Vorträge und Aufsätze*, vol. 2, Bern, Francke, 1955, p. 111-146.

« Verstehen und Erklären in der Psychologie », *Zeitschrift für die gesamte Neurologie und Psychiatrie*, vol. 107, 1927, p. 655-683.

« Psychotherapie als Beruf », *Nervenarzt*, vol. 1, 1928, p. 138-145 et p. 206-215.

« Geschehnis und Erlebnis », *Monatsschrift für Psychiatrie und Neurologie*, vol. 80, 1931, p. 243-273 ; repris dans *Ausgewählte Vorträge und Aufsätze*, vol. 2, Bern, Francke, 1955, puis dans *Ausgewählte Werke*, vol. 3, Heidelberg, Asanger, 1994, p. 179-203.

« Anthropologie, Psychologie, Psychopathologie », *Schweizerische Medizinische Wochenschrift*, vol. 66, 1936, p. 679-681.

« On the relationship between Husserl's phenomenology and psychological insight », *Philosophy and Phenomenological Research*, vol. 2, n° 2, 1941, p. 199-210.

« Bleulers geistige Gestalt » [Allocution prononcée lors de la séance nécrologique de l'association neuro-psychiatrique à Zurich, le 9 février 1940], *Schweizer Archiv für Neurologie und Psychiatrie*, vol. 46, 1941, p. 24-29 ; repris dans *Ausgewählte Vorträge und Aufsätze*, vol. 2, Bern, Francke, 1955, p. 105-110.

« Karl Jaspers und die Psychiatrie », *Schweizer Archiv für Neurologie und Psychiatrie*, vol. 51, 1943, p. 1-13 ; repris dans Hans Saner (éd.), *Karl Jaspers in der Diskussion*, Münich, R. Piper & Co, 1973, p. 21-32.

« Über die manische Lebensform », *Schweizerische Medizinische Wochenschrift*, vol. 75, 1945, p. 49-52, repris dans *Ausgewählte Vorträge und Aufsätze*, vol. 2, Berne, Francke, 1955, p. 252-263.

« Über den Satz von Hoffmansthal : Was Geist ist, erfasst nur der Bedrängte », tiré de l'écrit commémoratif (non publié) pour le 70e anniversaire (26 janvier 1948) de Rudolf Alexander Schröder. Publié dans *Studia philosophica* (Bâle), vol. 8, 1948, p. 1-11. Repris dans *Ausgewählte Vorträge und Aufsätze*, vol. 2, Bern, Francke, 1955, puis repris dans *Ausgewählte Werke*, vol. 3, Heidelberg, Asanger, 1994, p. 265-274.

« Symptom und Zeit. Ein kasuistischer Beitrag », *Schweizerische Medizinische Wochenschrift*, vol. 81, 1951, p. 510-512.

« Über Martin Heidegger und die Psychiatrie », dans *Festschrift zur Feier des Heinrich-Suso-Gymnasiums zu Konstanz*, Constance, Merk, 1955, p. 19-21 ; repris dans *Der Mensch in der Psychiatrie*, Pfullingen, Neske, 1957, p. 63-67.

« Einleitung zum Sammelband "Schizophrenie" », dans *Schizophrenie*, Pfullingen, Neske, 1957 ; repris dans *Ausgewählte Werke*, vol. 4, Heidelberg, Asanger, 1994, p. 333-350.

« Daseinsanalyse, Psychiatrie, Schizophrenie », *Schweizer Archiv für Neurologie und Psychiatrie*, n° 81, vol. 1, 1958, p. 1-8.

« Dank an Edmund Husserl », dans H.-L. van Breda et J. Taminiaux (éd.), *Edmund Husserl, 1859-1959*, La Haye, Nijhoff, coll. Phaenomenologica, n° 4, 1959, p. 64-72.

« Die Philosophische Wilhelm Szilasis und die psychiatrische Forschung », dans H. Höfling (éd.), *Beiträge zu Philosophie und Wissenschaft Wilhelm Szilasis zum 70. Geburtstag*, Münich, Francke, 1960, p. 29-39.

TABLE DES MATIÈRES

LUDWIG BINSWANGER

PHÉNOMÉNOLOGIE, PSYCHOLOGIE, PSYCHIATRIE

Achevé d'imprimer en octobre 2019
La Manufacture - Imprimeur – 52200 Langres – Tél. : (33) 325 845 892
Imprimé en France – N° : 191430 – Dépôt légal : novembre 2016